P

Georg Denzler

Widerstand ist nicht das richtige Wort

Katholische Priester, Bischöfe und Theologen im Dritten Reich

Pendo Verlag Zürich

Copyright © Pendo Verlag GmbH
Zürich 2003
Redaktion: Andreas Wirthensohn, München
Umschlaggestaltung: Charlotte Löbner, Mainz
Gesetzt aus der Stempel Garamond
Gesamtproduktion: Fuldaer Verlagsagentur, Fulda
Printed in Germany
ISBN 3-85842-479-X

Inhalt

Schuld

Ich trage leicht an dem, was das Gericht
mir Schuld benennen wird: an Plan und Sorgen.
Verbrecher wär' ich, hätt' ich für das Morgen
des Volkes nicht geplant aus eigner Pflicht.

Doch schuldig bin ich anders als ihr denkt,
ich mußte früher meine Pflicht erkennen,
ich mußte schärfer Unheil Unheil nennen –
mein Urteil hab ich viel zu lang gelenkt …

Ich klage mich in meinem Herzen an:
ich habe mein Gewissen lang betrogen,
ich hab mich selbst und andere belogen –

ich kannte früh des Jammers ganze Bahn –
ich hab gewarnt – nicht hart genug und klar!
und heute weiß ich, was ich schuldig war.

Albrecht Haushofer: Moabiter Sonette XXXIX

Albrecht Haushofer wurde am 23. April 1945
in Berlin von SS-Soldaten erschossen.

Vorwort

Wer heute, mehr als 50 Jahre nach dem Ende des Hitler-Regimes, das Verhalten der katholischen Kirche während des Dritten Reiches untersucht, wer noch dazu nach Verdienst und Versagen fragt, begegnet schnell dem erbosten Vorwurf: »Hören Sie auf! Einmal muß Schluß damit sein!« Oder er muß sich sagen lassen: »Das können Sie nur beurteilen, wenn Sie es selbst erlebt haben.« Und manchmal wird ihm zur Einschüchterung die Frage gestellt: »Hätten Sie selbst damals anders gehandelt als jene, die Sie heute so billig kritisieren?«

Ganz abgesehen davon, daß solche Einwände und Fragen auf die Erforschung jeder Vergangenheit zutreffen, sind sie nach Meinung des Politologen Eric Voegelin nichts anderes als ein »Alibitrick« derer, die nichts miterleben können und dadurch an den Ereignissen mitschuldig werden; denn Miterleben heißt für ihn »Verstehen, was sich ereignet. Zum Verstehen aber gehören Qualitäten des Wissens, der geistigen Durchbildung, des Charakters und der Intelligenz, die man nicht dadurch erwirbt, daß man aktiv an Ereignissen teilnimmt.«[1]

Am Anfang soll deshalb sozusagen als Bekenntnis stehen, was der berühmte Soziologe Max Weber schon 1919 gefordert hat: »die geschulte Rücksichtslosigkeit des Blickes in die Realitäten des Lebens, und die Fähigkeit, sie zu ertragen und ihnen innerlich gewachsen zu sein.«[2] Und als Kirchenhistoriker darf ich hinzufügen, was der nicht weniger bekannte Religionsphilosoph und Priester Romano Guardini (1885-1968) als Maxime seines ganzen seelsorglichen Wirkens bezeichnet hat: »befreien durch die Wahrheit«.[3] Gemeint ist im Blick auf die Thematik dieses Buches nicht die metaphysische Wahrheit, sondern die historische Wirklichkeit – wiederum ganz im Sinn von Max Weber.

Der Leser dieses Buches erwartet mit Recht Antwort auf die immer wieder diskutierte Frage, ob und wieweit die katholische Kirche in jenen gefahrvollen Jahren Widerstand geleistet hat. Doch vor jeder Antwort muß eine Klärung des Begriffs Widerstand erfolgen. Martin Broszat, langjähriger Direktor des Instituts für Zeitgeschichte in München, wollte den Begriff Widerstand auf den Kampf gegen die Existenz des Staates beschränkt wissen und führte deshalb den Begriff Resistenz ein, um damit, obwohl er eigentlich nur die lateinische Übersetzung für Widerstand bedeutet, »eine wirksame Abwehr, Begrenzung, Eindämmung der NS-Herrschaft oder ihres Anspruches« zu bezeichnen.[4] Aufgrund dieser Definition könnte man dann schon jede negative Grundstimmung und erst recht jedes kritische Wort gegen das System des Nationalsozialismus und dessen Führer als resistentes Verhalten einstufen.

Auf katholischer Seite konstruierten die Historiker Klaus Gotto, Hans Günter Hockerts und Konrad Repgen – alle drei führende Mitglieder der (katholischen) Kommission für Zeitgeschichte (Köln) – für das Verhalten der katholischen Kirche ein vierstufiges Widerstandsmodell, das auf der untersten Ebene mit »punktueller Unzufriedenheit« und »Unmutshandlungen« beginnt und über »Resistenz, Nicht-Anpassung, Selbstbewahrung« und öffentlichen Protest zu »generellem Loyalitätsbruch« und aktivem Widerstand mit dem Ziel des politischen Umsturzes als höchster Stufe emporsteigt.[5] Auf diese Weise läßt sich gewiß auch von der Kirche als einem beträchtlichen Faktor des Widerstands sprechen.

Eine spezielle Sicht begegnet uns bei dem Eichstätter Historiker Heinz Hürten, der die These vertritt, die Kirche habe allein schon durch die Verteidigung ihrer Existenz und die Verkündigung der christlichen Lehre »eine Form von erfolgreichem Widerstand« gegen den Nationalsozialismus bewiesen.[6]

8

Mit den Historikern Gerhard Paul und Klaus-Michael Mallmann möchte ich hingegen im widerständlichen Verhalten der Kirche eher »Formen loyaler Widerwilligkeit« sehen, wie sie für das Denken und Handeln kirchlicher Autoritäten durchaus typisch waren.[7] Konkret handelte es sich dabei meist um eine Mischform, bestehend auf der einen Seite aus Zustimmung zu einem Teil der nationalsozialistischen Herrschaftsziele, soweit diese rein politischen Charakter trugen, und auf der anderen Seite aus Ablehnung anderer Ziele des NS-Regimes, die kirchlichen Interessen zuwiderliefen. Es war also eine »Gemengenlage«, in der Kontinuität und Nonkonformität, Konsens und Dissens eine seltsame Verbindung eingingen. Dafür scheint mir weder »Widerstand« noch »Resistenz« die treffende Bezeichnung zu sein. Nennen wir es, was es tatsächlich war: teilweise abweichendes Verhalten. Und diese partiellen Abweichungen trugen auch dazu bei, daß der totalitäre Machtanspruch des Nationalsozialismus zwar eingeschränkt wurde, aber weiterhin wirkungsvoll bleiben konnte. Dies gilt zuerst für die vielen Papst- und Bischofsbriefe, weil in ihnen bei allem Protest gegen kirchen- und manchmal auch menschenfeindliche Maßnahmen eine betont politische Kritik, das heißt Kritik an den nationalsozialistischen Regierungsorganen, entweder ganz unterblieb oder nur mit größter Zurückhaltung geübt wurde. Und diese Zwitterrolle der Bischöfe sollten der Klerus und alle Katholiken mehr oder weniger überzeugt mitspielen.

»Trotz scharfer Konfrontation in Teilbereichen«, lautet das Gesamturteil Thomas Breuers in seiner Studie über das Erzbistum Bamberg, »fand die Kirche nicht zu einer generellen Ablehnung des Regimes.«[8] Diese Einschätzung konnten Gerhard Paul und Klaus-Michael Mallmann aufgrund ihrer detaillierten Studien über das Saarland konkretisieren und präzisieren: »Die katholische Gegnerschaft gegenüber dem Nationalsozialismus war keineswegs prinzipieller Art, sondern bezog sich ganz in der Tradition der milieuegoistischen Perspektive der Kulturkampfära vor allem auf die Kirchen- und Religionsfeindlichkeit der NSDAP. Die Haltung zu Hitler und seiner Partei blieb reduziert auf die Fragen der

Bestandsgarantie der Kirche und der Autonomie des katholischen Milieus.«[9]

Das vorliegende Buch will dem Leser in der Einführung eine Vorstellung vermitteln von der Komplexität des kirchlichen Lebens in Adolf Hitlers »Tausendjährigem Reich«, das freilich nur zwölf Jahre dauerte. Wäre das Hitler-Regime 1945 nicht mit der Kriegsniederlage zu Ende gegangen, sondern mit dem »Endsieg« auf einem Höhepunkt angelangt, hätte die Kirche in vielen Ländern Europas kaum auf ein Überleben hoffen können.

Zu dem bis heute wenig erforschten Gebiet der theologischen Wissenschaft im Dritten Reich werden vier herausragende Theologieprofessoren mit ihren »Zugängen zum Nationalsozialismus« vorgestellt (Kapitel I) und als Fallbeispiel Einblicke in das Leben und Lehren an der Philosophisch-Theologischen Hochschule Bamberg gewährt (Kapitel II). An den acht biographischen Porträts – ursprünglich Sendungen des Bayerischen Rundfunks, weshalb auf Anmerkungen verzichtet ist – wird offensichtlich, wie verschieden die Lebenswege von Bischöfen und Priestern sein konnten (Kapitel III). Abschließend folgen Reflexionen über Verantwortung und Schuld der katholischen Kirche hinsichtlich ihres Verhaltens während der nationalsozialistischen Herrschaft (Kapitel IV).

Dankbarkeit erfüllt mich für Usha Swamy, Pendo Verlag, und Andreas Wirthensohn, die in jeder Hinsicht an der Verbesserung dieser Publikation mitgewirkt haben.

Breitbrunn am Ammersee, November 2002   Georg Denzler

Überblick:
Nationalsozialismus, Drittes Reich und Kirche

Die Geschichte des Nationalsozialismus beginnt nicht erst 1933, als die Nationalsozialistische Deutsche Arbeiterpartei (NSDAP) zusammen mit der Deutschnationalen Volkspartei (DNVP) unter Adolf Hitler als Reichskanzler die Regierung in Deutschland übernahm, sondern schon mit der Gründung der Deutschen Arbeiterpartei im Jahre 1919, die im folgenden Jahr um die Kennzeichnung »nationalsozialistisch« erweitert wurde. Nach dem Ersten Weltkrieg und dem Untergang des für den Krieg zuerst verantwortlichen Deutschen Kaiserreichs unter Wilhelm II. war 1919 an die Stelle der Monarchie eine neue Staatsform getreten: die Demokratie.

1. Kirche und Demokratie in der Weimarer Republik

Die katholischen Bischöfe, die sich mehr noch als die weltlichen Herrscher »von Gottes Gnaden« eingesetzt glaubten, trauerten mit den gestürzten Monarchen und begegneten den Republikanern und Demokraten mit Mißtrauen, weil die Regierungsgewalt jetzt nicht mehr »von oben«, von den Regenten, sondern »von unten«, vom Volk, ausgehen sollte. Der Münchener Erzbischof Michael von Faulhaber (1869-1952), noch vom letzten bayerischen König Ludwig III. zum Erzbischof ernannt und auf dem Papier geadelt, brachte in seinem Hirtenbrief zur Fastenzeit des Jahres 1920 unmißverständlich zum Ausdruck, daß er dem fundamentalen Wandel in Staat und Gesellschaft ablehnend gegenüberstand: »Die Kirche hat ohne militärische Machtmittel als Hierarchie von Gottes Gnaden die Umwälzungen von 1900 Jahren überstanden und wird ihren monarchischen Grundcharakter bis zum Ende der Zeiten bewahren. Die päpstliche Tiara wird alle Königskronen und Kaiserkronen der Weltgeschichte überdauern. Wohl lassen sich Stimmen hören, die von Selbstregierung des souveränen Volkes sprechen und zur Kirche sagen: ›Mutter, willst du nicht dem demokratischen Zug der Zeit etwas mehr entgegenkommen und deine streng hierarchische Verfassung etwas mehr parlamentarisch gestalten? Willst du nicht neuen Wein in neue Schläuche gießen und das Volk mitregieren lassen?‹ Dann wird die Kirche antworten: ›Kinder des 20. Jahrhunderts, ihr habt vom Taumelwein des demokratischen Gedankens getrunken, aber ihr kennt weder die Schrift noch die Kraft Gottes. Der Primat ist eine Einrichtung Gottes und darum über zeitgeschichtliche Wandlungen hinausgehoben.«[1] Ebenso wie die alten Kirchenfeinde Liberalismus und Sozialismus galt auch die noch ungewohnte Demokratie als Teufelswerk, das entschieden zu bekämpfen sei. Kein Wunder, daß die Kirche als Institution immer weiter hinter der Zeit zurückblieb und in den Augen vorausschauender Zeitgenossen als rückständig erschien.

Wie Faulhaber dachten seine Kollegen im Bischofsamt. Mit der Instruktion für die Pastoration (Seelsorgetätigkeit) von 1921 gab der gesamte bayerische Episkopat zu erkennen, daß er nicht imstande war, die Zeichen der Zeit zu verstehen: »Nichts kann die Kirche bestimmen, ihren ablehnenden Standpunkt gegenüber allen und jeden christentums- und kirchenfeindlichen Vereinigungen und Richtungen, seien sie sozialistischen, freimaurerischen oder anderen Namens, aufzugeben oder abzuschwächen. Es ist und bleibt jedem Katholiken streng verboten, solchen Parteien oder Vereinigungen beizutreten oder ihre Bestrebungen zu fördern. Dieses Verbot gilt auch dann, wenn einzelne Parteien neben verwerflichen auch manche berechtigten Ziele verfolgen oder wenn sie dem Christentum und der Kirche langsam ein wenig sich zu

12

nähern streben. So lange eine Richtung oder Partei Lehren oder Bestrebungen befolgt, die mit Christus und seiner Kirche Lehre und Rechten nicht vereinbar sind, ist Zugehörigkeit zu ihnen unerlaubt, weil die Zugehörigkeit nicht auf einzelne erlaubte Bestrebungen beschränkt werden kann, sondern den einzelnen, seinen Namen und seine Beiträge in den Dienst des ganzen Programms stellt, und damit in den Dienst kirchenfeindlicher Bestrebungen; hinzukommt für den einzelnen die Gefahr der Ansteckung, der allmählichen Entfremdung vom Glaubensleben und von den kirchlichen Übungen ... Niemals darf es heißen, die Kirche habe sich mit irgendeiner glaubensfeindlichen Partei abgefunden.«[2] Sicher waren damit die großen Parteien SPD und KPD und die Gewerkschaften gemeint; ob auch die noch unbedeutende NSDAP dazugehörte, bleibt fraglich.

Nach bischöflichem Staatsverständnis mußten die staatlichen Gesetze mit den Grundsätzen des katholischen Glaubens übereinstimmen. In diesem Sinn erklärten die bayerischen Bischöfe im Februar 1931: »Die Bischöfe müssen also als Wächter der kirchlichen Glaubens- und Sittenlehre vor dem Nationalsozialismus warnen, solange und soweit er kulturpolitische Auffassungen kundgibt, die mit der katholischen Lehre nicht vereinbar sind.«[3] Ansonsten überließen sie die Politik den offiziellen Politikern.

Hitler und seine Parteigänger standen noch am Anfang. Wer ihnen jedoch genauer zuhörte, mußte nachdenklich werden. Der Jesuit Rupert Mayer, Männerseelsorger in München, besuchte auch Veranstaltungen der NSDAP und meldete sich in Diskussionen unerschrocken zu Wort, um antichristliche und antikirchliche Parolen zurückzuweisen. Bei einer Rede im Münchener Bürgerbräukeller am 12. April 1922 machte der 32jährige Adolf Hitler aus seinem religiös begründeten Judenhaß keinerlei Hehl: »Auf die Frage, ob man als Christ Antisemit sein könne, muß ich sagen: Mein christliches Gefühl weist mich hin auf meinen Herrn und Heiland als Kämpfer – (stürmischer langanhaltender Beifall) – Es weist mich hin auf den Mann, der einsam, nur von wenigen Anhängern umgeben, diese Juden erkannte und zum Kampfe gegen sie aufrief, und der, wahrhaftiger Gott, nicht der Größte war als Dulder, sondern der Größte als Streiter! In grenzenloser Liebe lese ich als Christ und Mensch die Stelle durch, die uns verkündet, wie der Herr sich endlich aufraffte und zur Peitsche griff, um die Wucherer, das Natterngezücht und Otterngezücht hinauszutreiben aus dem Tempel! (Stürmischer Beifall) ... Seinen ungeheueren Kampf aber für diese Welt, gegen das jüdische Gift, den erkenne ich heute, nach 2000 Jahren in tiefster Ergriffenheit am gewaltigsten in der Tatsache, daß er dafür am Kreuz verbluten mußte. (Bewegung im Saale) ... Vor zweitausend Jahren wurde auch ein Mann denunziert von der gleichen Rasse ... Der Mann wurde vor das Gericht geschleift und danach hieß es auch: Er wiegelte das Volk auf. Er hatte also auch gehetzt! Und gegen wen? Gegen Gott, schrie man. Jawohl, er hetzte gegen den Gott der Juden, denn dieser Gott ist nur das Gold! (Stürmischer Beifall).«[4] Rupert Mayer erkannte die von Hitler und seiner Bewegung ausgehenden Gefahren immer deutlicher. Am 9. September 1930, wenige Tage vor der Reichstagswahl, schrieb er an Kardinal Faulhaber: »Unbegreiflich, aber wahr ist es, daß der Hitlerschwindel wieder die weitesten, auch katholischen Volkskreise erfaßt hat. Und nicht bloß in der Stadt, sondern besonders auf dem Lande hat die Bewegung gewaltig an Boden gewonnen.«[5] Trotzdem blieben die Warnungen der Kirchenobrigkeit in erster Linie auf die Linksparteien und auf die Gewerkschaften gerichtet.

Noch nach dem Ende des Zweiten Weltkriegs machte der Münsteraner Bischof Clemens Graf von Galen die Volkssouveränität in der Weimarer Republik vorrangig für den Verfall der Sitten und für die Entchristlichung des gesamten gesellschaftlichen Lebens verantwortlich. In einer Predigt am 8. Juli 1945 kritisierte er die Weimarer Republik als eine Zeit, »in der wir unter einer Verfassung lebten, die mit dem unwahren Satz begann: ›Die Staatsgewalt geht vom Volke aus!‹ Und doch weiß jeder Christ, was der hl. Paulus im Römerbrief lehrt: ›Es gibt keine obrigkeitliche Gewalt, die nicht von Gott stammt.« Entsprechend negativ lautete sein Urteil über die Urheber der Weimarer Verfassung: »Die eigentlichen

Urheber und Verfechter jenes Verfassungssatzes haben ihn bewußt geprägt und verstanden als eine Ablehnung des ›Gottgnadentums‹ christlicher Herrscher, die damit ihre Verantwortlichkeit vor Gott bekannten.« Kein Wunder, daß Bischof von Galen der Republik die Schuld am Aufstieg der nationalsozialistischen Bewegung zuschrieb: »Ist es zu verwundern, daß Gott ein solches Volk in wahrhaft satanische Abhängigkeiten kommen ließ?«[6]

Die Bischöfe und ihre Ordinariate dachten an eine ernsthafte Auseinandersetzung mit dem Nationalsozialismus erst, nachdem die NSDAP bei der Wahl zum Reichstag im September 1930 die zweithöchste Stimmenzahl erreicht hatte und zusammen mit den Deutschnationalen um Hugenberg die Mehrheit im Reichstag stellte. Auf eine konkrete Anfrage der Gauleitung Hessen antwortete das Bischöfliche Ordinariat Mainz am 30. September 1930 mit Erläuterungen, die an Deutlichkeit und Schärfe nichts zu wünschen übrig ließen: »Wir mußten diese Anweisungen geben, da das Programm der NSDAP Sätze enthält, die sich mit katholischen Lehren und Grundsätzen nicht vereinigen lassen. Namentlich ist es der § 24 des Programms, den kein Katholik annehmen kann, ohne seinen Glauben in wichtigen Punkten zu verleugnen. 1. § 24 des Programms sagt in seinem ersten Teil: ›Wir fordern die Freiheit aller religiösen Bekenntnisse im Staat, soweit sie nicht dessen Bestand gefährden.‹ 2. Der § 24 sagt in seinem zweiten Teil: ›Wir fordern die Freiheit aller religiösen Bekenntnisse im Staat, soweit sie nicht gegen das Sittlichkeits- und Moralgefühl der germanischen Rasse verstoßen…‹ 3. Der § 24 sagt in seinem dritten Teil: ›Die Partei als solche vertritt den Standpunkt eines positiven Christentums, ohne sich konfessionell an ein bestimmtes Bekenntnis zu binden.‹ … Was hier gefordert wird, ist nichts anderes als eine deutsche Nationalkirche… Wohl hat Hitler in seinem Buch ›Mein Kampf‹ einige anerkennende Worte über die christliche Religion und die katholischen Einrichtungen geschrieben, aber das täuscht uns nicht darüber hinweg, daß die Kulturpolitik des Nationalsozialismus mit dem katholischen Christentum in Widerspruch steht. Folglich wurden Fragen, ob ein Katholik Mitglied der Hitlerpartei sein könne und ob ein Katholik, der sich zu den Grundsätzen dieser Partei bekenne, zu den hl. Sakramenten zugelassen werden dürfe, eindeutig mit ›Wir müssen dies verneinen‹ entschieden«.[7] Damit mußte für jeden Katholiken klar sein, daß es zwischen dem Glauben der Kirche und der Glaubensideologie des Nationalsozialismus keinen Kompromiß geben konnte. Doch es fehlte im katholischen Lager weithin an der richtigen Beurteilung und an der nötigen Entschlossenheit.

Nur fünf Monate später, am 10. Februar 1931, gaben die bayerischen Bischöfe ihrem Klerus »Pastorale Anweisungen«, die zwar grundsätzlich mit dem vom Mainzer Ordinariat bestimmten Kurs übereinstimmten, in einigen Punkten aber doch Entgegenkommen zeigten: »Die Teilnahme von Nationalsozialisten an gottesdienstlichen Veranstaltungen in geschlossenen Kolonnen mit Uniform und Fahne ist und bleibt verboten ... Zu der Frage, ob ein Nationalsozialist zu den hl. Sakramenten der Buße und des Altares zugelassen werden kann, ist von Fall zu Fall zu prüfen, ob der Betreffende nur ein Mitläufer der Bewegung ist, der über die religiösen und kulturpolitischen Ziele der Bewegung sich keine Rechenschaft gibt, oder ob er als Abgeordneter, als Schriftleiter, als Agent für die gesamten Ziele seiner Partei sich einsetzt ... In solchen Fällen muß der Beichtvater sich ein Urteil bilden, ob die Zugehörigkeit zum Nationalsozialismus eine nächste Gelegenheit zur Sünde bedeutet oder nicht.« Besonders aufschlußreich heißt es am Ende der Instruktion: »Die pastoralen Grundsätze gegenüber dem Nationalsozialismus bleiben die gleichen, die gegenüber dem Liberalismus der alten Zeit und gegenüber dem Sozialismus noch in den letzten Jahren von berufener Seite aufgestellt wurden ... Sollte sich, was wir nicht hoffen, der Nationalsozialismus zu den Methoden des Bolschewismus entwickeln, dann könnte allerdings bei den einzelnen eine bona fide nicht mehr angenommen werden.«[8]

2. Das Entscheidungsjahr 1933

Noch immer gilt der altrömische Grundsatz: »Principiis obsta!«
(Wehret den Anfängen!) Dahinter steht die Erfahrung, daß es mit
dem Widerstehen zu spät sein kann, wenn man eine gefährliche
Entwicklung nicht rechtzeitig erkannt oder ihr zu lange tatenlos
zugeschaut hat.

Der zur staatstragenden Partei gewordene Nationalsozialismus
genoß zunächst eine gewisse Schonzeit. Viele Katholiken wollten
erst einmal abwarten, wie sich die neue politische Situation auf die
Lage der Kirche auswirken würde. Beeindruckt von dem Ergebnis
der noch einigermaßen frei verlaufenen Reichstagswahl am 5.
März 1933, bei der die NSDAP zusammen mit dem Rechtsblock
Schwarz-Weiß-Rot 340 von 647 Sitzen und damit die absolute
Mehrheit errungen hatte, schrieb der Breslauer Kardinal Adolf
Bertram fünf Tage später an den Reichspräsidenten Paul von Hin-
denburg, die Bischöfe fragten sich allen Ernstes, »ob die zur Macht
gelangte Bewegung vor dem Heiligtum der Kirche und vor der
Stellung der Kirche im öffentlichen Leben Halt machen« werde.[9]
Wenig später schrieb Erzbischof Conrad Gröber von Freiburg an
Kardinalstaatssekretär Eugenio Pacelli, den früheren Nuntius in
München und Berlin, es sei alles zu vermeiden, »was wie eine Pro-
vokation der neuen Herrschaft aussehen und gegen die Kirche und
ihre Priester einnehmen könnte«. Zunächst gelte es abzuwarten,
ob die neue Regierung sich auch stabilisieren könne, »damit nicht
bei einem Gegenschlag die Kirche wiederum ihre Verbrüderung
mit dem Nationalsozialismus büßen« müsse.[10] Mit dem Wort
»Verbrüderung« ließ der Freiburger Oberhirte zum ersten Mal
anklingen, was bald sein eigenes Verhältnis zum NS-Regime cha-
rakterisieren sollte.

Im Gegensatz zu Gröber wies Kardinal Bertram in einem
Rundbrief an die Mitglieder der Fuldaer Bischofskonferenz vom
19. März 1933 jeden Gedanken einer Revision der Einstellung
gegenüber den Nationalsozialisten als tendenziöse Meinungsma-
che zurück. »Wer revidieren muß, ist der Führer der Nationalso-

zialisten«,[11] hatte der 74jährige Kirchenfürst erst am Tag zuvor bei einem Gespräch mit Vizekanzler Franz von Papen zum Ausdruck gebracht. Sein Kölner Amtskollege Schulte dachte sogar daran, frühere Erlasse gegen die NS-Bewegung zu erneuern.

Bei der ersten Sitzung des Reichstags am 23. März 1933 in der Krolloper zu Berlin überraschte Hitler die Kirchenführer in einer Regierungserklärung mit unerwartet großen Versprechungen: »Die nationale Regierung sieht in den beiden christlichen Konfessionen wichtigste Faktoren der Erhaltung unseres Volkstums. Sie wird die zwischen ihnen und den Ländern abgeschlossenen Verträge respektieren; ihre Rechte sollen nicht angetastet werden. Sie erwartet aber und hofft, daß die Arbeit an der nationalen und sittlichen Erhebung unseres Volkes, die sich die Regierung zur Aufgabe gestellt hat, umgekehrt die gleiche Würdigung erfährt ... Die nationale Regierung wird in Schule und Erziehung den christlichen Konfessionen den ihnen zukommenden Einfluß einräumen und sicherstellen. Ihre Sorge gilt dem aufrichtigen Zusammenleben zwischen Kirche und Staat ... Ebenso legt die Reichsregierung, die im Christentum die unerschütterlichen Fundamente des sittlichen und moralischen Lebens unseres Volkes sieht, den größten Wert darauf, die freundschaftlichen Beziehungen zum Heiligen Stuhl weiter zu pflegen und auszugestalten.«[12] Diplomatischer, versöhnlicher, ja, auch christlicher hätte der Katholik Hitler nicht auftreten können. Damit konnte er sich des Erfolgs, das heißt der uneingeschränkten Zustimmung der Kirchenmänner zu seinem Programm, speziell zum Ermächtigungsgesetz, sicher sein.

Namentlich Prälat Ludwig Kaas, Vorsitzender der Zentrumspartei, kam Hitler zu Hilfe. Ihm hatte wohl schon der Wahlausgang am 5. März klar zu verstehen gegeben, daß für die Zentrumspartei, die bisher die politische Heimat der meisten katholischen Wähler gewesen war, kaum mehr eine Möglichkeit des Überlebens bestand. Der bevorstehende Untergang seiner Partei scheint ihm um so leichter gefallen zu sein, als man erwarten konnte, daß im Gegenzug das von Hitler ersehnte Konkordat zwischen dem Deutschen Reich und dem Heiligen Stuhl zustande kam. Daran war auch Papst Pius XI. gelegen, dem Hitlers Frontstellung gegen den Bolschewismus imponierte und der deshalb noch vor dem deutschen Episkopat verhaltene Zeichen einer Verständigung mit der neuen Regierung gab.

Was die deutschen Katholiken betraf, hing alles davon ab, wie die Bischöfe auf Hitlers Regierungserklärung reagieren würden. Die Kirchenführer brachen zwar nicht alle in helle Begeisterung über Hitlers schmeichelhafte und, wie sich schon bald herausstellen sollte, verlogene Versprechungen aus, es kam aber doch innerhalb von fünf Tagen auf Initiative des Breslauer Kardinals Bertram, des Vorsitzenden der Fuldaer Bischofskonferenz, zu der verhängnisvollen »Kundgebung« vom 28. März 1933, deren Kernsätze lauten: »Es ist nunmehr anzuerkennen, daß von dem höchsten Vertreter der Reichsregierung, der zugleich autoritärer Führer jener Bewegung ist, öffentlich und feierlich Erklärungen gegeben sind, durch die der Unverletzlichkeit der katholischen Glaubenslehre und den unveränderten Aufgaben und Rechten der Kirche Rechnung getragen, sowie die vollinhaltliche Geltung der von den einzelnen deutschen Ländern mit der Kirche abgeschlossenen Staatsverträge durch die Reichsregierung ausdrücklich zugesichert wird. Ohne die in unseren früheren Maßnahmen liegende Verurteilung bestimmter religiös-sittlicher Irrtümer aufzuheben, glaubt daher der Episkopat das Vertrauen hegen zu können, daß die vorbezeichneten allgemeinen Verbote und Warnungen nicht mehr als notwendig betrachtet zu werden brauchen.« Die Oberhirten vergaßen auch nicht, ihre Gläubigen »zur Treue gegenüber der rechtmäßigen Obrigkeit und zur gewissenhaften Erfüllung der staatsbürgerlichen Pflichten« zu ermahnen.[13]

Der Vorstand des Katholischen Jungmännerverbandes bekundete am 4. April 1933 seine Bereitschaft, »sich den Kräften anzuschließen, die nun für nationale Erneuerung und Einheit arbeiten«. Ähnlich äußerten sich der Bund Neudeutschland und der Kartellverband der Katholischen Deutschen Studentenverbindungen. Am höchsten verstieg sich Johannes Nattermann, der Generalsekretär des Kolpingverbandes, als er in der Einladung an Hitler zum Ersten Deutschen Gesellentag in München (Juni 1933) folgendes Bekenntnis ablegte: »So sehen wir in Ihnen nicht nur die von oben gesetzte Autorität, sondern auch den Führer, der das, was Adolf Kolping, unser Gründer und Führer, auf dem Wege geistiger Umbildung erstrebte, nämlich die Überwindung des Liberalismus und Sozialismus, mit politischer Macht durchgesetzt hat.«[14]

Gewiß gab es auch andere, mahnende und warnende Stimmen. Alfred Algermissen, Ressortleiter im Volksverein für das katholische Deutschland, teilte Kardinal Bertram in einem ausführlichen Aktionsplan für eine »katholische Bewegung in Deutschland« mit: »Dadurch, daß der Nationalsozialismus in Deutschland die fast uneingeschränkte Macht errungen hat, drohen Gefahren, deren Ernst auch gewisse Zusicherungen von jener Seite nicht verkennen lassen dürfen.« Algermissen dachte dabei konkret an »Gewaltmaßnahmen, wie sie z.Zt. gegen die jüdische Bevölkerung durchgeführt werden« und auch der katholischen Kirche bevorstehen könnten. Zu der »Kundgebung« der Bischöfe vom 28. März 1933 äußerte Algermissen die Überzeugung, daß sie, wenngleich notwendig und richtig, »vielfach den Eindruck eines Zurückweichens der Kirche erweckt hat. Wenn ich offen und ehrlich sprechen darf, geht meine Überzeugung dahin, daß unser katholisches Volk im Augenblick erwartet, daß seitens der Kirche ein Neues und Großes in Angriff genommen werde.«[15] Der Berliner Studentenpfarrer Franziskus Maria Stratmann, Mitglied des Dominikanerordens, beschrieb die Situation in einem Brief vom 10. April 1933 an Kardinal Faulhaber so: »Die Seelen der Gutgesinnten sind durch die nationalsozialistische Gewaltherrschaft aufgewühlt, und ich spreche nichts als eine Tatsache aus, wenn ich sage, daß die bischöfliche Autorität durch die Quasi-Approbation der nationalsozialistischen Bewegung bei zahllosen Katholiken und Nichtkatholiken ins Wanken geraten ist.«[16]

Es gab allerdings auch hellsichtige Beobachter der Zeitläufe, die spätestens bei der Machtergreifung Adolf Hitlers im Jahre 1933 eine unheilvolle Zukunft prophezeiten. Zu diesen wenigen »Sehern« zählt der Priester Stephan Rugel, der von 1927 bis 1938

Pfarrer von Lutzingen (Bistum Augsburg) war. Nur eine Woche nach der Reichstagswahl vom 5. März 1933 verkündete Rugel von der Kanzel seiner Pfarrkirche den verdutzten Zuhörern: »Wenn in absehbarer Zeit ein viel furchtbarerer Weltkrieg kommt, dann, so bitte ich heute schon: Laßt das Jammern, Ihr habt ihn selbst gewählt!« Der Pfarrer brachte damit eine Überzeugung zum Ausdruck, die manch anderer in ganze drei Worte faßte: »Hitler bedeutet Krieg!« Und Rugel nannte auch gleich beim Namen, welche Rasse dem radikalen Rassisten und Antisemiten Adolf Hitler als schlimmster Feind galt: »Die schlimmste Rasse sind die Juden, denen die Nationalsozialisten alle Schlechtigkeit beilegen. Diese Rasse ist total verkommen, entartet, ist eine satanische Rasse, der Gegenpol zur nordischen, göttlichen Rasse. Sie müssen ausgerottet werden: Juda verrecke!« Rugel betonte dabei, daß er im »Interesse der Seelsorge, des Gewissens und des Glaubens« zu offener Sprache verpflichtet sei; denn »Schweigen wäre eine Vernachlässigung meiner Hirtenpflichten und ein Ärgernis für die Kirchentreuen«.[17]

Auch Pater Ingbert Naab trat als Publizist schon früh gegen Hitler und seine Partei hervor. Sein letzter Artikel in der von ihm herausgegebenen Zeitschrift *Der gerade Weg* (5. März 1933) war überschrieben: »Die Flammenzeichen rauchen«. In seinem ein Jahr zuvor veröffentlichten Offenen Brief an Hitler, im Wahlkampf in Massenauflagen als Flugblatt verbreitet, hatte der Kapuzinerpater Naab dem Demagogen Hitler die Maske eines Biedermanns vom Gesicht gerissen: »Sie haben die Idealisten mit einem solch blinden Vertrauen auf Ihre Persönlichkeit erfüllt, daß sie einen von Gott gesandten Propheten in Ihnen erblicken, dessen Botschaft man sich einfach zu unterwerfen hat … Ist nicht Ihre Zurückhaltung in den religiösen Fragen eine einzig große Irreführung der Massen? Sie lachen doch selbst längst über Ihren Programmsatz vom Bekenntnis zum positiven Christentum. Sonst hätten Sie unmöglich einen Rosenberg zur Seite. Muß nicht Ihr Gebaren gerade auf dem Gebiet der Religion von Ihnen selbst als bewußte Irreführung empfunden werden? Wie lange wollen Sie dieses Geschäft weitertreiben?«[18] Hitler vermochte es in der Tat, mit dem schillernden Slogan vom »positiven Christentum« viele gutgläubige Christen über seine wahren Absichten hinwegzutäuschen.

Bald jedoch stellte sich immer deutlicher heraus, daß Hitler und seine Gefolgsleute den Einfluß der Kirche im öffentlichen Leben Schritt für Schritt zurückdrängen wollten. Wie konnten da die Kirchenführer noch an einen Kompromiß denken? Ludwig Wolker, Generalpräses des Katholischen Jungmännerverbandes, gewann nach einem Augenblick des Schwankens den klaren Blick für das wirkliche Geschehen zurück. Bereits Ende Mai 1933 erstattete er dem deutschen Episkopat einen ausführlichen Bericht über die beängstigende Situation der Jugendverbände und unterbreitete konkrete Vorschläge für das weitere Vorgehen: »Die innere Umstellung auf Grund der Kundgebung des Episkopates zur NSDAP war gerade für die vorderste Front unserer Verbände nicht einfach, da gerade sie den weltanschaulichen Kampf im Sinne der Kirche gegen jene Bewegung wesentlich getragen hatte!« Im Gegensatz zur Haltung der Bischöfe und wohl auch des Vatikans stand für Wolker jetzt außer Zweifel, »daß in einem großen Teil der Führerschaft der letzte Wille einfach auf die Vernichtung der Kirche als Gemeinschaft und als Einflußmacht gerichtet ist«. Völlig bewahrheiten sollte sich, was Wolker schon 1933 voraussah: »Nach unserer Überzeugung wird darum die endgültige Stellung des Staates und der NSDAP zur Kirche und zu den kirchlichen Gemeinschaften nicht so sehr von den allgemeinen Gesichtspunkten des Programms und von den gegebenen Versprechungen bestimmt werden, sondern im wesentlichen von der politischen Gesamtentwicklung, vor allem von der innenpolitischen Entwicklung und Kräftegruppierung innerhalb der nationalsozialistischen Revolution abhängen.« Er schloß seinen Bericht mit den fast verzweifelt klingenden Worten: »Die Herzen der Besten horchen nach Fulda. Auch Andersgläubige, Juden und Sozialisten, die deutsch und guten Willens sind, horchen und wollen in der Kirche die starke Hüterin von Wahrheit, Freiheit und Recht erkennen.«[19]

Als das NS-Regime immer konkretere Konturen annahm und nationalsozialistische Rechtsverletzungen und Terrorakte sich häuften, informierte der saarländische Pfarrer Nikolaus Demmer in einem Rundbrief vom 30. September 1934 über die vom Nationalsozialismus ausgehenden Gefahren. An die gesamte Bevölkerung richtete er einen Appell, der von erstaunlicher politischer Weitsicht zeugte: »Ihr seid es Euren Kindern schuldig, dieselben nicht den braunen Mördern auszuliefern. Ihr könnt es nicht verantworten, daß Euer Glaube und Eure Religion von diesen Heiden vernichtet wird ... Euer Kampf gilt nicht Deutschland, sondern dem Hitlerfaschismus. Ihr wißt, was Ihr von demselben zu erwarten habt. Euer Kampf geht um Eure Existenz und um den Frieden in Europa.«[20]

Doch die Bischöfe beharrten auf ihrem positiven Kurs. Nach ihrer Konferenz in Fulda am 31. Mai 1933 teilten sie Papst Pius XI. mit, daß sie der jetzigen Reichsregierung guten Gewissens und ungeheuchelten Glaubens anhingen, und zwar wegen deren Einsatz gegen den Bolschewismus und gegen die grassierende Unmoral im sechsten Gebot.

Eine verhängnisvolle Wegweisung boten die Bischöfe auch in ihrem gemeinsamen Hirtenbrief vom 3. Juni 1933, mit dem sie alle Katholiken zu »demütigem Gehorchen und freudigem Dienen, wie es der christliche Glaube verlangt«, ermahnten. Entscheidend dafür war ihr traditionelles Autoritätsverständnis: »Es fällt deswegen uns Katholiken auch keineswegs schwer, die neue, starke Betonung der Autorität im deutschen Staatswesen zu würdigen und uns mit jener Bereitschaft zu unterwerfen, die sich nicht nur als eine natürliche Tugend, sondern wiederum als eine übernatürliche kennzeichnet, weil wir in jeder menschlichen Obrigkeit einen Abglanz der göttlichen Herrschaft und eine Teilnahme an der ewigen Autorität Gottes erblicken (Röm 13,1ff).« Die neuen Machthaber mußten über diese biblische, auf den Apostel Paulus zurückgehende Begründung ihrer Autorität hocherfreut sein. Allein der Eichstätter Bischof Konrad von Preysing, bald darauf Bischof von Berlin, hatte sich in der dem Hirtenbrief vorausgehenden Konferenz gegen eine derart undifferenzierte Anerkennung der staatlichen Autorität ausgesprochen, weil »der neue Staat von seinen Schöpfern mit der nationalsozialistischen Partei gleichgesetzt« werde und deshalb mit der Weltanschauung der Kirche nicht vereinbar sei. Außerdem mußte der neuen Regierung das Einstimmen der Bischöfe in die Kritik am Versailler Friedensschluß willkommen sein. Die Bischöfe bedauerten nämlich, »daß die Siegernationen in verblendeter Selbstsucht die Gerechtigkeit hintansetzen und durch eine ungeheure Belastung der deutschen Schultern das mannigfache Elend vermehren, unter dem wir seit Kriegsende bis zur Unerträglichkeit leiden«. Das war Wasser auf die Mühlen Hitlers, der gegenüber Frankreich schon seit Jahren eine Revanchepolitik betrieb, von der sich der Hirtenbrief jedoch ausdrücklich distanzierte. Und dann ließen sich die Bischöfe trotz inzwischen erfolgter Repressalien wiederum blenden von Hitlers Bekenntnis zum »positiven Christentum«: »Zu unserer großen Freude haben die führenden Männer des neuen Staates ausdrücklich erklärt, daß sie sich selbst und ihr Werk auf den Boden des Christentums stellen. Es ist das ein öffentliches, feierliches Bekenntnis, das den herzlichen Dank aller Katholiken verdient.« Auch wenn die Bischöfe manche Bedenken und Forderungen hinsichtlich einer freien Wirksamkeit der Kirche anklingen ließen, so wollten sie »darin nicht etwa einen versteckten Vorbehalt dem neuen Staat gegenüber« zum Ausdruck bringen. Der Hirtenbrief endete mit der Feststellung: »Ein abwartendes Beiseitestehen oder gar eine Feindseligkeit der Kirche dem Staate gegenüber müßte Kirche und Staat verhängnisvoll treffen.«[21] Von diesem Good-Will-Kurs ließ sich die Kirche in Deutschland trotz ungezählter Eingaben und Beschwerden auch in den folgenden Jahren nicht abbringen.

Bestimmend für das Denken und Handeln der Bischöfe und folglich auch des größten Teils des Klerus und der Laien wurde der Kurs, den der Freiburger Erzbischof Gröber in den ersten Jahren wiederholt an seinen Klerus ausgab: »Den Klerus bitte und warne ich immer und immer wieder, er möge sich doch umstellen und nicht durch persönliche Unklugheiten der kirchlichen Sache schaden.«[22] Diese Wegweisung war gegenüber einem mit Terror und Gewalt agierenden Regime genau der falsche Kurs. Es dauerte Jahre, bis der Oberhirte erkannte, daß er sich kompromißlos vor seine immer wieder angefeindeten und gemaßregelten Priester stellen mußte und als katholischer Bischof »auch vor Strafen, ja selbst vor der Todesstrafe« nicht zurückschrecken durfte, wie er in einem Schreiben vom 29. November 1941 an den Kultus- und Unterrichtsminister in Karlsruhe betonte. Zugleich jedoch versicherte er, daß er »niemals, weder ›offen‹ noch ›versteckt‹ den Nationalsozialismus oder den nationalsozialistischen Staat als politisches Machtgebilde angegriffen«, sondern immer nur die Angriffe gegen das Christentum und die katholische Kirche zurückgewiesen habe.[23]

3. Das Reichskonkordat vom 20. Juli 1933

Die Verhandlungen zwischen der Reichsregierung und dem Vatikan über ein Konkordat begannen schon Mitte April 1933 unter dem Pontifikat Pius' XI. Nicht alle deutschen Bischöfe wußten von Anfang an, daß solche Gespräche stattfanden. Erzbischof Gröber und Vizekanzler von Papen, die an den Verhandlungen im Vatikan teilnahmen, drängten auf einen schnellen Abschluß. Zu den Gegnern eines solchen Vertrags gehörten der frühere Reichskanzler Heinrich Brüning, der Prälat Kaas am 6. März 1933 als Vorsitzender der Zentrumspartei abgelöst hatte, sowie der Eichstätter Bischof Konrad Graf Preysing und der Kölner Erzbischof Schulte. Dieser erklärte: »Die Regierung ist eine Revolutionsregierung, Gesetz und Recht existieren zur Zeit nicht. Mit einer solchen Regierung kann man kein Konkordat schließen.«[24] Doch die Mehrheit der Bischöfe stimmte bei ihrer Konferenz am 31. Mai 1933 für den Abschluß eines Konkordats.

Mit den Konkordatsvereinbarungen beabsichtigte der Vatikan einen bestmöglichen Schutz kirchlicher Rechte (Bekenntnisschule,

Vereine, Presse), bei deren Verletzung durch die NSDAP-Regierung Protest und Widerstand als legitim erscheinen mußten. So gesehen verschaffte man den Katholiken in der Tat »eine rechtliche Verteidigungsgrundlage, eine Stellung, in die sie sich verschanzen konnten«, wie Pius XII. nach dem Zusammenbruch des Dritten Reiches in einer Ansprache am 2. Juni 1945 als Hauptargument anführte.[25] Auf der anderen Seite wußte aber auch Hitler nur zu deutlich, welches Prestige ihm ein so feierlicher Vertrag mit dem Papst verschaffen würde, und zeigte sich deshalb zu großen Zugeständnissen bereit. Voller Stolz konstatierte er in einer Verfügung vom 8. Juli 1933: »Durch den Abschluß des Konkordats zwischen dem Heiligen Stuhl und der Deutschen Reichsregierung scheint mir genügend Gewähr dafür gegeben, daß sich die Reichsangehörigen des römisch-katholischen Bekenntnisses von jetzt ab rückhaltlos in den Dienst des neuen nationalsozialistischen Staates stellen werden.«[26] Im selben Sinn publizierte der *Völkische Beobachter* in der Ausgabe vom 23./24. Juli 1933 den Text des Konkordats unter der vielversprechenden Überschrift »Anerkennung des nationalsozialistischen Deutschlands durch die Katholische Kirche«. Für die ungehinderte Freiheit der Kirche und den Fortbestand der katholischen Bekenntnisschule waren die kirchlichen Unterhändler bereit, auf politische Aktivitäten des Klerus sowie auf den Fortbestand von katholischen Organisationen und Verbänden, die nicht religiösen, kulturellen oder karitativen Zwecken dienten, zu verzichten.

Groß war die Begeisterung bei Bischöfen, Priestern und Laien über das Zustandekommen des Reichskonkordats. An der Spitze zollte der Münchener Erzbischof Faulhaber dem Reichskanzler Adolf Hitler in einem Brief vom 24. Juli 1933 höchste Anerkennung: »Was die alten Parlamente und Parteien in 60 Jahren nicht fertigbrachten, hat Ihr staatsmännischer Weitblick in 6 Monaten weltgeschichtlich verwirklicht. Für Deutschlands Ansehen nach Osten und Westen und vor der ganzen Welt bedeutet dieser Handschlag mit dem Papsttum, der größten sittlichen Macht der Weltgeschichte, eine Großtat von unermeßlichem Segen … Vor aller

Welt ist nun bewiesen, daß Reichskanzler Adolf Hitler nicht bloß große Reden halten kann wie seine Friedensrede, daß er auch Taten wirken kann von weltgeschichtlicher Größe wie das Reichskonkordat ... Uns kommt es aufrichtig aus der Seele: Gott erhalte unserem Volk unseren Reichskanzler.«[27]

Jahre später noch, als die Verstöße einzelner Regierungs- und Parteistellen gegen das Konkordat längst schon zur Tagesordnung gehörten, hielt Faulhaber den Abschluß des Reichskonkordats für richtig. In der Predigt zum Jahrestag der Papstkrönung am 14. Februar 1937 rühmte er das Konkordat als »einen Handschlag des Vertrauens«: »Zu einer Zeit, da die Oberhäupter der Weltreiche in kühler Reserve und mehr oder minder voll Mißtrauen dem neuen Deutschen Reich gegenüberstanden, hat die katholische Kirche, die höchste sittliche Macht auf Erden, mit dem Konkordat der neuen Deutschen Regierung ihr Vertrauen ausgesprochen. Für das Ansehen der neuen Regierung im Ausland war das eine Tat von unschätzbarer Tragweite. Die Völker, die in der Folge mit dem Deutschen Reich Verträge abschlossen, gingen in den Spuren des Papstes. Dabei war das Reichskonkordat nicht auf dem Wege der Gewalt zustande gekommen wie der Vertrag von Versailles, sondern durch freie, gegenseitige Vereinbarung, nach längeren Verhandlungen über jeden Satz, mit dem Ehrenwort der deutschen Treue gesiegelt.«[28]

Gewiß ließ sich 1933 die allgemeine politische Entwicklung in Deutschland nicht voraussehen. Trotzdem ist es unbegreiflich, daß man dem neuen »Führer« Adolf Hitler völlig kritiklos begegnen konnte wie der Generalvikar des Bistums Berlin, Prälat Steinmann, der bei einer Jugendveranstaltung in Berlin bekannte: »Mit der Mannhaftigkeit verbinden wir die Treue zum Vaterlande, die Treue zu den Führern, die an der Spitze des Staates stehen. Wir fragen nicht nach der Person, sondern wir wissen, daß derjenige, der an der Spitze steht, von Gott uns als Führer gesetzt ist. Und um Gottes willen folgen wir ihm treu und gewissenhaft. Auch wir katholische Jugend setzen unseren Stolz in unsere Treue zur Autorität: zur Kirche und zu unserem Staate.«[29]

Nicht verwunderlich ist dagegen, daß der Freiburger Erzbischof Gröber, der bei den Konkordatsverhandlungen in Rom als Vertreter des deutschen Episkopats eine wichtige Rolle spielte, bei einer Rede in Karlsruhe am 10. Oktober 1933 in Anwesenheit von Vertretern der Regierung voller Genugtuung bekannte: »Ich glaube auch, weder vor Ihnen noch vor dem deutschen Volk ein Geheimnis zu verraten, wenn ich sage, daß ich mich restlos hinter die neue Regierung und das neue Reich stelle (stürmischer Beifall!) ... Eine der ersten Kundgebungen des Führers war eine christliche. Er hat seine Hand erhoben gegen alle diejenigen, die gegen das Kreuz anstürmten.«[30] Doch Hitler dachte nicht einen Augenblick lang daran, die Vereinbarungen des Konkordats ernst zu nehmen, geschweige denn, sie zu erfüllen. Die Kirchenmänner dagegen wiegten sich in der falschen Hoffnung, Hitler und seinen Parteigenossen mit dem Konkordat eine Kandare angelegt zu haben. Auf der anderen Seite hüteten sie sich geradezu ängstlich vor Verstößen gegen konkordatäre Abmachungen.

Selbst nachdem die Bischöfe in Deutschland jahrelange böse Erfahrungen mit dem Hitler-Regime gemacht hatten, ließen sie sich, ungeachtet papierener Proteste, nicht in eine offene Opposition zur NSDAP treiben. Gelegenheit dazu hätten immer wieder Wahlen geboten. Doch die Vertrauensseligkeit überwog alle Skepsis. So wandte sich Johann Baptist Dietz, seit 1936 Koadjutor des Bischofs von Fulda, anläßlich der Abstimmung am 10. April 1938 mit einem erstaunlichen Aufruf an die Katholiken der Diözese Fulda: »Ich hege die begründete Hoffnung, daß der Schöpfer des neuen und unwiderruflichen Großdeutschlands die nationale Einigung mit einer großzügigen religiösen Befriedung verbinden und so die Freude des neuen und größeren deutschen Volkes vollenden wird. Ich rufe Euch darum zu: Teilet meine Zuversicht und schreibet am Wahltag auf Euren Stimmzettel ein beherztes Ja!«[31]

Die *Münchener Katholische Kirchenzeitung* gedachte Hitlers 50. Geburtstags am 20. April 1939 mit einem dreifach eingerahmten Glückwunschartikel. Zu Beginn verwies der Autor auf die Anordnung der deutschen Bischöfe, daß am Vorabend des 20. April

»unsere Kirchenglocken in einem Festgeläute den Ruf zum Gebet über deutsche Lande hintragen« und am darauffolgenden Sonntag »beim Gottesdienst in allen Kirchen ein besonderes Gedenken für das Oberhaupt des Deutschen Reiches eingefügt« werde. Und angesichts des drohenden Krieges hieß es weiter: »Der Schöpfer des Dritten Reiches hat die erschreckenden Ausmaße der ungeheuren Gefahr erkannt, die Deutschland und dem Abendland von Rußland her drohen ... So haben wir wahrlich Grund genug, Gottes Vorsehung zu danken, daß sie nach dem blutigen Völkerringen des Weltkrieges und der darauffolgenden Zeit des Niederganges dem Volk der Deutschen wieder gnädig war, und die Führung des Reiches einem Staatsmanne anvertraute, der es verstand, eine in der Geschichte beispiellose Machtfülle in seiner Hand zu vereinigen. Nur dadurch war es möglich, in entscheidungsvoller Stunde das Haupt gegen den Bolschewismus zu erheben und alle Kräfte auf den Plan zu rufen.«[32] So zeigte sich immer wieder eine funktionelle Bündnispartnerschaft zwischen zwei ideologisch ungleichen Partnern.

Obwohl »die zahllosen Nadelstiche und Schwerthiebe seitens staatlicher und parteilicher Stellen« (Kardinal Faulhaber) gegen die Kirche fortdauerten, konnte sich der Episkopat in seiner Gesamtheit zu keinem massiven öffentlichen Protest durchringen. Auf der Gegenseite war Propagandaminister Goebbels der Überzeugung, daß mit »der Nadelstichpolitik, die von verschiedenen Stellen der Partei gegen die kirchlichen Behörden betrieben wird, nichts zu erreichen« sei. Doch für die Zeit des Krieges wandte er sich gegen jeden Radikalismus auf diesem Gebiet. »Haben wir einmal den Sieg in Händen«, notierte er am 18. August 1941 in sein Tagebuch, »so ist es ein Leichtes, in einem Generalaufwaschen die ganzen Schwierigkeiten zu beseitigen.«[33]

Der Berliner Bischof Konrad von Preysing drängte zwar auf rücksichtslosen Protest und dementsprechend strenge Konsequenzen, stand aber allein und blieb darum erfolglos. Das Maß des Zumutbaren war für ihn überschritten, als Kardinal Bertram im Namen aller Bischöfe, ohne diese aber konsultiert zu haben, Hitler zum 51. Geburtstag am 20. April 1940 inmitten des Krieges in einer nicht nur uns heute unverständlichen Weise gratulierte: »Hochgebietender Herr Reichskanzler und Führer! Der Rückblick auf die unvergleichlich großen Erfolge und Ereignisse der letzten Jahre und der tiefe Ernst der über uns gekommenen Kriegszeit gibt mir als Vorsitzendem der Fuldaer Bischofskonferenz besonderen Anlaß, namens der Oberhirten aller Diözesen Deutschlands Ihnen zum Geburtstage die herzlichsten Glückwünsche darzubringen. Es geschieht das im Verein mit den heißen Gebeten, die die Katholiken Deutschlands am 20. April an den Altären für Volk, Heer und Vaterland, für Staat und Führer zum Himmel senden. Es geschieht in dem tiefen Bewußtsein der ebenso vaterländischen wie religiösen Pflicht der Treue zum jetzigen Staate und seiner regierenden Obrigkeit im Vollsinne des göttlichen Gebotes, das der Heiland selbst und in seinem Namen der Völkerapostel verkündet hat. Es geschieht unter Protest gegen die von christentumsfeindlichen Kreisen offen und versteckt verbreitete Verdächtigung, als sei unser Treuebekenntnis nicht voll zuverlässig.«[34]

Ein Jahr später widmete das Augsburger *Katholische Kirchenblatt* Hitler zu seinem 52. Geburtstag einen begeisterten Glückwunsch mit der Überschrift »Gott segne unseren Führer!« Darin rühmte der mit »P« gezeichnete Autor den Führer dafür, daß er »mit dem besten Heer der Welt Sieg um Sieg errungen und alle Voraussetzungen geschaffen hat, die uns den Endsieg verbürgen. Das danken wir dem Führer in heißer Liebe an seinem Geburtstag. Über ihm waltet sichtbar die Vorsehung, deren Beistand der Führer in vielen seiner Reden das deutsche Volk und die deutschen Soldaten im Kampfe anempfohlen hat. Sie hat Führer und Volk ihren Beistand nicht verweigert.«[35]

Angesichts solch hymnischer Bewunderung für Adolf Hitler von seiten der offiziellen Kirche war an Verweigerung oder gar Widerstand von seiten der Gläubigen im Ernst nicht zu denken.

4. Verteidigung der Menschenrechte

Statt nun im einzelnen zu schildern, ob und wie die katholische Kirche auf die fortwährenden Einschüchterungen und Beschränkungen von seiten nationalsozialistischer Staats- und Parteibehörden reagiert hat, fragen wir fundamentaler, ob dieselbe Kirche nicht nur ihre eigenen Rechte und Privilegien verteidigt hat, sondern mit demselben Nachdruck auch für die unveräußerlichen Rechte aller Menschen eingetreten ist. Gerade darin sahen die Mitglieder des »Ausschusses für Ordensangelegenheiten« den Hauptgrund für die Notwendigkeit eines Hirtenwortes inmitten des Krieges: »Auch der nichtchristliche Teil in Deutschland, der unter der Last der Rechtlosigkeit und seiner eigenen Ohnmacht gegenüber Unrecht und Gewalt leidet, erwartet Hilfe und Verteidigung der allgemein menschlichen Rechte durch den deutschen Episkopat.«[36] Mit einem solchen Engagement, das sich auf einzelne Menschen oder auf ganze Völker beziehen konnte, hätte sich der autoritäre und kriegerische Staat des Nationalsozialismus selbst massiv bedroht sehen müssen.

Euthanasie oder Tötung behinderter Menschen

Mit dem Reichsgesetz zur Verhütung erbkranken Nachwuchses, dem sogenannten Sterilisierungsgesetz vom 14. Juli 1933, wurde einem großen Personenkreis das Recht auf Zeugung neuen Lebens verwehrt. Eine Erweiterungsbestimmung von 1935 gestattete darüber hinaus die Abtreibung noch nicht geborenen Lebens. Die dem Gesetz entsprechenden Maßnahmen bezogen sich auf Krankheiten verschiedenster Art, z.B. auf angeborenen Schwachsinn, Schizophrenie, erbliche Fallsucht, Blindheit, Taubheit, körperliche Mißbildung und schweren Alkoholismus.

Nachdem die Bischöfe auf ihrer Konferenz vom 30. Mai bis 1. Juni 1933 jeder Form der Sterilisierung ihre Zustimmung verweigert hatten, kam das Sterilisierungsgesetz, das am 1. Januar 1934 in Kraft treten sollte, bei der Bischofskonferenz Ende August 1933, nach Anhörung mehrerer Gutachten, erneut zur Beratung. In der von Kardinal Bertram unterzeichneten Eingabe an Reichsinnenminister Frick vom 12. September 1933 lehnten die Bischöfe das im Reichsgesetz vorgesehene Mittel der gesetzlichen Sterilisierung »als schwere Verletzung des naturgegebenen Rechtes fruchtbarer Ehebetätigung, als Verstoß gegen das unabänderliche natürliche Sittengesetz« ganz entschieden ab. Sterilisierung könne nach kirchlicher Lehre nur als Strafe für ein schweres Verbrechen in Betracht gezogen werden. Weil die Bischöfe aber mit der Aussichtslosigkeit ihres Protestes rechneten, trafen sie auch schon Vorsorge für solche Personen (Ärzte, Schwestern), die ihre Mitwirkung an dem sittlich unerlaubten Sterilisierungsakt verweigern würden.[37]

Drei Jahre später bei seiner Unterredung mit Hitler auf dem Obersalzberg trat Kardinal Faulhaber nicht so resolut auf, als die sogenannte Euthanasie zur Sprache kam. Auch wenn die Kirche hier ihr Veto einlegen müsse, meinte Faulhaber, bedeute dieses Nein nicht auch schon einen radikalen Kampf gegen den Staat. Als ein Signal höchster Alarmstufe aber hätten die Bischöfe Hitlers Geheimerlaß zur Vernichtung »lebensunwerten Lebens« vom 1. September 1939 verstehen müssen. Der jetzt verstärkt einsetzenden »Aktion T 4« – benannt nach dem Sitz der zuständigen Behörde in der Berliner Tiergartenstraße 4 –, die in erster Linie gegen geisteskranke Erwachsene gerichtet war, fielen bis 1941 schätzungsweise 100 000 Menschen zum Opfer.

Die Bischöfe erhielten wohl nicht schon zu Beginn der Aktion, sondern erst Monate später zuverlässige Informationen über diese systematischen Mordaktionen. Zuerst veröffentlichte das Heilige Offizium am 2. Dezember 1940 eine Entscheidung, in der jedes menschliche Leben grundsätzlich verteidigt wurde. Papst Pius XII. begründete diesen Schritt zwei Wochen später in einem Brief an den Berliner Bischof Graf von Preysing: »Wir hätten aber geglaubt, Unserer Pflicht nicht zu genügen, wenn Wir zu solchem Tun geschwiegen hätten.« Von den deutschen Bischöfen erwartete der Papst, daß sie entscheiden sollten, »was an Ort und Stelle

selbst die Umstände zu tun gebieten«.[38] Bei der Papstkrönungs-
feier am 9. März 1941 in der Berliner St. Hedwigs-Kathedrale
bestieg denn auch Konrad von Preysing, der entschiedenste Gegner des Nationalsozialismus im Episkopat, die Kanzel, um die
Verlautbarung der römischen Glaubenskongregation zu verlesen.
Zuvor betonte er, »daß keine irdische Macht, auch nicht der Staat,
das Recht hat, Unschuldigen das Leben zu nehmen ... daß keine
Rechtfertigung und keine Entschuldigung dafür gefunden werden
kann, wenn Kranken und Schwachen das Leben genommen wird
aus irgendwelchen wirtschaftlichen oder eugenischen Gründen.«[39]

Mit derselben Entschlossenheit trat dann Bischof Clemens
August Graf von Galen, ein Vetter des Berliner Bischofs, an die
kirchliche Öffentlichkeit und prangerte unmißverständlich als
Mord an, was seit Jahren tausendfache Praxis war. Nach allzulan-
gem Schweigen erwies sich Bischof von Galen jetzt als der »Löwe
von Münster«. Zur letzten Konsequenz entschlossen, schleuderte
er am 3. August 1941 von der Kanzel der Lamberti-Kirche in
Münster heftige Anklagen gegen die für das verbrecherische Morden verantwortlichen Partei- und Staatsgrößen: »Wenn einmal
zugegeben wird, daß Menschen das Recht haben, ›unproduktive‹
Mitmenschen zu töten – und wenn es jetzt zunächst auch nur arme
wehrlose Geisteskranke trifft -, dann ist grundsätzlich der Mord
an allen unproduktiven Menschen, also an den unheilbar Kranken,
den Invaliden der Arbeit und des Krieges, dann ist der Mord an
uns allen, wenn wir alt und altersschwach und damit unproduktiv
werden, freigegeben ... Dann ist keiner von uns seines Lebens
mehr sicher ... Wehe den Menschen, wehe unserem deutschen
Volke, wenn das hl. Gottesgebot: ›Du sollst nicht töten‹, das der
Herr unter Donner und Blitz auf Sinai verkündet hat, das Gott,
unser Schöpfer, von Anfang an in das Gewissen der Menschen
geschrieben hat, nicht nur übertreten wird, sondern wenn diese
Übertretung sogar geduldet und ungestraft ausgeübt wird.«[40]
Zuvor schon hatte der Bischof beim Obersten Gericht Strafanzei-
ge gegen die Regierung wegen tausendfachen Mordes an unschuldigen Menschen erstattet. Er ließ sich auch nicht einschüchtern

durch ein Schreiben des preußischen Ministerpräsidenten Hermann Göring, der an den Treueeid des Bischofs gegenüber dem Staat erinnerte und dem Bischof mit Verhaftung drohte, vor der ihn letztlich Adolf Hitler selbst bewahrte.

Doch es blieben die Stimmen einzelner Bischöfe. Ulrich von Hassell, einst Botschafter des Deutschen Reiches bei der italienischen Regierung, notierte am 30. August 1941 voller Enttäuschung in sein Tagebuch: »Warum läßt Rom Galen so allein kämpfen? Und was machen unsere herrlichen Kirchenfürsten?«[41]

Wir wissen heute, daß Hitler einerseits wegen wachsender Unruhe im Volk und andererseits wegen Galens Predigten die Aktionen, die nur eine Vorstufe zum millionenfachen Mord am jüdischen Volk waren, im August 1941 abrupt abbrechen ließ. Selbst Papst Pius XII. wertete in einem Brief an Bischof Preysing vom 30. September 1941 die drei Predigten Galens und den gemeinsamen Hirtenbrief des deutschen Episkopats als Beweis dafür, »wie viel sich durch offenes und mannhaftes Auftreten innerhalb des Reiches immer noch erreichen läßt. Wir betonen das, weil die Kirche in Deutschland auf euer öffentliches Handeln um so mehr angewiesen ist, als die allgemeine politische Lage in ihrer schwierigen und oft widerspruchsvollen Eigenart dem Oberhaupt der Gesamtkirche in seinen öffentlichen Kundgebungen pflichtmäßige Zurückhaltung auferlegt.«[42] Doch Aufklärung und Mobilisierung der Öffentlichkeit erfolgten viel zu spät. Ein rechtzeitiges Protestieren der Bischöfe hätte vermutlich einen früheren Stop des Todesprogramms bewirkt.

Holocaust oder Mord am jüdischen Volk

Zu den dunkelsten Seiten in der Geschichte der Kirche gehört die uralte Feindschaft gegenüber dem jüdischen Volk, aus dem Jesus selbst hervorgegangen ist – bekannt als Antijudaismus und Antisemitismus. Verachtung und Verfolgung der Juden beschränkten sich nicht auf das Mittelalter, sondern nahmen in der Neuzeit oft noch erschreckendere Ausmaße an.

Wer das Parteiprogramm der NSDAP aus dem Jahr 1920, Adolf Hitlers *Mein Kampf* (1927) und Alfred Rosenbergs *Der Mythus des 20. Jahrhunderts* gründlich gelesen hatte, konnte unschwer vorhersehen, daß die Juden, falls Hitler und seine Partei in Deutschland an die Regierung kämen, ein grausames Schicksal erleben würden. Bereits auf einer Versammlung am 29. April 1920 im Münchener Hofbräuhaus kündigte Adolf Hitler mit dem ihm eigenen Fanatismus an: »Wir wollen den Kampf solange führen, bis der letzte Jude aus dem Deutschen Reich entfernt ist und wenn es auch zu einem Putsch kommt und noch viel mehr nochmal zu einer Revolution.«[43]

Der Weg zur sogenannten Endlösung in der Judenfrage, zum millionenfachen Mord am Judenvolk, wurde schon am 1. April 1933 mit dem von der höchsten Parteileitung ausgehenden Judenboykott beschritten. Kardinal Bertram, von dem man zuerst eine umgehende Intervention bei höchsten Partei- und Regierungsbehörden für die Juden erwartete, wandte sich mit einem Brief an seine Mitbischöfe, um ihnen seine Bedenken gegen ein solches Eintreten begreiflich zu machen. Zunächst verwies er darauf, daß »es sich um einen wirtschaftlichen Kampf in einem uns in kirchlicher Hinsicht nicht nahestehenden Interessentenkreis handelt« und ein Protest somit als »Einmischung in fremde Angelegenheiten« erscheinen müsse. Im übrigen sei von einem solchen Schritt keine Hilfe zu erwarten, ganz abgesehen davon, daß ein Engagement des Episkopats in dieser Hinsicht »sicher die übelste Interpretation in den weitesten Kreisen von ganz Deutschland finden würde.« Schließlich konnte sich Bertram die Bemerkung nicht ersparen, »daß die überwiegend in jüdischen Händen befindliche Presse gegenüber den Katholikenverfolgungen in verschiedenen Ländern durchweg Schweigen« bewahrt habe.[44]

Kardinal Faulhaber telegraphierte, daß jedes Eintreten für die Juden aussichtslos sei, ja, deren Situation nur noch verschlimmern würde. Das Schweigen der kirchlichen Autorität begründete er in einem Schreiben vom 5. April 1933 an den Geistlichen Dr. Alois Wurm, den Herausgeber der Monatsschrift *Seele*, mit den Worten:

»Für die kirchlichen Oberbehörden bestehen weit wichtigere Gegenwartsfragen; denn Schule, der Weiterbestand der katholischen Vereine, Sterilisierung sind für das Christentum in unserer Heimat noch wichtiger, zumal man annehmen darf, und zum Teil schon erlebte, daß die Juden sich selber helfen können, daß wir also keinen Grund haben, der Regierung einen Grund zu geben, um die Judenhetze in eine Jesuitenhetze umzubiegen. Ich bekomme von verschiedenen Seiten die Anfrage, warum die Kirche nichts gegen die Judenverfolgung tue. Ich bin darüber befremdet; denn bei einer Hetze gegen die Katholiken oder gegen den Bischof hat kein Mensch gefragt, was man gegen diese Hetze tun könne. Das ist und bleibt das Geheimnis der Passion.« Zugleich aber bewertete der Kardinal das Vorgehen gegen die Juden als »derart unchristlich, daß jeder Christ, nicht bloß jeder Priester, auftreten« müßte. Deshalb erwartete er von Wurm »einen flammenden Protest gegen die Judenverfolgung«, ja er hielt für noch zweckdienlicher, »einen solchen Protest als Flugblatt auf den Straßen zu verteilen«.[45] Hier zeigt sich, wie genau Kardinal Faulhaber zwischen Gesinnungs- und Verantwortungsethik zu unterscheiden wußte und dementsprechend auch sein Handeln einrichtete. Wenige Tage später bezeichnete Faulhaber in einem Schreiben an den päpstlichen Staatssekretär Pacelli eine Intervention als »zur Zeit nicht möglich, weil der Kampf gegen die Juden zugleich ein Kampf gegen die Katholiken werden würde und weil die Juden sich selber helfen können, wie der schnelle Abbruch des Boykotts zeigt«.[46]

Heute noch kann man lesen, Erzbischof Faulhaber habe sich mit seinen Adventspredigten 1933 als mutiger Verteidiger des Judentums erwiesen. Richtig ist, daß er sich bei dieser Gelegenheit tatsächlich zum Anwalt des Alten Testaments gemacht hat. Richtig ist auch, daß er mit der ihm eigenen Formulierungskunst die nationalsozialistische Rassenlehre abgelehnt hat: »Wir sind nicht mit deutschem Blut erlöst. Wir sind mit dem kostbaren Blut unseres gekreuzigten Herren erlöst (1 Petr 1,9).« Wenn Faulhaber hier für das Alte Testament eintrat, geschah es zur Abwehr des Kampfes gegen das Christentum. Um zum zeitgenössischen Judentum

Stellung zu nehmen, fühlte er sich nicht zuständig. Es ging ihm allein um das vorchristliche Judentum. Und für dieses hatte er theologisch ein vernichtendes Urteil, weil es die Stunde der Heimsuchung nicht erkannt habe: »Sie hatten den Gesalbten des Herrn verleugnet und verworfen, zur Stadt hinausgeführt und ans Kreuz geschlagen. Damals zerriß der Vorhang im Tempel auf Sion und damit der Bund zwischen dem Herren und seinem Volk. Die Tochter Sion erhielt den Scheidebrief, und seitdem wandert der ewige Ahasver ruhelos über die Erde.«[47] Faulhaber war und blieb ein typischer Vertreter des uralten kirchlichen Antijudaismus, wie es schon in seiner Dissertation *Die griechischen Apologeten der klassischen Väterzeit* (1896) offenbar geworden war. Darin konstatiert der Autor in engem Anschluß an Eusebius: »Wie der Arzt die Schale zerbricht, um den Kranken des aus Nachsicht gewährten Trankes zu entwöhnen, hat Gott die Hauptstadt (Jerusalem), die Trägerin des jüdischen Kultes, zerstört und damit jene ganze Religionsform vernichtet, und das für alle Zeiten.« Die Juden hätten sich, schreibt Faulhaber weiter, »mit der ganzen Drechslerkunst einer vorurteilsvollen Exegese« die Gewaltherrschaft über alle Völker der Erde angemaßt: »Nach der Idee des pharisäisch entarteten Judentums soll der Alte Bund universal im Umfang sein, das heißt, über die ganze Erde soll die Gewaltherrschaft der jüdischen Nation und ihres politischen Messias ausgedehnt werden.« Es kommt aber noch schlimmer. Der junge Dr. theol. Michael Faulhaber spricht den Juden das Recht auf die Heilige Schrift rundweg ab. Mit der Ankunft des Messias habe nämlich »das private Besitzrecht der Juden auf die Bücher aufgehört und das Anspruchsrecht sämtlicher Völker begonnen«. Und weiter: »Mit dem nämlichen Unrecht, mit dem die Juden den anderen Völkern die Erlösung nicht gönnen, mißgönnen sie ihnen auch die in den Büchern schriftlich gegebene Verheißung der Erlösung.« Diese Interpretation führt Faulhaber zu dem fatalen Schluß: »Die Christen sind also die wahren Israeliten, die wahren Jünger des Moses, während die Juden von dem wahren Israel ausgeschlossen und zwar von Moses selbst exkommuniziert sind.«

Mit dieser antijüdischen Theologie hat Faulhaber als Professor für Altes Testament in Straßburg seine Theologiestudenten infiziert und als Bischof von Speyer und danach als Kardinal-Erzbischof von München-Freising seine Diözesanen indoktriniert. Zwar betonte der wortgewaltige Redner und Prediger in den erwähnten Adventspredigten von 1933, daß »die Liebe zur eigenen Rasse in der Kehrseite niemals Haß gegen andere Völker werden« dürfe, räumte aber im selben Augenblick ein, daß die Kirche nichts einzuwenden habe gegen Rassenforschung und Rassenpflege sowie »gegen das Bestreben, die Eigenart eines Volkes möglichst rein zu erhalten und durch den Hinweis auf die Blutsgemeinschaft den Sinn für die Volksgemeinschaft zu vertiefen.«[48]

Als der Kardinal ein Jahr später wegen seiner Aussagen über die Juden zur Verantwortung gezogen wurde, machte er als Entschuldigung geltend, daß er »in den Adventspredigten das altbiblische Schrifttum Israels verteidigt, nicht aber zur Judenfrage von heute Stellung genommen« habe.[49] Diese Erklärung verbietet es, den Kirchenfürsten als Verteidiger des jüdischen Volkes gegenüber Anfeindungen und Verfolgungen durch Nationalsozialisten hinzustellen.

Bei einer Audienz, die Adolf Hitler am Rand einer Konferenz der Vertreter einiger Diözesen im April 1933 zu Berlin dem Osnabrücker Bischof Berning und dem Berliner Generalvikar Steinmann gewährte, kam die Rede auch auf das Judenproblem. Hitler begründete die bereits getroffenen Maßnahmen gegen die Juden damit, daß die katholische Kirche selbst die Juden 1500 Jahre lang als Schädlinge angesehen und ins Ghetto verwiesen habe. Wenn er jetzt dasselbe tue, stelle er daher die Rasse nicht über die Religion, sondern betrachte vielmehr die Vertreter dieser Rasse als Schädlinge für Staat und Kirche. Am Schluß gab er sich mit Maßnahmen gegen die Juden gar als Helfer der Kirche aus: »Vielleicht erweise ich dem Christentum einen Gefallen; deswegen ihre Zurückdrängung vom Studium und den staatlichen Berufen.«[50]

Der Rassenwahn der Nationalsozialisten machte in der Tat nicht Halt vor den Türen der Kirche, auch wenn drinnen primär theologische Argumente zur Geringschätzung und Verachtung des Judentums beitrugen. Im alltäglichen Leben freilich ließ sich eine Unterscheidung zwischen Antijudaismus aus christlichem Glauben und Antisemitismus aus Rassenwahn nicht immer leicht treffen. So faßte der Kartellverband der katholischen deutschen Studentenverbindungen schon im November 1933 den Beschluß, daß nur Männer deutscher Abstammung und Muttersprache Mitglieder werden könnten und die Heirat mit einer »nichtarischen« Frau zum Ausschluß führe.

Unter den 1942 im KZ Auschwitz ums Leben gekommenen Juden befand sich auch die Karmelitin Edith Stein. Sie hatte vom Atheismus zum katholischen Glauben gefunden und zunächst am Magdalena-Institut in Speyer und dann an der Universität Münster Philosophie gelehrt. Kurz vor ihrem Eintritt in den Orden der Karmelitinnen zu Köln 1933 erbat sie eine Privataudienz bei Papst Pius XI., um ihm die dem jüdischen Volk von Seiten der Nationalsozialisten drohenden Gefahren vor Augen zu stellen und ihn zu bitten, daß er eine Enzyklika gegen den Antisemitismus veröffentliche. Weil aber die erbetene Audienz nicht zustande kam, teilte die Karmelitin dem Papst ihr Anliegen schriftlich mit. Daraufhin ließ Pius XI. ihr und ihrer Familie seinen Apostolischen Segen übermitteln. Resigniert vertraute Edith Stein ihrem Tagebuch an: »Etwas anderes ist nicht erfolgt. Ich habe aber später oft gedacht, ob ihm dieser Brief nicht doch manchmal in den Sinn kommen mochte. Es hat sich nämlich in den folgenden Jahren Schritt für Schritt erfüllt, was ich damals für die Zukunft der Katholiken in Deutschland voraussagte.«[51]

In der vielgerühmten Enzyklika »Mit brennender Sorge« vom 21. März 1937 findet sich neben einer deutlichen Brandmarkung vieler Konkordatsverletzungen ein sehr gewichtiger Satz über den Rassenwahn der Nationalsozialisten: »Wer die Rasse, oder das Volk, oder den Staat, oder die Staatsform, die Träger der Staatsgewalt oder andere Grundwerte menschlicher Gemeinschaftsgestaltung – die innerhalb der irdischen Ordnung einen wesentlichen und ehrengebietenden Platz behaupten – aus dieser Wertskala herauslöst, sie zur höchsten Norm aller, auch der religiösen Werte macht und sie mit Götzenkult vergöttert, der verkehrt und fälscht die gottgeschaffene und gottbefohlene Ordnung.«[52] Diese Aussage ist deshalb so wichtig, weil sie der einzige öffentliche Protest der Kirche gegen die Entrechtung und Verfolgung der Juden geblieben ist, die allerdings sehr allgemein ausfiel und das Wort »Jude« geflissentlich vermied.

Heute wissen wir, daß Papst Pius XI. eine Enzyklika gegen Rassismus und Antisemitismus publizieren wollte. Mit einem Entwurf dazu betraute er im Juni 1938 den gegen den Rassismus in den USA hervorgetretenen Jesuiten John La Farge, der wenige Tage später den Jesuitengeneral Ledóchowski von dem päpstlichen Auftrag in Kenntnis setzte. Ledóchowski, ein gebürtiger Pole, gab daraufhin dem Pater zwei andere Jesuiten, den Franzosen Gustave Desbuquois und den Deutschen Gustav Gundlach, als sachkundige Mitarbeiter an die Seite. Bereits im folgenden Oktober schickte La Farge den Entwurf nicht direkt an den Papst, sondern an den Ordensgeneral in Rom. Ungeklärt ist, ob Pius XI., der zu dieser Zeit schon schwer krank war und am 10. Februar 1939 starb, den Entwurf noch zu Gesicht bekam. Sein Nachfolger Pius XII., dem diese Initiative Pius' XI. nicht verborgen bleiben konnte, da er doch seit Jahren als Kardinal-Staatssekretär fungierte, verfolgte den Plan nicht weiter. Unparteilichkeit, Abwarten und Schweigen bestimmten fortan die Politik des Vatikans gegenüber der Regierung in Deutschland. Gustav Gundlach dagegen erwartete vom Vatikan entschiedenes Auftreten und öffentliche Proteste. In einem Brief vom 18. November 1938 an seinen Ordensbruder La Farge schrieb er: »Die Kirche wird nur dann in Ehren und mit Erfolg bestehen können, wenn sie klar für die Forderungen des Evangeliums und des Naturrechts überall und gegenüber allen eintritt.« Nach seiner Überzeugung »droht jener Rassenwahn keine geringere Weltgefahr zu werden als der rote Kommunismus«.[53]

Wie verbreitet der Antisemitismus auch in kirchlichen Kreisen war, zeigt der Hirtenbrief des Freiburger Erzbischofs Gröber vom Karfreitag des Jahres 1941. Darin begegnen wir Ausdrücken wie

»jüdische Weltherrschaftsbegier«, »pharisäischer Geheimdienst«, »schmutzige Judaslippen«, »Selbstfluch der Juden«, »aufgepeitschter jüdischer Mob«. Und was soll man denken, wenn es in dem Hirtenbrief heißt: »Es ist doch allgemein bekannt, daß nicht jeder Mensch den Schmerz in gleicher Weise fühlt. Schon die Zugehörigkeit zu einer höheren oder niederen Rasse spricht erfahrungsgemäß hier mit … Wir grüßen dich, wir Christen einer neuen, deutschen Zeit, du leidender Heiland.«[54] Diese »neue, deutsche« Zeit begann mit den Nürnberger Gesetzen gegen die Juden 1935, sie brachte einen ersten Höhepunkt in der Judenverfolgung mit den Pogromen im November 1938 und endete im Januar 1942 in Berlin mit der Wannsee-Konferenz, bei der die totale Ausrottung des jüdischen Volkes als »Endlösung« beschlossen wurde.

Nur vereinzelt erhoben sich Stimmen von Katholiken zur Hilfe und Rettung für die Juden. Der Dominikaner Franziskus Maria Stratmann wandte sich von Berlin aus mit einer Mahnung an Kardinal Faulhaber in München: »Insbesondere tritt die Personalpolitik und die Judenpolitik jedes Rechtsgefühl mit Füßen. Eine barbarische, nie erlebte geistige und materielle Enteignung wird gegen Zehntausende Unschuldige, Wehr- und Rechtlose durchgeführt, und keine autoritative Stimme erhebt sich in der Öffentlichkeit dagegen. Man sagt: die Bischöfe haben gegen die Fürstenenteignung protestiert; warum schweigen sie zu dieser weit schlimmeren Enteignung?«[55]

Der Berliner Dompropst Bernhard Lichtenberg durchbrach als einer der wenigen Prälaten die Mauer des Schweigens, als er nach der Pogromnacht (9./10. November 1938) bei einem Gebetsgottesdienst im St. Hedwigs-Dom auch der verfolgten »nichtarischen« Christen und speziell der Juden gedachte. In christlicher Solidarität wagte er vor versammelter Gemeinde zu predigen: »Was gestern war, wissen wir. Was morgen ist, wissen wir nicht, aber was heute geschehen ist, haben wir erlebt; draußen brennt der Tempel – das ist auch ein Gotteshaus.«[56] Lichtenberg wurde angezeigt, eingesperrt und starb 1943 auf dem Transport ins KZ Dachau.

Über den perfekt organisierten Massenmord am jüdischen Volk außerhalb der Reichsgrenzen wurde der Vatikan schon frühzeitig informiert. Papst Pius XII. befragte sein Gewissen, ob er kraft seines höchsten Amtes in der Kirche lautstark Protest erheben müßte oder ob er mit einem ihn selbst stark bedrückenden Schweigen mehr helfen könnte. Der Berliner Bischof Preysing, durch das von ihm eingerichtete »Hilfswerk beim Bischöflichen Ordinariat Berlin« über die Verfolgung der »Nichtarier« genauer informiert, richtete schon Anfang des Jahres 1941 an den Papst die Frage, »ob nicht der Heilige Stuhl in dieser Sache etwas tun könnte, einen Appell zugunsten der Unglücklichen zu erlassen.« Doch zu seiner großen Enttäuschung mußte er in der Antwort aus dem Vatikan vom 19. März 1941 lesen, der Papst empfehle dieses Anliegen »dem gütigen Schutz des heiligen Joseph und der erbarmenden Liebe des Erlöserherzens«.[57] Zwei Jahre später bat Preysing den Papst abermals um öffentliche Fürsprache für die verfolgten Juden. Wiederum erhielt er eine ihn zutiefst deprimierende Antwort: »So wie die augenblickliche Lage ist, können Wir ihnen leider keine andere wirksame Hilfe zukommen lassen als Unser Gebet. Wir sind aber entschlossen, je nach dem was die Umstände heischen oder erlauben, von neuem Unsere Stimme für sie zu erheben.«[58] Doch es folgte kein öffentlicher Protest. Gewiß lehnte Pius XII. wie auch die anderen Hierarchen der Kirche die nationalsozialistische Rassenlehre als unchristlich ab. Ebenso gewiß ist aber auch, daß sie die Judenpolitik und Judenvernichtung, von einzelnen Hilfsmaßnahmen abgesehen, stillschweigend geschehen ließen.

Die deutschen Bischöfe hätten aber, so ist von Apologeten der Kirche bis heute zu hören, ihr jahrelanges öffentliches Schweigen doch aufgegeben, als sie in ihrem sogenannten Dekalog-Hirtenbrief vom August 1943 forderten, der Staat müsse das Recht eines jeden Menschen auf Leben respektieren: »Tötung ist an sich schlecht, auch wenn sie angeblich im Interesse des Gemeinwohls verübt wurde: An schuld- und wehrlosen Geistesschwachen und -kranken, an unheilbar Siechen und tödlich Verletzten, an erblich

Belasteten und lebensuntüchtigen Neugeborenen, an unschuldigen Geiseln und entwaffneten Kriegs- oder Strafgefangenen, an Menschen fremder Rasse und Abstammung. Auch die Obrigkeit kann und darf nur wirklich todeswürdige Verbrecher mit dem Tode bestrafen.«[59] Aber warum hat man zu diesem Zeitpunkt, als der Holocaust im vollen Gang war, nicht wenigstens dieses Verbrechen unmißverständlich beim Namen genannt, um die Weltöffentlichkeit zu informieren und zu alarmieren?

Bischof Preysing und Margarete Sommer, die Leiterin der »Hilfsstelle beim Bischöflichen Ordinariat Berlin«, erarbeiteten für die Bischofskonferenz zwei Entwürfe einer Eingabe an die Regierung zugunsten der verfolgten Juden[60]. Zu Beginn war als »heilige Pflicht« der Bischöfe erklärt, »für die schon durch Naturrecht verliehenen unveräußerlichen Rechte aller Menschen einzutreten,« andernfalls würden sie vor Gott und den Menschen wegen »Schweigen schuldig werden«.[61] Dann folgten fünf konkrete Forderungen und am Schluß die Drohung mit einem öffentlichen Protest, falls dieser Vorstoß wirkungslos bliebe. Die zum Vorsitzenden der Bischofskonferenz entsandte Frau Sommer erfuhr jedoch nicht Unterstützung, sondern Ablehnung.

Zum Beweis für die Nutzlosigkeit, ja Schädlichkeit eines Protestes zugunsten der Juden wird immer wieder auf die Protesthaltung der katholischen Bischöfe in den Niederlanden hingewiesen. Auf ihren Protest vom 11. Juli 1942 »gegen die antijüdischen Maßnahmen, die im offenen Widerspruch zu den sittlichen Gefühlen des holländischen Volkes und im Gegensatz zum göttlichen Recht stehen«, reagierte Reichskommissar Seyss-Inquart zunächst mit dem Zugeständnis, daß alle katholisch getauften Juden ebenso wie die in Mischehe lebenden Juden von der Deportation ausgenommen bleiben sollten. Als sich aber die Bischöfe in ihrem Hirtenbrief vom 26. Juli mit dieser Ausnahme nicht zufrieden gaben, sondern für die Rettung aller Juden eintraten, nahm der Sicherheitsdienst nun auch alle holländischen Katholiken jüdischer Abstammung, insgesamt 245 Personen, darunter die Geschwister Stein und sechs Trappistenbrüder und -schwestern, in Haft und ließ sie im folgenden August zusammen mit anderen Jüdinnen und Juden in das Vernichtungslager Auschwitz-Birkenau deportieren. Außerdem mußte die katholische Kirche in den Niederlanden, vor allem ihre Priester, jetzt noch andere Repressalien ertragen. Hätten die Bischöfe, nur um die katholischen Juden zu schonen, die Deportation der anderen Juden stillschweigend hinnehmen sollen? Oder lag nicht gerade ihre heroische Größe in der öffentlich bezeugten Solidarität mit allen Juden? In einem späteren Hirtenbrief vom 21. Februar 1943, der wiederum in allen Kirchen verlesen wurde, verteidigten die Bischöfe ihr Eintreten für alle Juden mit dem Argument: »Wir würden unsere Pflicht nicht erfüllen, wenn wir unsere Stimme nicht öffentlich gegen das Unrecht erhoben, dem ein so großer Teil unseres Volkes unterworfen wird.«[62]

Weltkrieg oder eine halbe Welt in Flammen

Wer Hitlers Reden und Schriften seit den zwanziger Jahren aufmerksam verfolgt hatte, war sich sicher: Hitler bedeutet Krieg! Tatsächlich führte der maßlose Expansionsdrang des »Führers« am 1. September 1939 zum Überfall auf das dafür nicht gerüstete Nachbarland Polen. Papst Pius XII., erst seit einem halben Jahr im Amt, bekundete zwar sein Mitleid mit dem polnischen Volk, fand aber kein Wort des Protests an die Adresse des Aggressors. Die katholischen Bischöfe riefen wenige Tage nach dem Einmarsch deutscher Truppen in Polen das gläubige Volk zu »heißem Gebet« auf, damit »Gottes Vorsehung den ausgebrochenen Krieg zu einem für Vaterland und Volk segensreichen Erfolg und Frieden führen möge«. Gleichzeitig appellierten sie an die katholischen Soldaten: »In dieser entscheidungsvollen Stunde ermuntern und ermahnen wir unsere katholischen Soldaten, in Gehorsam gegen den Führer, opferwillig unter Hingabe ihrer ganzen Persönlichkeit ihre Pflicht zu tun.«[63] Das Breslauer Bistumsblatt rechtfertigte Hitlers Angriff als einen heiligen Krieg für eine gerechte Verteilung des unerläßlichen Lebensraumes. Nirgends ein kritisches Wort an Hitler und seine Regierung. So blieb es auch später, als ein

44

Land nach dem anderen in den Krieg hineingezogen wurde. Aus dem Mund der Bischöfe waren immer nur Parolen des Mitmachens, Durchhaltens und Erduldens zu hören. In pseudoreligiöser Manier wandte sich Erzbischof Klein aus Paderborn am 29. Februar 1940 als verspäteter Kreuzzugsprediger an seine zum Militärdienst einberufenen Priester und Theologiestudenten: »Vorwärts im Namen des Herrn! Wer in einem Kriege pflichtgemäß die Waffen trägt, ist eingefügt in die Pläne des ewigen Weltregierens, ist ein Kind und Werkzeug der Vorsehung, ist ein Knecht des allmächtigen, allweisen und allgütigen Völkerlenkers … Ihr aber … zeigt Euch im gegenwärtigen schweren Völkerringen durch Euren Opfer- und Heldenmut im deutschen Kriegsheere vorbildlich und macht den in vielen Köpfen deutscher Volksgenossen herrschenden Argwohn zuschanden, jenen durch nichts begründeten, aber unheilvoll wirkenden Argwohn, als ob das katholische Christentum die Vaterlandstreue und Wehrtüchtigkeit schwäche und in Frage stelle, ja als ob die Priester und Priesteramtskandidaten staatsabträglich wirkten oder die Entschlossenheit und Geschlossenheit unseres Volkes bei dem Kampf um seine Existenz beeinträchtigen.«[64] Für den Eichstätter Bischof Rackl war der »Feldzug gegen den Bolschewismus,« wie er in seinem Hirtenbrief vom 5. Oktober 1941 zum Ausdruck brachte, »wirklich ein Kreuzzug, ein heiliger Krieg für Heimat und Volk, für Glauben und Kirche, für Christus und sein heiliges Kreuz«.[65]

Als im Morgengrauen des 22. Juni 1941 ungefähr drei Millionen deutsche Soldaten die Grenze der Sowjetunion überschritten, war auch in kirchlichen Kreisen die Freude groß über den Kampf gegen den gottlosen Bolschewismus. Nur vier Tage später wandten sich die am Grab des Hl. Bonifatius in Fulda versammelten deutschen Bischöfe mit einem Hirtenwort an ihre »geliebten Diözesanen«: »In schwerster Zeit des Vaterlandes, das auf weiten Fronten einen Krieg von nie gekanntem Ausmaße zu führen hat, mahnen wir Euch zu treuer Pflichterfüllung, tapferem Ausharren, opferwilligem Arbeiten und Kämpfen im Dienst unseres Volkes.«[66] Der Bischof von Münster protestierte zwar gegen die

Schließung von Klöstern und kirchlichen Schulen sowie gegen die Ermordung körperlich oder geistig behinderter Menschen, begrüßte aber den Rußland-Feldzug, bei dem er selbst mitgehen würde, wenn er könnte.

Weil der Gehorsam gegenüber der Obrigkeit nach damaliger Kirchenlehre über allem, auch über der Stimme des Gewissens stand, fühlten sich die Katholiken auch dann zu Gehorsam verpflichtet, wenn es galt, dem Appell der Obrigkeit zum Krieg zu folgen. Nur einige wenige Katholiken wie der Pallotinerpater Franz Reinisch oder der Bauer Franz Jägerstätter verweigerten in Treue zu ihrem Gewissen den Eid auf Hitler und den Kriegsdienst. Jägerstätter erklärte seine Verweigerung mit den Worten: »Ich glaube nicht, daß Christus gesagt hat, man müsse einer solchen Regierung auch dann gehorchen, wenn sie uns sogar Schlechtes befiehlt. Denn nur für den deutschen Staat, ohne dabei für die nationalsozialistische Partei zu kämpfen, wie viele sagen, glaub ich, ist so unmöglich, als wenn ich sagen würde, ich kämpfe nur für Gottvater, nicht aber für den Sohn oder den Hl. Geist. Denn der deutsche Staat und die nationalsozialistische Partei sind halt einmal heute zwei unzertrennliche Faktoren ... Andere Völker haben doch wenigstens ein Recht, Gott um Frieden zu bitten und daß er uns Deutschen die Waffen aus der Hand schlage.«[67] Doch der für Jägerstätter zuständige Bischof Fliesser von Linz ließ diese Argumentation nicht gelten, sondern schärfte ihm die Pflicht zum Kriegsdienst ein. Jägerstätter büßte sein Zeugnis für den christlichen Glauben und seinen Gehorsam gegenüber seinem Gewissen am 9. August 1943 mit der Hinrichtung.

Kardinal Faulhaber brachte es zu keiner Zeit fertig, Hitlers Kriege zu verurteilen. Im Gegenteil, noch im Jahre 1944, als die militärische Niederlage Deutschlands bereits abzusehen war, rief er noch zum Durchhalten auf. Niemand könne »in seinem Innern einen unglücklichen Ausgang des Krieges wünschen«, denn »in diesem Fall würden die staatliche und die kirchliche Ordnung, überhaupt jede Ordnung, vom russischen Chaos umgeworfen«. Deshalb auch distanzierte sich der Kirchenfürst von den Attentätern des 20. Juli, wie sein Brief vom 15. November 1944 an seine Diözesanpriester im Feld sowie an die Kandidaten im Waffendienst bezeugt: »So könnte es auch sein, daß man von Euch eine Antwort erwartet, wie sich die Kirche zu dem furchtbaren Ereignis des 20. Juli stelle. Die Stellung der kirchlichen Moral ist klar: Der Mord, auch schon der Mordversuch ist eine himmelschreiende Sünde gegen das fünfte Gebot und wird von der Kirche laut und bestimmt für unerlaubt erklärt. An diesem Grundsatz läßt die Kirche nicht rütteln.«[68]

Daß die Bischöfe Hitlers Kriegszug gegen die Sowjetunion ebensowenig verurteilten wie Hitlers vorangegangene Kriege hatte wohl seinen tiefsten Grund darin, daß sie den Kommunismus als weitaus größere Gefahr für den christlichen Glauben und für die Kirche einschätzten als die Ideologie des Nationalsozialismus. Dies ist auch verständlich, wenn man bedenkt, daß der »Bolschewismus« in der Sowjetunion bereits zehn Millionen Menschen umgebracht und die orthodoxe Kirche nahezu ganz ausgerottet hatte. Papst Pius XII. jedoch war nicht dieser Meinung, daß der Nationalsozialismus ein geringeres Übel darstelle als der Kommunismus. Ihm und seinen Mitarbeitern erschienen beide Systeme in gleicher Weise als totalitär, unmenschlich und unchristlich. Um so verwunderlicher ist dann freilich, warum der Vatikan den Nationalsozialismus nicht mit derselben Entschiedenheit verurteilt hat wie den Bolschewismus.

I. Katholische Zugänge zum Nationalsozialismus[1]

Erst in den sechziger Jahren des 20. Jahrhunderts begann, reichlich spät, eine intensivere Erforschung des Fragenkomplexes Kirche und Drittes Reich. Das Interesse richtete sich zunächst vorrangig auf das Verhalten der Päpste und der deutschen Bischöfe, dann auf katholische Parteien und Vereine und schließlich auf das »gemeine« Kirchenvolk. Eine Gruppe aber, und gewiß nicht die unwichtigste, blieb fast ganz außerhalb des Blickfelds: die Theologen. Und dies, obwohl sie doch als Vertreter des theologischen Lehramts, zusammen mit den Bischöfen, den Inhabern des kirchlichen Lehramts, als die beiden tragenden Säulen der Institution Kirche gelten.

Die theologischen Fakultäten der Universitäten blieben ebenso wie die Philosophisch-Theologischen Hochschulen während des Dritten Reiches staatliche Einrichtungen mit kirchlichem Auftrag. Sie nahmen insofern eine Sonderstellung zwischen Staat und Kirche ein, als ihre Dozenten auf der einen Seite eingefügt waren in den staatlichen Wissenschaftsbereich und auf der anderen Seite kirchlichen Prinzipien verpflichtet blieben; sie unterstanden also gleichzeitig staatlichem und kirchlichem Recht, das heißt, sie waren Diener zweier Herren. Dies bedeutete aber auch, daß schwere Konflikte zwischen den maßgebenden Vertretern des Staates und der Kirche sich auch auf die Theologen auswirken konnten. Konkreten Anlaß zur Auseinandersetzung zwischen beiden Institutionen gab gewöhnlich die Berufung oder die Abberufung eines Professors.

Die nationalsozialistische Dozentenschaft war gemäß der Universitätsverfassung des Dritten Reiches ein Verfassungsorgan der Universität; sie spielte eine entscheidende Rolle vor allem bei Habilitationsverfahren und bei der Berufung von Professoren. Der nationalsozialistische Deutsche Dozentenbund dagegen war eine Gliederung der NSDAP; sein Führer hatte aber auch eine wichtige Stimme bei Habilitationsverfahren und bei der Erteilung der Lehrbefugnis.

Wenn nach katholischen Theologen gefragt wird, die mit dem Nationalsozialismus im Dritten Reich wenigstens eine Zeitlang sympathisiert und mit nationalsozialistischen Behörden vielleicht sogar zusammengearbeitet haben, dann werden meist drei Namen genannt: Karl Adam, Joseph Lortz und Michael Schmaus. Bei Anton Stonner, den wir hier als vierten hinzunehmen, handelt es sich um einen in dieser Hinsicht bisher kaum bekannten Theologen. Diese vier Wissenschaftler, und gewiß noch einige andere, sollen die vom NS-Regime betriebene »ideologische Gleichschaltung« begrüßt und gefördert haben. Sie meinten in der Tat einen Brückenschlag vom Christlichen zum Völkischen oder umgekehrt vom Völkischen zum Christlichen vollbringen zu können. Diesen Aspekt gilt es im folgenden besonders zu berücksichtigen.

Neben den Theologieprofessoren sollen auch die Studenten der Theologie nicht unerwähnt bleiben, weil im Blick auf die politische Haltung allerlei Wechselwirkungen festzustellen sind. Es ist nicht zu bestreiten, daß die Studentenschaft als eine soziologische Gruppe dem Nationalsozialismus mehrheitlich als erste anheimgefallen ist. Studenten waren es, die am 10. Mai 1933 unter der Regie des Nationalsozialistischen Deutschen Studentenbundes vor der Berliner Universität 20 000 Bücher, die sie politisch und moralisch als »undeutsch« einstuften, verbrannt haben. Dem am 30. Oktober 1931 von Hitler zum Reichsjugendführer ernannten Baldur von Schirach unterstanden neben der Hitler-Jugend und dem Nationalsozialistischen Deutschen Schülerbund auch der Nationalsozialistische Deutsche Studentenbund. Theologiestudenten traten aber nur ausnahmsweise als Aktivisten für die Ziele der NSDAP hervor.

Mit welch kritischen Augen die verschiedenen Regierungs- und Parteibehörden die Professoren der Theologie betrachteten, läßt sich einem Bericht des Sicherheitsdienstes (SD) vom 15. Februar 1938 über Katholizismus und Wissenschaft entnehmen. Theologieprofessoren, heißt es darin, seien »die geistigen Träger und eigentlichen Aktivisten der kulturpolitischen Opposition ... Die Ausrichtung des völkischen kulturellen Lebens wird durch den katholischen Wissenschaftsbetrieb gefährdet ... Da die katholische Wissenschaft den weltanschaulichen Aufbau und die planmäßige Schulung des nationalsozialistischen Staates immer wieder zu verhindern sucht, kommt dieser Aufgabe erhöhte Bedeutung zu.«[2] Ob aber die Theologen ihrer vom kirchlichen und theologischen Lehramt gegebenen Verpflichtung und Verantwortung auch tatsächlich gerecht geworden sind?

I.

Der Tübinger Dogmatiker **Karl Adam** (1876-1966), durch sein Buch *Das Wesen des Katholizismus* (1924) weit über Deutschland hinaus bekannt und angesehen, publizierte Mitte des Jahres 1933 in der fakultätseigenen *Theologischen Quartalschrift* einen Aufsatz mit dem Titel »Deutsches Volkstum und katholisches Christentum«.[3] Wie schon die Konjunktion »und« vermuten läßt, wollte der Autor hier völkisches Denken und katholische Mentalität eng verbinden. Unzufrieden mit der Weimarer Republik und der durch »das Gift von Versailles« verursachten Lage Deutschlands noch anfangs der dreißiger Jahre suchte Adam nach Heilmitteln für »den erkrankten Volkskörper«. Rettung erblickte er in »einem lebendigen Menschen, der zu jenen verborgenen Kräften, zu jenen geheimen Lebensquellen des Volkes Zugang hatte und der sie erwecken konnte, ein Mensch also, in dem ... das Volk sich selbst, sein Bestes wieder erkannte und erlebte«. Und dieser Mann war für ihn niemand anders als Adolf Hitler. Deshalb stimmte der nach dem Urteil des Philosophen Alois Dempf »mit tiefsten Verbeugungen vor Hitler gleichgeschaltete Theologieprofessor Karl Adam«[4] eine Hymne auf den neuen Messias an, auf den Mann aus dem Volk, »den Volkskanzler«: »Und er kam, Adolf Hitler. Aus dem Süden, aus dem katholischen Süden kam er, aber wir kannten ihn nicht ... Es kam die Stunde, da wir ihn sahen und erkannten. Und nunmehr steht er vor uns als der, den die Stimmen unserer Dichter und Weisen gerufen, als der Befreier des deutschen Genius, der die Binden von unseren Augen nahm und uns durch alle politischen, wirtschaftlichen, gesellschaftlichen, konfessionellen Hüllen hindurch wieder das eine wesenhaft sehen und lieben ließ: unsere bluthafte Einheit, unser deutsches Selbst, den homo Germanus.« Naiver und instinktloser konnte man Adolf Hitler und seine »völkische« Bewegung gewiß nicht einschätzen. Um die Zusammengehörigkeit von katholischem Christentum und nationalem Volkstum begreiflich zu machen, bediente sich Adam sogar zweier thomistischer Axiome: »Die Gnade setzt die Natur voraus« und »Die Gnade zerstört nicht die Natur, sondern ergänzt und vollendet sie«. Folglich gehörten für ihn »Natur und Übernatur, Blut und Geist« untrennbar zusammen, sollte nicht das eine durch das andere Schaden erleiden. Grundlegend bleibe die Natur, lehrte Adam, so daß der Geist »an dem Blut, im Blut, durch das Blut« wirke. Dies führte ihn zu einer gefährlichen Definition dessen, was Christentum ist: »Christentum ist für den Katholizismus nicht Übernatur, nicht Geist allein, nicht mystischer Spiritualismus, sondern ist Geist und Blut oder vielmehr Blut und Geist. Denn das Grundlegende und der Träger der neuen Synthese ist nicht der neue Geist, sondern das alte Blut, die natura humana.« Von da war es nur noch ein kleiner Schritt zu der unheilvollen Rassenlehre des Nationalsozialismus. Es zeugt von biologistischem Denken, wenn Adam folgendes Urteil fällte: »Nach den biologischen Gesetzen kann es kein Zweifel sein, daß der Jude als Semite rassefremd ist und rassefremd bleiben wird. Durch keinerlei Blutmischung wird es jemals möglich sein, ihn der arischen Rasse einzugliedern.« Deshalb bezeichnete der gefeierte Tübinger Theologe es als »eine Forderung der deutschen Selbstbehauptung, die Reinheit und Frische des (deutschen) Blutes zu wahren und durch Gesetze zu sichern«, wie dies schon das Alte Testament für die jüdische Rasse verlangt habe. Ausdrücklich verwies Adam dabei auf die Einwanderung von Juden aus dem Osten und den »spezifisch jüdischen Geist, der nicht nur in unsere Wirtschaft, sondern auch in unsere Presse und Literatur, in Wissenschaft und Kunst, ja in unser ganzes öffentliches Leben mehr und mehr eindrang und unsere ererbten nationalen und religiösen Bindungen in weitestem Ausmaß lockerte«. Und weil er in vielen Vertretern des Judentums seiner Zeit eine religiöse und nationale Gefahr erblickte, betrachtete er »das Vorgehen der deutschen Regierung gegen die jüdische Überschwemmung ... als einen pflichtgemäßen Akt christlich-germanischer Selbstbehauptung«, ja, mehr noch, als eine Forderung »unserer geordneten Selbstliebe, jener Selbstliebe, die für die christliche Moral die natürliche Voraussetzung unserer Nächstenliebe ist«. So stellt man das Hauptgebot des Christentums auf den Kopf. Adam zog auch noch konkrete Folgerungen, die er als strenge Forderungen verstanden wissen wollte, nämlich: »Eine auf Blutreinheit des Volkstums bedachte Gesetzgebung« könne man »nicht ohne weiteres unchristlich oder widerchristlich schelten«, es sei »vielmehr Recht und Aufgabe des Staates, durch entsprechende Verfügungen die Blutreinheit seines Volkes zu wahren, sobald sie offensichtlich durch ungeregeltes, übermäßiges Einströmen artfremden Blutes bedroht wird«. Freilich dürften, fügte Adam leicht einschränkend hinzu, »bei der Durchführung der staatlichen Verordnungen« die Regeln der Gerechtigkeit und Liebe nicht verletzt und das jüdische Wesen gemäß Röm 11,25ff. und Gal 3,27f. moralisch nicht diffamiert werden. Die angekündigte Fortsetzung dieses Aufsatzes erschien glücklicherweise nie. Hätte man nicht erwarten dürfen, ja erwarten müssen, daß der angesehene Dogmatiker Karl Adam, statt schwankenden Katholiken eine Rechtfertigung für rassistisches Denken zu bieten, sich mit der neuen Religion des Blutes und der Rasse, wie sie Alfred Rosenberg in seinem Werk *Der Mythus des 20. Jahrhunderts* propagierte, gründlich auseinandergesetzt hätte?

Bei einer Großveranstaltung im Rahmen des Deutschen Katholikentages in Stuttgart am 21. Januar 1934 nahm Karl Adam in seinem Festvortrag über »Das Geheimnis Christi und seines Erlösungswerkes« auch zum Nationalsozialismus Stellung.[5] Dabei suchte er die völkische Ideologie der »Bewegung der NSDAP« christlich zu interpretieren: »Ist nicht ein neuer Mensch, ein neues Volk im Werden, dessen Atem heiß und feurig, dessen Auge hell und strahlend, dessen Herz hochgemut ist, ein Mensch, ein Volk, das sich aus der Verzettelung und Zerstreuung wiedergefunden hat, das zurückkehrt zum ererbten Blut, zum heimischen Boden und zu jenem Urtum und Heiligtum, aus dem es von jeher seine besten Kräfte nahm, zum christlichen Glauben? Wir hören das Rauschen in der deutschen Eiche und vertrauen ihm.« Bei dieser volkstümlichen Schwärmerei ging es Adam, der im Grunde seines Herzens ein unpolitischer Mensch war, aber nicht um Politik, sondern um die Moral der Volksgemeinschaft: »Es ist ein Geist inbrünstiger Liebe zu unserem angestammten Boden und zum deutschen Vaterland. Und es ist ein Geist der Ehrfurcht vor der Natur, vor den Gesetzen des Blutes, vor der Heiligkeit der Ehe, vor dem Adel des Familienlebens, vor der langen Reihe der Geschlechter.« Wenn er den Blick auf die christliche Wurzeln des deutschen Volkes lenkte, sparte er nicht mit Kritik an der gottlosen »Deutschen Glaubensbewegung«, die in seinem Tübinger Kollegen Wilhelm Hauer (1881-1962), dem Fach nach Indologe, ihren Gründer verehrte.

Ein paar Tage später kam es bei einer Vorlesung Adams zu einem Tumult wegen dieses Stuttgarter Vortrags. Das vom Rektorat schnell verhängte Lehrverbot wurde bald wieder aufgehoben. Unverständlich ist, warum Ulrich von Hehl glaubte, den Theologen Karl Adam in die Dokumentation *Priester unter Hitlers Terror* aufnehmen zu müssen. Adam habe, so lautet hier die Begründung, bei seinem Stuttgarter Vortrag Kritik am Naziregime geübt und sei deshalb im *NS-Kurier* angegriffen worden. Viel eher ließe sich doch sagen, daß Adam der nationalsozialistischen Weltan-

schauung bei dieser Großveranstaltung willkommene Schützen-
hilfe geleistet hat.

Eine letzte uns bekannte öffentliche Stellungnahme Adams
zum Hitlerregime erfolgte zu Anfang des Krieges. Am 10. Dezember 1939 hielt der Tübinger Theologe in Aachen einen zahlreich
besuchten Vortrag zum Thema »Die geistige Lage des deutschen
Katholizismus«.[6] Bei dieser Gelegenheit unternahm Adam den
von vielen als anstößig empfundenen Versuch, Christentum und
Nationalsozialismus einander näherzubringen, indem er Kritik an
der Kirche selbst übte. Nach einer Unterscheidung zwischen Religion und Weltanschauung differenzierte Adam weiter zwischen
einer deutschen Weltanschauung auf der einen und einer engli-
schen, russischen oder japanischen Weltanschauung auf der anderen Seite. Mit Nachdruck vertrat er »ein besonderes deutsches
Ethos«, »eine besondere sittliche Einstellung gegenüber der deutschen Wirklichkeit«, entsprechend »den besonderen Forderungen,
welche die Eigenart des deutschen Raumes, des deutschen Blutes
und des deutschen Schicksals an uns stellt«. Zu den positiven
Eigenschaften der deutschen Eigenart zählte er »vor allem frische
Initiative und Wagemut, zähe Beharrlichkeit und Schaffensdrang,
Gemeinschaftssinn und Einsatzbereitschaft, überhaupt die Pflege
eines herben, entschlossenen Mannestums«. Dabei dachte Adam
ganz besonders an disziplinierte Mannhaftigkeit, wie sie gerade
von der nationalsozialistischen Erziehung und Ertüchtigung
erstrebt werde. »In einer Zeit, da das heldische Ideal, das Ideal des
aufrechten tapferen Mannestums, mit geradezu leidenschaftlicher
Inbrunst gepflegt wird, werden gekrümmte Rücken und verdreh-
te Augen die christliche Frömmigkeit nur auf das unheilvollste
diskreditieren können.« Ferner betonte der Redner die Bedeutung
des Gewissens, das auch, wie schon beim Apostel Paulus nachzu-
lesen sei, über dem kirchlichen Gehorsam stehe. Schockierend
mußte es freilich klingen, wenn er als das Hauptziel der christlichen Erziehung nannte, »den Erzieher entbehrlich zu machen
und Menschen zu gestalten, die nicht am Gängelband des Beicht-
vaters, sondern in eigene Verantwortlichkeit, gehorsam nur ihrem

eigenen gottgebundenen Gewissen, jenen Weg gehen, den ihnen Christus vorgezeichnet und vorgelebt hat, ja der Christus ist.« Nur schade, daß Adam diesen absoluten Gewissensgehorsam nicht auch gegenüber dem neuen Regime gefordert hat. Mit Bedauern stellte Karl Adam fest, der deutsche Katholizismus der Gegenwart lasse die erwähnten natürlichen christlichen Tugenden vermissen. Dies sei um so mehr zu bedauern, als »das Programm der Schöpfungsordnung durch die Erlösungsordnung nicht aufgehoben worden« sei. Zu den konkreten Forderungen der Stunde rechnete er den Kriegsdienst der katholischen Theologen, für die es nur gewinnbringend sei, wenn sie nach »dem Treibhausleben ihrer Seminarjahre in diese Schule der Männlichkeit« eintreten, sodann die deutsche Sprache in der Liturgie und schließlich die Verehrung deutscher Heiliger.

So sehr Adam auch zwischen Christentum, das zutiefst Übernatur sei, und Weltanschauung, die auf die Natur bezogen bleibe, unterschieden wissen wollte, plädierte er doch (womit er sich scharf vom lutherischen und calvinistischen Standpunkt absetzte) für »ein organisches Zueinander und Füreinander« beider, getreu dem katholischen Grundsatz: »Die Übernatur setzt die Natur voraus.« Natur interpretierte er als das Substantielle, dem die Übernatur als etwas Akzidentielles anhafte. Auf die geistige Lage des deutschen Katholizismus angewandt, lautete dann die Folgerung: »Das, was unser Christentum dauernd trägt, ist unsere deutsche Natur … Wir sind also nicht Christen und Katholiken schlechthin, sondern deutsche Christen, deutsche Katholiken.« Oder noch deutlicher: »Das Substantielle, das Bleibende, Tragende ist unsere natura germanica, und das Christsein tritt als Akzidens, als besondere Gottesgabe zu diesem Ursprünglichen und Urtümlichen hinzu.« Damit war für ihn der Anschluß an die neue völkische Bewegung gegeben: »Folglich trägt unsere ganze Frömmigkeit, die von ihr beseelte Theologie, einen völkischen Einschlag.« Deswegen auch »wird die Frömmigkeit und die Theologie des Deutschen ein anderes Antlitz tragen als die des Italieners oder die des Russen«. Karl Adams Rede gipfelte schließlich in der Aufforderung: »Wir müssen katholisch sein bis zur letzten Faser unseres Herzens, aber wir müssen auch – um des Katholischen willen – deutsch sein bis aufs Mark. Nur dann blüht unser Christentum auf eigenem Grund, nur dann ist es wurzelecht, fruchtbar und stark und niemand wird es uns entreißen.«

In der bald nach dem Vortrag einsetzenden Diskussion mußte sich der Tübinger Professor von dem Augsburger Bischof Kumpfmüller den Vorwurf gefallen lassen, er habe mit seinem Vortrag »weder der schwer bedrängten Kirche in Deutschland noch auch seinem eigenen ›guten Ruf‹ als Theologen einen Dienst erwiesen«. Und als ein Jahr später der Kölner Erzbischof Schulte in einem Schreiben an Nuntius Orsenigo vor gefährlichen geistigen Strömungen warnte, verwies er ausdrücklich auf Karl Adam, der in seinem Aachener Vortrag für eine Annäherung des deutschen Katholizismus an die nationalsozialistische Weltanschauung und für eine Förderung der nationalen deutschen Eigenart, ja sogar für den Waffendienst der Theologiestudenten in Friedenszeiten eingetreten sei.

Wir können Hans Kreidler nur zustimmen, wenn er am Ende seiner Untersuchung zu dem Ergebnis kommt, Karl Adam habe »mit Loyalitätsbeteuerungen der neuen Bewegung und dem neuen Staat gegenüber des Guten zuviel« getan.[7] Deutlicher lautet das Urteil des Münchener Sozialethikers Alois Baumgartner: »Was man aus heutiger Perspektive als peinliche Anbiederung empfindet, mußte gewiß auch der Zeitgenosse zumindest als den Versuch eines katholisch-theologischen Brückenschlags zum nationalsozialistischen Ideengut verstehen.«[8]

Der Tübinger Literaturwissenschaftler Walter Jens konstatierte in seinem Jubiläumsbuch *500 Jahre Tübinger Gelehrtenrepublik* vorwurfsvoll: »Unter all den grandiosen und schauerlichen, den bewegenden und den Angst erregenden Dokumenten des Tübinger Universitätsarchivs sind die Protokolle aus der Ära nach 1945 die gespenstischsten: Als ob nichts geschehen sei! Kein Stalingrad und kein Auschwitz, keine eugenische Sterilisation und keine wissenschaftliche Nobilitierung des Antisemitismus … Keine Trauerarbeit, kein Eingeständnis der Schuld, keine Bestandsaufnahme, keine vom Geist der Gewissenserforschung bestimmte Selbstreflexion.«[9]

Walter Jens kannte wohl nicht das Schuldbekenntnis, das Karl Adam nach dem Krieg in einem auf Bitten seines Freundes Abbé A. Bérengguer verfaßten Memorandum vor der französischen Öffentlichkeit abgelegt hat. Was die Schuld des ganzen deutschen Volkes betrifft, gab Adam eine erstaunliche Antwort: »Ich kann und will nicht für seine völlige Unschuld eintreten. Als aufrechter Deutscher, der mit seinem Volk Schicksal und Schuld teilt, muß ich vielmehr trotz allem bekennen: nostra culpa, nostra maxima culpa! Unsere ›Schuld‹ setzte in dem Augenblick ein, als der antichristliche Satanismus der Parteibonzen für alle, die sehen und hören konnten, offenbar wurde ... Damals hätte sich das deutsche christliche Volk wie ein Mann gegen den menschgewordenen Antichrist erheben sollen – das ganze Volk, alle zumal, denn der Einzelne war für sich machtlos. Daß dieses nicht geschah, daß man nach außen immer noch so tat, als sei man ein Anhänger des Nazismus, das war unsere Schuld, unsere große Schuld. Und dafür müssen und sollen und werden wir büßen. Denn wir haben alle, soviel an uns lag, Christus den Herrn in entscheidender Stunde verleugnet.«[10] Dieses ehrliche Confiteor ehrt Karl Adam – auch wenn er sich selbst hinter dem Kollektiv versteckt –, wie ihn seine eigene frühere Verblendung beschämen muß. Der große Theologe gehörte nicht zu jenen hellsichtigen Geistern, die den dämonischen Charakter des Dritten Reiches von Anfang an zu durchschauen vermochten. Adam suchte die »neue Bewegung« theologisch zu verstehen und das neue Reich christlich zu taufen. Er gab sich, wie viele andere Katholiken, allzulange der Illusion hin, »man könne bei ungeschmälerter Identität der Kirche zu einer auch geistigen Kooperation mit der nationalsozialistischen Weltanschauung gelangen«.[11] Sein Hauptwerk *Jesus Christus* (1933) ist voll von antijüdischen Klischees der Christologie und problematischen Assoziationen seiner »völkisch-nationalen« Anthropologie. Daß Adam von dieser Vorstellung noch ein Jahr vor Kriegsende gefangen sein konnte, wie sein Brief an Pfarrer Josef Thomé vom 7. Mai 1944 beweist, ist mehr als verwunderlich. Darin bekräftigte er seine antisemitische Grundhaltung: »Wir müssen (nicht um der schönen Augen Göbbels' [sic!] willen, sondern als Feststellung eines Tatbestandes) betonen, daß sich unsere Zielsetzung auf das Eigentliche, Wesenhafte des Christentums von Anfang an mit gewissen Bestrebungen des NS deckt. Insofern beurteile ich den NS von jeher (nach seiner weltanschaulichen Seite) als notwendige, ja als gesunde Reaktion gegen gewisse innerkirchliche bzw. innerchristliche Auswüchse. Ich denke dabei an seine Hochschätzung des ›Blutes‹, überhaupt des leiblich-sinnlichen Bereichs gegenüber der gnostisch-neuplatonischen Übersteigerung des rein Geistigen, wie sie sich mit Hilfe der mönchischen von Augustin und Pseudodionysius inspirierten Ascese im kirchlichen Frömmigkeitsleben breit gemacht hat.« Selbst Hitlers verführerisches Schlagwort vom »positiven Christentum« in seiner Regierungserklärung vom 24. März 1933 wußte Adam im Sinne der Kirche zu deuten: »Weiterhin berühren wir uns mit dem NS in der Zurückstellung eines ›negativen‹ und in der Pflege eines ›positiven‹ Christentums, wenn wir auch dieses positive Christentum tiefer fassen, als z.B. Rosenberg. Wir wollen doch leidenschaftlich das Strahlende, Leuchtende, Heldische des Christentums in den Vordergrund gerückt haben, nicht das mea maxima culpa, wie wir ja auch die Tat des Erlösers nicht im Versinken in den Tod, sondern im Durchbruch zum ewigen Leben erblicken.« Dabei erinnerte er an seinen Aachener Vortrag von 1939, von dem er »ein Verständnis seitens des NS« erhofft habe, und an seine Aufsätze über »Jesus, der Christus und wir Deutsche«, mit denen er »in die gleiche Kerbe« geschlagen habe. Als eine besonders schlimme Verirrung muß man jedoch Adams Überzeugung ansehen, daß es »auch im Formalen« enge Berührungspunkte zwischen Kirche und Nationalsozialismus gebe, nämlich »in dem unbedingten Willen zur Wahrheit, in unserem Ideal der freien Forschung, in unserem fanatischen Widerstand gegen jegliche hierarchische Willkür«.[12] Spätestens die in einer Katastrophe endenden Kriegsereignisse öffneten Karl

Adam die Augen, so daß er in einer späteren Auflage seines Standardwerkes über den Katholizismus bekennen konnte: »Wir Deutsche waren erschütterte Augenzeugen dieses Gotteszornes, als Adolf Hitler in titanischem Absolutheitswahn und dämonischem Machtrausch über die Länder dahinfuhr und in blindwütigem Haß gegen Christus, den Sohn Davids, nicht nur die Reiche der Welt, sondern auch die christlichen Altäre in Trümmer legen wollte.«[13] Leider eine zu späte Erkenntnis eines weltberühmten Theologen.

II.

Michael Schmaus (1897-1994), Priester des Bistums Augsburg, erhielt schon mit 28 Jahren einen Lehrauftrag für Dogmatik an der Philosophisch-Theologischen Hochschule Freising. 1929 folgte er einem Ruf an die Universität Prag. Am 4. Mai 1933 wurde er zum Ordinarius für Dogmatik an der Katholisch-Theologischen Fakultät der Universität Münster ernannt.

Auf Einladung der katholisch-theologischen Studentenschaft Münster hielt der 35jährige Schmaus am 11. Juli 1933 im Auditorium Maximum der Universität einen Vortrag, dessen Thema »Begegnungen zwischen katholischem Christentum und nationalsozialistischer Weltanschauung«[14] heute noch Verwunderung erregt. Im Vorwort zum gedruckten Vortrag betonte der Autor, daß es »eine selbstverständliche Forderung der Zeit ist, sich rückhaltlos in den neuen Staat einzuordnen« und er mit seinen Ausführungen die Absicht verfolge, »die geistigen Grundlagen der nationalsozialistischen Weltanschauung zu würdigen«. Im »Durchbruch der nationalsozialistischen Revolution« erblickte er eine »Wende der Zeiten«. Gestützt auf die Erklärung der Fuldaer Bischofskonferenz vom 28. März 1933 beantwortete Schmaus die Frage, »ob die katholische Anschauung von Welt und Mensch und nationalsozialistisches Denken und Wollen auf einer gemeinsamen Ebene einander die Hand reichen können«, mit einem »vorläufigen allgemeinen Ja«, da die NSDAP als solche »keine dem katholischen Christentum zuwiderlaufenden Grundsätze vertritt«. Mit »Wende der Zeit« wollte Schmaus zum Ausdruck bringen, daß eine Epoche der »Freiheit, der Ungebundenheit, der Autonomie«, kurz des Liberalismus, der seit dem 16. Jahrhundert geherrscht habe, zu Ende gegangen sei. Im Bereich der Wissenschaften habe sich die Lehr- und Lernfreiheit als »eine große, aber zugleich als eine tragische Errungenschaft« erwiesen. Und in der Gesellschaft habe der Liberalismus »eine ungegliederte, zufällig zusammengewürfelte Masse« gezeitigt und in der Wirtschaft zum klassenkämpferischen Sozialismus geführt. Folglich sah Schmaus im Nationalsozialismus »den schärfsten und wuchtigsten Protest gegen die Geistigkeit des 19. und 20. Jahrhunderts«. Mit dieser Beurteilung gab der Redner klar zu erkennen, daß er im Lager der konservativen Theologen stand, die in der neuzeitlichen Geistesentwicklung den schlimmsten Feind des Glaubens und der Kirche sahen. Zu seiner Rechtfertigung erinnerte er an Pius' IX. »Syllabus errorum«, den er als »eine laute Absage an Liberalismus und Individualismus« begrüßte, obwohl er in Wirklichkeit eine radikale Absage an die modernen Freiheitsrechte des Menschen bedeutete. In völliger Verkennung des Liberalismus kam Schmaus zu folgender Einschätzung: »In dem entschiedenen Nein zum Liberalismus, der den Menschen Schöpferkraft zuschrieb, die nur dem wirklichen Schöpfer zukommt, sind Katholizismus und Nationalsozialismus durchaus gleichgerichtet.« Hinzu kommt, daß der Münsteraner Dogmatiker, wie sein Tübinger Fachkollege Karl Adam, vom völkischen Gedanken fasziniert war und allein deswegen schon große Sympathie für die neue völkische Bewegung empfand. Die Liebe zum Volk erforderte nach seiner Überzeugung »die gerechte Sorge für die Reinerhaltung des Blutes, dieser Grundlage für die geistige Struktur eines Volkes«. Für den katholischen Menschen sei »die heroische Haltung« kennzeichnend. Gott habe jedem Volk eine besondere Mission zugewiesen, dem deutschen Volk sogar eine der größten Aufgaben: »Soll die Weltgeschichte nicht sinnlos sein, soll sie sich nicht jenseits des göttlichen Willens vollziehen, dann wird man der deutschen Nation einen anderen Rang zuweisen müssen als der Negerrepublik Liberia. Darum ist es fraglich, ob der Völkerbund der katholischen Idee gemäß ist.« In der Tat erklärte Hitler schon 1935 den Austritt Deutschlands aus dem Völkerbund. Die Kirche ist nach Meinung des Dogmatikers Schmaus universell, das heißt übernational, und das wieder bedeutet übernatürlich. Diese Aussage verband er allerdings mit einem antisemitischen Affekt: »Es gab einmal ein Volk, das glaubte, die Offenbarung sei an seine Nationalität gebunden. Es mußte diesen Wahn mit der Verwerfung büßen. Es war das jüdische Volk.« Im Sinn der Blut-und-Bodenideologie betonte er weiter: »Der Nationalsozialismus stellt die Idee des aus Blut und Boden, Schicksal und Aufgabe gewachsenen Volkes in den Mittelpunkt seiner Weltanschauung. Die Volkwerdung der Deutschen ist das wesentliche Ziel der nationalsozialistischen Bewegung.« Wie Hitler wollte auch Schmaus den Sozialismus als »die natürliche Ordnung eines Volkes nach seinen angeborenen Fähigkeiten« begreifen. Und wie der Staat das Willensorgan des Volkes sei, so verkörpere sich der Wille des Staates im Führer. Daraus ergab sich für Schmaus als Führerprinzip: »Gemeinsame Willensbildung von unten und autoritative Führung von oben vereinen sich.« Dies gelte auch für die Kirche: »Der Papst ist der unbedingte Führer, niemandem verantwortlich als Gott und seinem Gewissen, letzte Entscheidungen treffend in allen die Gesamtkirche betreffenden Fragen des Glaubens und der Sitte. Den Bischöfen kommt Führerrecht und -pflicht zu in Unterordnung unter den Papst, dem Pfarrer in Unterordnung unter den Bischof ... Durch das Sicheinordnen erreicht jedes Glied seine persönliche religiöse Vollendung.« Den Totalitätsanspruch des NS-Staates wollte Schmaus mit Berufung auf das Reichskonkordat relativieren. Allein schon im Abschluß eines solchen Vertrages sah er den Beweis dafür, daß die Befürchtung, der Staat betrachte sich »auch als Schöpfer der Religion und der Kirche«, grundlos sei. Den ersten Teil seines Vortrags faßte der Redner zusammen in den markanten Sätzen: »Die tragenden Ideen der nationalsozialistischen Weltanschauung heißen: Gemeinschaft, Volk, Bindung, Autorität. Das führt zum Vorrang der Volksgemeinschaft und des Staates vor den Interessen des Individuums, zur Ablösung der liberal-kapitalistischen Wirtschaftsordnung durch die korporative, zum Umbau der klassenkämpferisch orientierten Gesellschaft zu einer organischen Gesellschaft. Das sind die wesentlichen Ziele des nationalsozialistischen Wollens, ihnen sind alle übrigen Bestrebungen des Nationalsozialismus untergeordnet.« Gegen Ende seines Vortrages suchte der Professor all jene Katholiken, die angesichts der neuen Lage noch Zweifel und Bedenken trugen, zu beruhigen, indem er daran erinnerte, »daß der Katholik von der religiösen Sicht her keinen Grund hat, der neuen Führung des Deutschen Reiches ablehnend gegenüberzustehen. Er kann den Versicherungen des Führers des deutschen Volkes Glauben und Vertrauen schenken.« Eine größere Vertrauensseligkeit, wie Schmaus sie mit dieser Rede bekundete, kann man sich kaum mehr vorstellen. Dem entsprach dann auch der Appell zur Mitarbeit im neuen Staat, im neuen Reich, »das sein wird eine Opfergemeinschaft von unerschütterlich in Gott gegründeten, aus dem deutschen Volkstum genährten, demütig auf Gott vertrauenden, ihrer Verantwortung bewußten, von Christus geformten deutschen Menschen«. Hier haben wir das Konzept einer Reichsidee, wie man sie christlicher nicht denken kann!

Schmaus war wie sein Kollege Joseph Lortz Mitglied der Vereinigung »Kreuz und Adler« (später: Arbeitsgemeinschaft deutscher Katholiken), an deren Spitze Franz von Papen stand. Die Mitglieder hielten eine Vereinbarkeit von Kirche und Nationalsozialismus nicht bloß für möglich, sie bemühten sich nach Kräften um deren Verwirklichung. Demselben Ziel, »dem Aufbau des Dritten Reiches aus den geeinten Kräften des nationalsozialistischen Staates und des katholischen Christentums«, sollte auch die 1933 begründete, im Verlag Aschendorff (Münster) erscheinende Schriftenreihe »Reich und Kirche« dienen. Die Autoren der ersten beiden Hefte hießen Schmaus und Lortz.

1934 sollte Schmaus nach München berufen werden. Der Führer der Dozentenschaft, Dr. Wilhelm Führer, sprach sich in seinem Gutachten vom 27. Juli 1934 für den Kandidaten aus: »Prof. Schmaus hat sich im letzten Jahr hervorgetan durch seine Mitarbeit in der Arbeitsgemeinschaft katholischer Deutscher des Herrn Vizekanzler von Papen. Seine veröffentlichten Reden über das Verhältnis von Katholizismus und Nationalsozialismus zeigen das für den umgeschlagenen Zentrumspolitiker typische Bestreben, die Entscheidung des Katholiken für das Dritte Reich mit ihrer theologischen oder religiösen Unbedenklichkeit statt mit positiven politischen Argumenten zu unterbauen.« Schmaus wurde damals nicht berufen, wohl aber zehn Jahre später, nach dem Ende des Dritten Reiches. Der Münchener Erzbischof Michael Faulhaber bat Schmaus, die Theologische Fakultät in München wieder aufzubauen und den Lehrstuhl für Dogmatik zu übernehmen. Um diesen Auftrag näher ins Auge fassen zu können, bat Schmaus den Rektor der Universität Münster um unbesoldeten Urlaub. Erst nachdem die Verhandlungen in Bayern erfolgreich abgeschlossen worden waren, verzichte Schmaus am 1. Januar 1946 auf seinen Lehrstuhl in Münster. In Münster fand sich niemand, der sich für ein Verbleiben des nach München strebenden Schmaus eingesetzt hätte; es scheint vielmehr, als hätte man ihn gerne ziehen sehen. Doch Schmaus mußte erleben, daß ihm in München »nach dem Ende des Nationalsozialismus die Rechnung präsentiert« wurde, wie Joseph Pascher, der Dekan der Theologischen Fakultät, es ausdrückte. Aufgrund der Überprüfung aller Beamten und Professoren der Münchener Universität ereilte Schmaus am 13. November 1946 wegen seiner Zugehörigkeit zu NS-Organisationen und des gedruckten Vortrags die Entlassung von der Universität. Die Spruchkammer Rosenheim-Stadt reihte ihn in den Kreis der Mitläufer (Gruppe IV) ein. Daraufhin erhob der Anwalt des Betroffenen Einwendungen und plädierte für Einstufung in die Gruppe V (Entlastete). Unter den zahlreichen Gutachten dürfte das von Schmaus' Kollegen Pascher den Ausschlag für eine neue Einschätzung gegeben haben. Pascher sprach zwar Schmaus' Vortrag, der besser nicht gedruckt worden wäre, eine »ungewollte pronazistische Wirkung« nicht ab, betonte aber andererseits »die starke antinazistische Tätigkeit von Schmaus, die mindestens seit 1934 zu datieren ist«. Diese Behauptung traf freilich nicht zu, da Schmaus

63

noch am 11. Februar 1935 in München einen Vortrag zum Thema »Der Christ in der Welt« gehalten hatte, der sich hinsichtlich der Tendenz von jenem in Münster nicht unterschied. Die Universität hatte damals dafür auch keinen Hörsaal zur Verfügung gestellt, weil es schon bei ähnlichen Veranstaltungen zu Tumulten gekommen war.

Wie wenig Paschers Aussage der Wahrheit entsprach, beweist eine briefliche Stellungnahme von Pfarrer Heinrich Polders vom 28. August 1995: »Während meiner Studienzeit in Münster ab Oktober 1937 waren wir Theologen, die an der Universität Münster studierten, geschockt darüber, daß Prof. Schmaus und auch Prof. Lortz bei den Vorlesungen mit dem Parteiabzeichen am Revers auftraten und somit bekundeten, daß sie positiv zum Dritten Reich stünden ... Wir wurden von beiden Professoren, besonders aber von Prof. Lortz, sogar aufgefordert, während unserer Semesterferien am Aufbau des Dritten Reiches aktiv teilzunehmen (z.B. Erntehilfe).«[15] Die politische Einstellung der beiden Professoren habe sich jedoch bald geändert, erinnerte sich Polders weiter, so daß auch vom Parteiabzeichen nichts mehr zu sehen gewesen sei.

Als letzte Instanz bestätigte der Generalkläger beim Kassationshof im Bayerischen Staatsministerium am 14. Oktober 1947 die Entscheidung der Spruchkammer Rosenheim, so daß der Angeklagte Schmaus sich jetzt als »Nichtbetroffener« betrachten konnte. Aus dem einst Belasteten wurde jetzt gar ein Bewunderter. Der Generalkläger attestierte Schmaus, daß er »einer der tapfersten Mitkämpfer des durch seinen Widerstand gegen die nationalsozialistische Gewaltherrschaft weltbekannten Bischofs Graf Galen gewesen ist«, ja, »ein überzeugter Gegner des Nationalsozialismus«. Wie aus einem Gutachten seines Nachfolgers in Prag, Prof. Paulus Sladek, hervorgehe, habe Schmaus die sudetendeutschen Theologen in Prag zum Widerstand gegen die nationalsozialistische Weltanschauung animiert. Wenn auch zuzugeben sei, befand der Generalkläger, daß der besagte Vortrag »sowohl in seiner Gesamthaltung als auch in einzelnen Sätzen keineswegs den

Eindruck einer Kampfschrift gegen den Nationalsozialismus erweckt, sondern weit mehr als der Versuch erscheint, Brücken zwischen der katholischen Glaubenslehre und der nationalsozialistischen Weltanschauung zu schlagen«, so müsse man doch die besonderen Umstände berücksichtigen. Schließlich folgte die aufschlußreiche Bemerkung: »Wollte man also ihn deswegen als ›Aktivisten‹ betrachten, so müßten sämtliche Teilnehmer der Fuldaer Bischofskonferenz vor das Forum der Spruchkammer gezogen werden. Man wird dies schwerlich als den Sinn des Säuberungsgesetzes bezeichnen können!«

Nach dem Krieg erstattete Dekan Joseph Pascher dem Rektor der Universität Münster einen Bericht »über die Tätigkeit der Theol. Fakultät gegen den Nationalsozialismus«. Er leugnete nicht, daß auch in seiner Fakultät »der Versuch gemacht wurde, den Nationalsozialismus in gerechter Abwägung des Positiven und Negativen zu würdigen und darauf fußend die positiven Elemente in seiner Lehre und Praxis zu stärken. Es fehlte nicht an Männern, die die Hoffnung hegten, es könne auf diesem Wege gelingen, die nationalsozialistische Bewegung zu einer aufbauenden Kraft für das Leben der Völker zu machen.« Sogleich erwähnte er Joseph Lortz, der allerdings über Schmaus hinausgegangen sei, »indem er von ähnlichen Erwägungen aus das Bekenntnis zu einem positiv gesehenen Nationalsozialismus und den Einsatz für ihn verlangte«.[16]

Michael Schmaus verstarb 1992 im Alter von 95 Jahren. Für seine hervorragenden Verdienste auf dem Gebiet der Dogmatik spricht allein schon die zuletzt fünf Bände umfassende *Katholische Dogmatik*. Sonderbar ist nur, daß weder Richard Heinzmann noch Peter Neuner in ihren »Nachrufen« *(Münchener Theologische Zeitschrift, Christ in der Gegenwart)* auch nur mit einem Wort die verhängnisvolle Rolle erwähnten, die Schmaus zur Zeit des Dritten Reiches gespielt hat. Noch sonderbarer ist allerdings, daß man in der von Leo Scheffczyk, Werner Dettloff und Richard Heinzmann zu Schmaus' 70. Geburtstag herausgegebenen Festschrift *Wahrheit und Verkündigung* (1967) unter der »Bibliogra-

phie Michael Schmaus« die oben ausführlich vorgestellte Schrift
»Begegnungen zwischen katholischem Christentum und nationalsozialistischer Weltanschauung« vergebens sucht, obwohl dort
sogar kleinere Zeitschriftenaufsätze verzeichnet sind.

III.

Joseph Lortz (1887-1975) war 1923-1927 Privatdozent in Würzburg. 1929 folgte er einem Ruf für Kirchengeschichte an der Staatlichen Akademie Braunsberg. Am 1. April 1935 begann sein Lehrauftrag für Missions- und allgemeine Kirchengeschichte an der
Universität Münster, der nur wenige Wochen später in Allgemeine
Kirchengeschichte mit Berücksichtigung der Missionsgeschichte
umbenannt wurde. Diese Umbenennung geschah, weil sein elsäs-
sischer Landsmann Joseph Schmidlin (1876-1944) den Lehrstuhl
für Missionswissenschaft wegen offener Gegnerschaft zum Nationalsozialismus hatte aufgeben müssen. Als die Theologische
Fakultät in München 1936 einen Nachfolger für Georg Pfeilschif-
ter auf dem Lehrstuhl für Kirchengeschichte suchte, setzte sie
Lortz nicht auf die Vorschlagsliste. Daraufhin erklärte Reichsminister Rust sein Befremden, weil Lortz »nach seinen wissenschaftlichen Leistungen, seiner nationalsozialistischen Haltung und seinem Dienstalter am ehesten für die Besetzung der vakanten
Professur hätte in Betracht gezogen werden müssen«. Dekan Zellinger teilte nun dem Kultusministerium mit, daß parteipolitische
Überlegungen keine Rolle gespielt hätten, was daran zu ersehen
sei, daß an erster Stelle Ludwig Mohler stehe, der Mitglied der
NSDAP sei und »schon Jahre vor der Machtergreifung durch Hitler« aus seiner nationalsozialistischen Gesinnung kein Hehl
gemacht habe. Tatsächlich erhielt Mohler den Ruf, und Lortz blieb
in Münster.[17]

Für Joseph Lortz kündigte sich in der langsamen Auflösung
der Weimarer Republik eine Zeitenwende an: weg von Liberalismus und Demokratie, hin zu Ordnung und Diktatur. Gesin-
nungsgenossen fand er in seinen Braunsberger Kollegen Carl
Eschweiler, Professor für Fundamentaltheologie, und Hans

Barion, Professor für Kirchenrecht. Alle drei traten der NSDAP bei. Beim Entnazifizierungsverfahren nach dem Krieg erklärte Lortz seinen Beitritt mit einem einzigen Satz: »Ich fand in der nationalsozialistischen Idee Elemente, die ich als für die kommende geistig-religiöse Entwicklung maßgeblich gekennzeichnet hatte, nämlich: Wendung zum Objektiven, zur Autorität, zur Gemeinschaft und zum Glaubensmäßigen.« Es war die Gesinnung des Antiliberalismus, wie ihn schon die Päpste Gregor XVI. und Pius IX. praktiziert hatten. Als Lortz später hören mußte, er sei nur aus Karrieregründen der NSDAP beigetreten und dann, nachdem sich seine Hoffnung auf die Nachfolge Sebastian Merkles in Würzburg nicht erfüllt habe, wieder ausgetreten, wies er diese opportunistische Haltung weit von sich und behauptete als seine wahre Einstellung, daß er einen Brückenschlag zwischen katholischer Kirche und dem neuen Staat angestrebt habe. Diese falsche Einschätzung und Zielsetzung hatte Lortz' Habilitationsvater Sebastian Merkle schon frühzeitig bei seinem Schüler erkannt. In einem Brief an Professor Albert Ehrhard vom 7. November 1933 äußerte Merkle: »Um sie [meine Nachfolge] wird sich, wie man hört, auch besonders Lortz bemühen, falls er nicht vorher an des zu verdrängenden Altaners Stelle gesetzt wird. Er scheint ja mit Sack und Pack ins Nazilager übergegangen zu sein, was noch zu Beginn dieses Jahres wohl niemand geahnt hätte.« Dazu Merkles Kommentar: »Corriger la fortune!«[18] Lortz erfuhr von den gegen ihn kursierenden Intrigen, wie er dem Grüssauer Abt Albert Schmitt, einem überzeugten Nationalsozialisten, in einem Brief anvertraute: »Würzburger und andere Kollegen der katholischen Theologie verbreiten unter sich und bei den maßgebenden Stellen, meine Arbeit für den neuen Staat, also mein Nationalsozialismus, sei doch nur berechneter Profitopportunismus. Sie haben mit dieser Behauptung anscheinend Glauben gefunden.«[19]

Wie Merkle dachte auch der Paderborner Kirchenhistoriker Adolf Herte über den ehrgeizigen Lortz. Herte, der auf dem Gebiet der Reformationsforschung bahnbrechend arbeitete und, wie schon Merkle vor ihm, dem geschmähten Reformator Martin

Luther die verdiente Gerechtigkeit erweisen wollte, stand 1937 auf der Berufungsliste für den kirchengeschichtlichen Lehrstuhl in München primo loco. Doch Lortz suchte sich nun, indem er Herte beim zuständigen Personalreferenten in Berlin verleumdete, an die erste Stelle zu schieben, freilich erfolglos. Am Ende kamen weder Herte noch Lortz nach München, sondern der als überzeugter Nationalsozialist bekannte Mohler, der Lortz bei der Dozentenschaft in Würzburg denunziert hatte, wechselte von Würzburg nach München. Worin diese Denunziation bestand, erfahren wir aus einem späteren Brief Hertes an den protestantischen Kirchenhistoriker Walther von Loewenich (28. August 1944): »Selbst die Partei, bei der Lortz als Parteigenosse zunächst eine große Rolle spielte, mußte ihn wider Willen fallen lassen. Mohler stellte unter anderem fest, daß schon im Jahre 1933 der Bischof von Würzburg Lortz als Nachfolger Merkles ›ex informata conscientia‹ abgelehnt hatte, das heißt aus moralischen Gründen. Vor allem stellte sich heraus, daß Lortz sehr enge Beziehungen zu einer Jüdin unterhielt, die ihm sogar nach Braunsberg nachreiste, wohin Lortz damals versetzt wurde. Und als dann Lortz' Hoffnungen auf München gescheitert waren, erklärte er in Münster, daß es für ihn jetzt höchste Zeit sei, aus der Partei auszutreten, die ihm nur als Sprungbrett für seine persönlichen Wünsche gedient hatte. Also ein Konjunkturritter, wie ihn der Rektor der Unversität Münster und andere benannten.«[20] Ob es zutrifft, daß Lortz, wie er selbst behauptet, aber nirgends sonst nachzuweisen ist, 1937 seinen Austritt aus der Partei erklärt hat, ohne daß dieser angenommen worden wäre, läßt sich nicht entscheiden. Sicher ist aber, daß Lortz auch noch gegen Ende des Naziregimes nicht als Opponent angesehen wurde. Als er nämlich 1943 in Florenz einen Vortrag halten sollte, gab das Hauptamt Wissenschaft in Berlin der Parteikanzlei in München am 3. Mai 1943 vertraulich zur Kenntnis: »Wenn es überhaupt erforderlich ist, daß deutsche Theologieprofessoren an dem Vortragszyklus in Florenz teilnehmen, so muß gesagt werden, daß Prof. Dr. phil. Joseph Lortz zu denjenigen katholischen Theologen gehört, die ein gutes Niveau, wissenschaftliche Sauberkeit und eine relative Unabhängigkeit des Urteils besitzen.«[21]

Wie seine Theologenkollegen Eschweiler und Barion meinte auch Lortz gewisse Affinitäten zwischen Christentum und Nationalsozialismus feststellen zu können. Beweis dafür ist allein schon das Thema seines Vortrags vor Königsberger Studenten im März 1933: »Katholischer Zugang zum Nationalsozialismus«. Dieser Vortrag erschien im Oktober 1933 als erster Band der Reihe »Reich und Kirche«, die aber schon im folgenden Jahr eingestellt wurde.[22] Bemerkenswert ist, daß jeder Käufer der Lortz'schen *Geschichte der Kirche in ideengeschichtlicher Betrachtung* diese Broschüre gratis dazu erhielt. Der Nationalsozialismus war nach Meinung von Lortz vor allem deshalb ein Bundesgenosse der Kirche, weil er dem Bolschewismus in Deutschland den Garaus gemacht und gleichzeitig dem Liberalismus den Todesstoß versetzt habe. Den vom NS-Regime erhobenen Totalitätsanspruch auf den Menschen wollte der Kirchenhistoriker mit den »authentischen Zusicherungen« Hitlers an die Adresse der beiden großen Kirchen und mit der zustimmenden Reaktion der Bischöfe (Hirtenbrief vom Juni 1933: »Niemand darf jetzt aus Enttäuschung oder Verbitterung sich auf die Seite stellen und grollen«) abschwächen. Dies alles habe »endlich den Weg freigemacht zu einem vollen Einswerden der Gesamtheit der deutschen Katholiken mit dem nationalsozialistischen Staat.« Lortz bejahte die Entpolitisierung der Kirche, wie sie auch im Konkordat vereinbart sei, weil jetzt die geistliche Idee der Kirche wieder deutlicher vor Augen stehe. An Gemeinsamkeiten nannte er neben der Gegnerschaft zur öffentlichen Unsittlichkeit die Anerkennung der natürlichen Schöpfungsordnung, d.h. der völkischen Individualität, und geriet damit in die Nähe eines rassistischen Denkens. Selbst in ökumenischer Sicht erschien ihm der Nationalsozialismus als ein Hoffnungsstrahl, weil Katholiken und Protestanten sich als Deutsche zusammengehörig fühlen könnten. In den Augen von Lortz bildeten der Nationalsozialismus und der (neue) deutsche Staat eine Einheit: »Der Nationalsozialismus ist heute nicht nur die rechtmäßige Gewalt in Deutschland, er ist zum großen Teile Deutschland selbst.« Daraus ergab sich für ihn die »doppelte Gewissensverpflichtung, zu ihm ein volles Ja zu sprechen«. Dies gelte um so mehr, weil der Staat für die Rettung des ganzen Volkes, für die innere Einheit aller Volksgenossen kämpfe. Folglich sei auch die Kirche, mit der dieser Staat friedlich auskommen wolle, zur Zustimmung und zur Mitarbeit aufgerufen. »Entweder reißt diese Bewegung hindurch zur Rettung, oder wir landen im Chaos. Niemand mehr leugnet diese unerbittliche Konsequenz. Das Chaos aber wäre die Vernichtung der Nation und der Ruin der deutschen Kirche. Das schließt die Diskussion.« In der dritten Auflage seines Vortrags verwies Lortz in einem Nachtrag auf widersprüchliche Haltungen innerhalb des nationalsozialistischen Lagers. Um an der grundsätzlichen Vereinbarkeit von Nationalsozialismus und Katholizismus keinen Zweifel aufkommen zu lassen, stellte er Alfred Rosenberg, den einflußreichen Chefideologen der NSDAP, als Gegner Hitlers hin, eine Tatsache, die auch ein Vergleich von Hitlers *Mein Kampf* und Rosenbergs *Der Mythus des 20. Jahrhunderts* offensichtlich mache. »Solange diese grundsätzliche Linie des Führers besteht, bleibt für uns der Weg offen, die beiderseitigen tiefen Gemeinsamkeiten der Idee in die Praxis gemeinsamen Schaffens umzuwandeln.« Mit dem Gedanken vom Dienen und Leiden bot Lortz schließlich ein christliches Motiv auf, um die Bereitschaft zur Kooperation im neuen Reich auch unter widrigen Umständen zu wecken. »Das Opfer ist der Eingang zum Leben. Leid ist die große Befruchtung alles Kommenden, das bleiben soll.« Lortz hegte in der Tat die Überzeugung, daß der Nationalsozialismus eine neue Blüte der Kirche und des Christentums heraufführen werde. Zu dieser Hoffnung beflügelte ihn einzig und allein seine maßlose Angst vor dem Liberalismus in den verschiedensten Formen: »Die liberale Theologie, die liberale Kirchenpolitik, der Liberalismus als geistige Bewegung waren seit eh und je für ihn die Totengräber kirchlich-religiöser Bindung, der Erbfeind dogmatisch gebundener Religiosität.«[23] Zur Unterschätzung des Nationalsozialismus trug bei Lortz ferner bei, daß er einem religiösen Katholizismus huldigte, der das weite Feld außerhalb des kirchlichen Lebens weltlichen Kräften überlassen wollte. So urteilte auch Real Willy in Erinnerung an den Vortrag des im ostpreußischen Braunsberg lehrenden Kirchenhistorikers Joseph Lortz vor Königsberger Studenten: »Da war er nicht mehr weit von einer Rechtfertigung des Nationalsozialismus als einer auf der politischen Ebene die volle Geltung beanspruchenden politischen Idee entfernt. Das damals von der politischen Propaganda gebräuchliche Vokabular (Antibolschewismus, natürliche Lebensformung, Volkstums- und Traditionspflege, soziale Verpflichtung, positives Christentum etc.) stellte für ihn insgesamt eine Brücke dar, auf der sich Christentum und Nationalsozialismus begegnen konnten.«[24]

Für die Zentrumszeitung *Germania* schrieb Lortz im Mai 1934 drei Artikel, in deren Titel allein schon die nationalsozialistische Gedankenwelt des Autors zum Ausdruck kommt: »Katholisch und doch nationalsozialistisch.« – »Katholischer Zugang zum Nationalsozialismus. Ideologie – oder Wirklichkeit?« – »Unser Kampf um das Reich.« Es klingt geradezu blasphemisch, wenn Lortz die Bitte »Zu uns komme dein Reich« im Vaterunser folgendermaßen interpretierte: »Diese Bitte hat heute für uns einen besonderen Klang und eine bestimmte Verpflichtung; es geht darum, daß Gottes Reich mit seiner Ankunft unser Drittes Reich erfülle und heilige«, und daran die Warnung knüpfte: »Wenn die berufenen Kinder des Reiches versagen, wird Gott andere Helfer finden.«[25]

Lortz wirkte mit am Zustandekommen des »Sendschreibens katholischer Deutscher an ihre Volks- und Glaubensgenossen« (1936), worin die Katholiken aufgefordert wurden, Hitler die Gefolgschaft nicht zu entziehen. Aufschlußreich ist, daß der Freiburger Bischof Conrad Gröber, in den Anfangsjahren als eifriger Sympathisant des neuen Reiches bekannt, jetzt für das Imprimatur nicht zu gewinnen war, wohl aber der Münsteraner Bischof Clemens August von Galen, der erst später zum entschiedenen Gegner des NS-Regimes heranwuchs.[26]

Die im Jahre 1932 zum ersten Mal erschienene *Geschichte der Kirche in ideengeschichtlicher Betrachtung* von Joseph Lortz enthielt in der zweiten Auflage (Ende 1933) den Nachtrag »Nationalsozialismus und Kirche«, in dem der Autor zu der neuesten Wendung der deutschen Geschichte Stellung bezog. Inhaltlich handelte es sich dabei um eine Zusammenfassung seines Königsberger Vortrags vom Frühjahr 1933. Die zeitweilige Spannung zwischen Nationalsozialismus und katholischer Kirche, meinte Lortz feststellen zu können, sei auf ein Mißverständnis zurückzuführen; denn in Wirklichkeit bestehe zwischen beiden eine tiefgehende Verwandtschaft. Gemeinsamkeiten erblickte der geistliche Kirchenhistoriker im Kampf gegen Bolschewismus, Liberalismus und Relativismus sowie gegen Gottlosigkeit und Unmoral und in der christlichen Grundforderung »Gemeinnutz geht vor Eigennutz« und im »Aufbau des gesamten Lebens auf dem Führergedanken und der Autorität«. Am wichtigsten freilich erschien ihm der Bekenntnischarakter des Nationalsozialismus, weshalb die Kirche gar nicht anders könne, »als dankbar diese gewaltigen, gottgesandten Bundesgenossen im Kampf gegen den gottlosen Rationalismus zu begrüßen«. Wie sehr Lortz in seiner geschichtlichen Analyse die eigentlichen Absichten und Ziele der nationalsozialistischen Regierung verkannte, beweist der Schlußsatz: »Wenn wir die Stunde unserer Pflicht erkennen, wird diese Zeit (trotz der vielleicht noch kommenden Rückschläge, evtl. auch konfessionellen Kämpfe) wesenhaft der Religion und der Kirche dienen und für den Kampf gegen die Gottlosigkeit ungeahnt gut gerüstet sein.«[27] Daß der Atheismus für den Nationalsozialismus genauso grundlegend sein sollte wie für den Bolschewismus, blieb Lortz anscheinend ganz verborgen. Der dritten Auflage (1935) der Kirchengeschichte lag wiederum ein Blatt bei, auf dem der Anfang des neuen Reiches abermals als »gottgewollt« bezeichnet war. Ein Jahr später in der vierten Auflage (1936) präsentierte Lortz den Inhalt des Beiblatts in einem Zusatzkapitel, das jedoch wiederum ein Jahr später bei der fünften Auflage (1937) ganz fehlte. Erst jetzt – inzwischen lag die berühmte Enzyklika »Mit brennender Sorge« von Papst

Pius XI. vor – war Lortz endgültig aufgewacht aus seinen utopischen Träumen von einer Harmonie zwischen Christentum und Nationalsozialismus. 1937 ist bezeichnenderweise auch das Jahr, in dem Lortz seinen Austritt aus der Partei erklärt haben will, ohne daß dieser aber angenommen worden wäre. Es ist schon verwunderlich, wie Lortz bei seiner ideengeschichtlichen Betrachtung der Kirchengeschichte zu einer derart falschen Einschätzung des Nationalsozialismus kommen konnte. Als er erst nach Jahren erkannt hatte, daß das neue Reich alles andere als eine Wiedergeburt des Heiligen Römischen Reiches Deutscher Nation sein könnte, fehlte ihm anscheinend der Mut, sich von dem falschen Weg, den er bisher gegangen war, öffentlich zu distanzieren und die Hitler-Herrschaft als ein Unrechtsregime anzuprangern.

Nach dem Ende des Dritten Reiches sollte Lortz im Einverständnis mit Professor Schreiber, der nach seiner aus politischen Gründen zwangsweise erfolgten Emeritierung an die Universität Münster zurückgekehrt war, Vorlesungen über Alte Kirchengeschichte halten. Doch die britische Militärregierung verwehrte ihm dies mit Schreiben vom 30. Oktober 1945. Dahinter standen deutsche Stellen, insbesondere Rudolf Amelunxen, Oberpräsident von Westfalen. Dieser war es auch, der das Verhalten der deutschen Hochschullehrer und insbesondere der Kirchen im Jahre 1933 negativ kritisierte. Am 25. November 1946 erlangte Lortz dann doch die »vorübergehende Zustimmung« zu seiner Lehrtätigkeit. Bei der Entnazifizierung wurde er zunächst in die Kategorie IV (Mitläufer), vier Monate später (1948) aber in die Kategorie V (Entlastete) eingereiht. Jetzt konnte er seine Lehrveranstaltungen fortsetzen. Doch als er nach Schreibers Ausscheiden im selben Jahr 1948 den Lehrstuhl für Alte Kirchengeschichte, den er auch schon vertrat, übernehmen sollte, tauchten neue Schwierigkeiten auf. Statt der erhofften Ernennung erfolgte seine Versetzung in den Ruhestand. Einspruch durch Lortz selbst sowie Protest und Rehabilitierungsforderung der Theologischen Fakultät brachten keinen Erfolg. Der Fall löste sich erst, als Lortz einen Ruf der Philosophischen Fakultät der Universität Mainz erhielt. Jetzt verließ er Münster für immer und ging als Direktor des neugegründeten Instituts für Europäische Geschichte nach Mainz.[28] Hohe Auszeichnungen von seiten des Staates (Großes Verdienstkreuz der BRD) und der Kirche (Päpstlicher Hausprälat) ließen nicht lange auf sich warten.

IV.

Der Name **Anton Stonner** war innerhalb des Fragenkomplexes Kirche und Drittes Reich nahezu unbekannt, bis unlängst Folkert Rickers im Zusammenhang mit Untersuchungen zur Religionspädagogik im Dritten Reich auf diesen Theologen aufmerksam machte. Anton Stonner (1895-1973) wurde im deutsch-böhmischen Starkstadt (bei Braunau) geboren; 1914 trat er in den Jesuitenorden ein. Nach seiner Priesterweihe (1922) wirkte er vier Jahre lang in Wien als Seelsorger für Akademiker. 1928 schied er aus dem Orden aus, ohne die Profeß abgelegt zu haben, und wurde Weltpriester (zuerst im Bistum Meißen, dann im Bistum Berlin). An der Universität München erwarb Stonner 1930 den philosophischen und 1932 den theologischen Doktorgrad. Mit der Absolvierung eines Kurses an der Nationalsozialistischen Dozentenakademie in Rittmarshausen erfüllte er die Voraussetzung für die Mitte 1933 abgeschlossene Habilitation. Für die Zulassung zum theologischen Lehramt erwarb er 1934 mit Unterstützung von Kardinal Faulhaber die deutsche Staatsangehörigkeit. Die Lehrbefugnis für Katechetik und Pädagogik erhielt er 1935. Nur zwei Monate nach seiner ebenfalls 1935 erfolgten Ernennung zum Dozenten wurde er mit der Vertretung des Lehrstuhls für Pädagogik und Katechetik an der Theologischen Fakultät der Universität München betraut. 1937 übernahm er auch noch das Amt des Universitätspredigers in St. Ludwig. Nach der Schließung der Münchener Theologischen Fakultät im Februar 1939 sollte Stonner, der zu dieser Zeit den Lehrstuhl für christliche Philosophie an der Universität Prag vertrat, entweder in Dillingen oder in Regensburg eine Pädagogikprofessur übernehmen, doch da ereilte ihn die Nachricht, daß er aus dem Hochschuldienst ganz ausscheiden müsse. Jetzt wäre ihm nur noch die Rückkehr in den kirchlichen Dienst geblieben; daran aber mochte Stonner nicht denken, wie er selbst gestand: »Mir ist bei meiner unerschütterlichen nationalen Einstellung ein solcher Wechsel des Brotgebers nicht leicht.«[29] Daß es nicht zu diesem Schritt kam, hatte Stonner wohl dem Einsatz der Theologischen Fakultät in München zu verdanken. Der bereits erwähnte Ludwig Mohler verwandte sich als geschäftsführender Dekan für ihn. Er ließ den Rektor der Universität wissen: »Stonner ist ein aufrichtiger Mensch, den ich seit meinem Hiersein als ehrlich zum Staate unseres Führers stehend kennengelernt habe.«[30]

In einem Schreiben vom 24. April 1939 an den Rektor der Universität München bekannte Stonner, daß er »den Umschwung von 1933 freudigst begrüßt« habe und daß er »ehrlich zum Dritten Reich gestanden habe und stehe«, was auch ein Gutachten von Professor Leupold, dem Leiter der Dozentenakademie, bezeugen könne. Außerdem führte er ins Feld, daß er »bereits im Sommer 1933 auf einer bayerischen Junglehrertagung Vorträge über das Thema ›Germanentum und Christentum‹ gehalten habe, »um die katholischen Junglehrer dem nationalsozialistischen Lehrerbund zuzuführen«. Stonner schrieb wörtlich: »Ich stelle fest, daß ich aus persönlicher Begeisterung für die Sache, von niemand angestiftet zu dem erwähnten Zweck für die Vereinbarkeit von Christentum und drittem Reich eintrat.« Dafür sei ihm auch hohe Anerkennung zuteil geworden: »Kaum einer aus unseren Reihen ist in der nationalsozialistischen Gedankenwelt so heimisch wie Stonner.« Auf seiten der Kirche aber beobachtete man Stonner, dessen Name vor allem durch die Bücher *Germanentum und Christentum* und *Nationale Erziehung und Religionsunterricht* bekannt wurde, mit Sorge. Dies blieb auch ihm nicht verborgen. Mit Stolz zitierte er dem Rektor eine ihm zugetragene Klage aus dem Bereich der Kirche: »Es war notwendig, gerade mit einer Persönlichkeit wie Stonner, die nicht zur dritten Garnitur deutscher Theologen gezählt werden kann, so streng ins Gericht zu gehen; denn die Gefahren, die seine Sophistik in sich birgt, sind ungeheuer groß. Wenn es ihm in der Tat gelänge, mit seinen Verbiegungen, Vernebelungen und Trugschlüssen Eingang in den katholischen Religionsunterricht zu finden, so wäre dadurch die Hoffnung auf eine aus der christlichen Ideenwelt kommende geistige Überwindung der nationalsozialistischen Mythologie um ein Bedeutendes verringert.« Stonner beendete sein höchst aufschlußreiches Schreiben an den Rektor mit dem Wunsch: »Alle deutschen Katholiken sollten innerlich für unser drittes Reich erfaßt und zu tätiger Mitarbeit gebracht werden. Heil Hitler.«[31] So kam es, daß Stonner am 5. Juni 1940 unter Berufung in das Beamtenverhältnis zum »Dozenten neuer Ordnung« ernannt und der Universität Würzburg zugewiesen wurde. Im selben Jahr betraute der Reichsminister für Wissenschaft in Berlin Stonner mit der Vertretung des Lehrstuhls für christliche Philosophie an der Theologischen Fakultät der deutschen Universität in Prag. In dieser Stellung dozierte Stonner bis zum Ende des Krieges.

Der Grund für seine Sympathie mit dem Nationalsozialismus, erklärte Stonner 1939 in einem Schreiben an den Rektor der Universität München, reiche in die Jugendzeit zurück: »Daß ich als Kind einer sudetendeutschen Lehrerfamilie hart an der deutschtschechischen Volkstumsgrenze inmitten des steten Kampfes um die Erhaltung des Deutschtums aufgewachsen bin, ist entscheidend für meine ganze spätere nationale Einstellung und Tätigkeit geworden. Um den Geist zu kennzeichnen, der in meinem Elternhaus herrscht, setze ich aus einem Brief meiner 70-jährigen Mutter einige Sätze her. Sie schrieb den Brief am 9. Oktober 1938 nach der Befreiung meiner sudetendeutschen Heimatstadt Braunau durch den Führer: Heute haben wir in der hl. Messe gebetet für den Befreier Hitler. Kennst Du den, der die Not in der Heimat gebannt? Heil der Führer, von Gott gesandt! Gestern am 8., das war ein Freudentag, ich habe auch mitgerufen: Heil Hitler! Und auch: Wir danken unserm Führer!« Seinen Eintritt in den Jesuitenorden bezeichnete Stonner als »einen verhängnisvollen Fehlentscheid«.[32]

Die völkische Idee des Nationalsozialismus bedeutete für Religionspädagogen in den Hochschulen und für Religionslehrer in den verschiedenen Schulen eine ernste Herausforderung. Der Deutsche Katechetenverein unter seinem 1. Vorsitzenden Götzel nahm die Erziehung der Jugend zu Heimat- und Volksverbundenheit schon frühzeitig in sein Programm auf. Dabei konnte man sich leicht auf Artikel 21 des Konkordats vom Jahr 1933 berufen, worin es heißt: »Im Religionsunterricht wird die Erziehung zu vaterländischem, staatsbürgerlichem und sozialem Pflichtbewußtsein aus dem Geiste des christlichen Glaubens- und Sittengesetzes mit besonderem Nachdruck gepflegt werden, ebenso wie es im gesamten übrigen Unterricht geschieht.«[33]

Bei einer Tagung des Deutschen Katechetenvereins zum Thema »Nationalpolitische Erziehung und Religionsunterricht« 1934 in Berlin entfaltete Stonner ein Konzept, das er wenig später in seinem mit dem Imprimatur des Regensburger Generalvikars versehenen Buch *Nationale Erziehung und Religionsunterricht*[34] ausführlich vorstellte. Programmatisch lautet schon der erste Satz: »Wie ein breiter Strom durchzieht die Deutschen der Gegenwart die Sehnsucht nach rechter Volkswerdung.« Stonner zog daraus für Religionspädagogen diese Konsequenz: »Damit legt sich aber auch für uns Geistliche und katholische Lehrer, die wir nicht nur als Deutsche den Vorgang der Volkswerdung im neuen Staat bejahen, sondern auch als katholische Erzieher von der Kirche her durch das Konkordat zur positiven Mitarbeit verpflichtet sind, die Beschäftigung mit der heute vom Staat so betonten Volkstumskunde nahe.« In seinem 1935 erschienenen Buch *Die deutsche Volksseele im christlich-deutschen Volksbrauch* zeigte Stonner christliche Bräuche auf, die man oft auf germanische Wurzeln zurückführen könne: »Unser Deutschtum ist eben dieses unauflösbar innige Ineinander von germanischem und christlichem Wesen. Deutschtum ist germanische Substanz, christlich geprägt.«[35] Stonner dachte sich die Volkskunde als Brücke, die vom Katholizismus zum Nationalsozialismus führe. Freilich bestand immer wieder die Gefahr, daß die Grenze zu einem Denken in rassistischen Kategorien überschritten wurde. Stonner urteilte selbst: »Bekanntlich entspricht diese Betonung der rassischen Geschichte ganz den Ansichten und Absichten des Führers.« Aufschlußreich dafür ist eine Beurteilung, die Dekan Zellinger am 23. Juli 1936 über Stonner abgegeben hat: »Eine Reihe von Schriften sind bereits seiner Feder entsprungen, zum Teil schon neue Auflagen erlebend, die eine und andere freilich – bewußt – nicht unerheblich den Rand des Volkstümlichen streifend.«[36] Hier ist die für den Nationalsozialismus und seine völkische Ideologie anfällige Seite Stonners klar erkannt und benannt.

In seinem Buch *Heilige der deutschen Frühzeit* erklärte Stonner als sein Ziel, ein Bild »von dem Zusammentreffen germanisch-deutschen Wesens im christlichen Raume mit christlichem Geiste« zu vermitteln.[37] Sein Bestreben ging dahin, die nationalsozialistischen Begriffe christlich zu füllen. Wenn er eindeutig unchristlichen Aussagen begegnete, deutete er diese als Stimmen von Außenseitern und appellierte eindringlich, »auch im Religionsunterricht ausgiebig teilzunehmen an der großen Erneuerungsbewegung der Gegenwart«. Ein für viele Theologen charakteristisches völkisches Denken war es also wieder, das die Brücke zum Christentum schlagen sollte. Der Religionsunterricht geriet immer mehr in Gefahr, durch die »nationale Erziehung« des Nationalsozialismus ausgehöhlt zu werden. Stonner gab mit seinen Publikationen klar zu erkennen, daß ihm die nationale Erziehung gemäß den neuen Richtlinien ein besonderes Anliegen war. Dies bewies er auch durch seine Mitarbeit an der vom Nationalsozialistischen Lehrerbund organisierten pädagogischen Ausstellung »Volk und Schule«.

Mehr als kurios mutet es freilich an, wie Stonner das Hakenkreuz gedeutet hat: »Die Zeiten sind vorbei, da man im Hakenkreuz nur das Parteizeichen sah. Es ist heute unser Reichssymbol, für dessen rechte und möglichst tiefe Erfassung durch die Jugend wir alle als deutsche Erzieher eintreten müssen. Da nun das Hakenkreuz oder die Svastika ein germanisches Heilszeichen war, ist es gerade auch für Religionslehrer bedeutsam, von dieser religiösen Bedeutung des Hakenkreuzes in der Vorzeit etwas zu wissen.«

Große Bedeutung maß Stonner der Arbeit zu. Schließlich gehörte es zu Hitlers Hauptverdiensten, das Millionenheer von Arbeitslosen in Deutschland erheblich reduziert zu haben: »Aus den Worten und Werken des Führers, des ehemaligen Arbeiters, der auch heute noch ein rastloser Arbeiter ist, leuchtet eine große Hochachtung vor der Arbeit in jeder Form, gleichviel ob sie körperlich oder geistig ist, wenn sie nur ehrlich und gediegen ist.«

Wenngleich Stonner im eigentlichen Glaubensbereich dem Nationalsozialismus gegenüber keinerlei Konzessionen machte, so sah er doch in struktureller Hinsicht tiefgehende Gemeinsamkeiten. »Das Auffallendste am neuen Deutschland für den von außen kommenden Beurteiler ist sicher das Führerprinzip, die Aufrichtung einer von Persönlichkeiten getragenen Autorität mit unbedingtem Führungsanspruch.« Dieses Prinzip hatte Hitler der katholischen Kirche abgesehen, in seinem Buch *Mein Kampf* voller Bewunderung zum Ausdruck gebracht und schon im sogenannten Ermächtigungsgesetz vom 24. März 1933 für das neue Reich durchgesetzt. »Das Ermächtigungsgesetz hatte deshalb vor allem diesen Sinn, der nationalen Regierung die ›souveräne Stellung‹ zu geben.« Ein derart »straffes, persönlichkeitsbetontes Staatsregiment« hielt Stonner »unter gewissen Voraussetzungen« mit dem christlichen Geiste »durchaus vereinbar«. Als einzige Voraussetzung habe der Christ zu prüfen, »ob dieses Führertum in seinem tiefsten Kern ein Dienen, dem Volksganzen Dienenwollen ist«. Eben dies gehe »aus den Worten des Führers, besonders auch aus seinem unermüdlichen Appell an die Unterführer hervor. Von jedem will er, daß er sich ganz und bis zur Selbstaufopferung einsetze im Dienste des Volkes.« In diesem Zusammenhang führte Stonner näher aus, was der Katholik unter Autorität zu verstehen habe: »Übrigens gilt für uns Katholiken auch unabhängig von diesem inneren Dienstcharakter des neuen Führertums die Tatsache, daß dieses Führertum für uns die rechtmäßige staatliche Autorität darstellt und damit an der wundervollen Verklärung teil hat, die gerade unsere religiöse Überzeugung über die rechtmäßige Staatsautorität breitet. Nach katholischer Auffassung, wie sie besonders Leo XIII. formuliert hat, wurzelt die staatliche Autorität ähnlich wie die elterliche im Schöpferwillen Gottes, der uns durch unsere Natur zum staatlichen Zusammenleben bestimmt hat. Damit wird aber nach der Erklärung des Heiligen Vaters die Staatsgewalt eine Anteilnahme an der Autorität Gottes und ist in diesem Sinne ein Gottesgnadentum. Gerade dieses Gottesgnadentum, das wie ein religiöser Schimmer nach unserer Auffassung alle rechtmäßige Staatsgewalt umkleidet, sichert ihr aber die eigentliche in den Gewissen der Untergebenen verpflichtende Kraft.« Nach einem Verweis auf das berühmte Wort des Apostels Paulus im Brief an die Römer (Röm 13,1) äußerte Stonner die schockierende Überzeugung, daß »ein Abglanz von unserem ewigen Herrscherkönig Jesus Christus, der übrigens gerade im Heiland so wundervoll in seiner Herrschergröße aufstrahlt«, nach katholischer Auffassung »auch über den weltlichen staatlichen Führern« liege; »denn nicht die kleine individualistische Ichpersönlichkeit ist das Ziel, ... sondern die Gliedschaft im Volk, im großen Ganzen«.[38] Ernste Bedenken, die man etwa wegen des Totalitätscharakters des neuen Staates vorbringen konnte, wollte Stonner mit Hitlers Reichstagsrede vom März 1933 zerstreuen. Der Führer habe damals der Kirche die für ihren Auftrag und ihre Existenz notwendigen Garantien gegeben. Daß aber seitdem Jahre vergangen waren, in denen sich deutlich gezeigt hatte, daß Hitlers Versprechungen leere Worte gewesen waren, wollte der Professor offensichtlich nicht wahrnehmen.

Erst nach dem Zusammenbruch des Dritten Reiches begann Stonner, wie mancher seiner Kollegen auch, die Dinge anders zu sehen. Im Schreiben vom 21. August 1945 an das Bayerische Kultusministerium rechnete er es sich als Verdienst an, daß er trotz Drängen der Gestapo dem »unglücklichen Prager Kirchengeschichtler Prof. Winter«, der sich als Priester zur Heirat entschlossen habe und von der Kirche abgefallen sei, den Rücken gekehrt habe. Jetzt begrüßte er den Zusammenbruch des nationalsozialistischen Systems als »Befreiung von schwerem äußeren Druck und von innerer Gewissensvergewaltigung«.[39] Die Amerikanische Militärregierung gab am 14. März 1946 ihre Zustimmung, daß der Dozent Stonner bis auf weiteres an der Theologischen Fakultät München verwendet werde. Also kehrte Stonner von Würzburg nach München zurück, wo er einst seine Laufbahn begonnen hatte. Doch nur wenige Monate später, mit Bescheid vom 13. November 1946, wurde Stonner auf Weisung der Militärregierung von Bayern mit sofortiger Wirkung aus dem Dienst entlassen, weil er den Anforderungen »im Hinblick auf die verlangten positiven politischen liberalen und sittlichen Eigenschaften« nicht entspreche.[40] Gleichzeitig erfolgte die Einstellung seiner bisherigen Bezüge. Doch Stonner setzte sich zur Wehr. Gestützt auf Empfehlungsschreiben, unter anderen von dem Münchener Weihbischof Anton Scharnagl, der jedoch selbst seine liebe Not mit dem Spruchkammerverfahren gehabt hatte, suchte er sich zu rechtfertigen. Erst nachdem die Spruchkammer Stonner als »nicht betroffen« eingestuft hatte, genehmigte die Militärregierung mit Schreiben vom 22. August 1947 seine Wiedereinstellung als Dozent, die dann am 1. Oktober 1947 durch das Kultusministerium erfolgte. 1950 schied Stonner aus dem bayerischen Staatsdienst aus, nachdem er den Ruf auf den Lehrstuhl für Pastoraltheologie und Religionspädagogik an der Universität Bonn angenommen hatte.

Es waren nur wenige Theologieprofessoren, die nach dem Krieg nicht mehr in das Lehramt zurückkehren durften, weil sie sich unter dem Hitlerregime kompromittiert hatten. Dazu gehörten der Paderborner Kirchenhistoriker Adolf Herte und der Braunsberger Kirchenrechtler Hans Barion, beide Mitglieder der NSDAP. Der Braunsberger Dogmatiker Carl Eschweiler, Priester der Erzdiözese Köln, ebenfalls Parteimitglied, war schon 1936 im Hedwig-Krankenhaus zu Berlin verstorben. Er ließ sich nicht in priesterlichen Gewändern, sondern in SA-Uniform mit dem Parteiabzeichen der NSDAP beerdigen.

Hans Pfeil (1903-1998), Priester der Diözese Meißen, Professor für Philosophie an den Universitäten Würzburg und Münster, zuletzt von 1947 bis zu seiner Emeritierung an der Philosophisch-Theologischen Hochschule Bamberg, fällte in seinen Memoiren ein vernichtendes Urteil über Kollegen wie Karl Adam, Michael Schmaus, Joseph Lortz und Anton Stonner, die zumindest eine Zeitlang mit dem Nationalsozialismus konform gegangen sind: »1945 erfolgte der Zusammenbruch des Dritten Reiches, und die noch gestern auf den ›Führer‹ geschworen hatten, wollten es heute nicht wahrhaben. Man muß die Jahre 1933-1945 an einer Universität erlebt haben, um zu wissen, was von der Überzeugungstreue und dem Mannesmut mancher Wissenschaftler zu halten ist. Ich klage nicht an, aber ich kann nicht bewundern, wo Verachtung am Platze ist. Viele hatten ihre Gesinnung gewechselt oder verkauft, manche hatten geschwiegen, nur wenige hatten widerstanden; und jetzt gab es keinen mehr, der Nationalsozialist gewesen war.«[41]

II. Die Philosophisch-Theologische Hochschule Bamberg im Dritten Reich[1]

Wer in unseren Tagen die Bamberger Tageszeitung *Fränkischer Tag* liest, braucht nicht erst noch zu fragen, ob es in Bamberg eine Hochschule gibt; denn er findet darin regelmäßig Berichte über das Leben der Universität, die heute nicht mehr nur eine philosophische und theologische Fakultät, sondern insgesamt sieben Fakultäten mit circa 8000 Studierenden umfaßt. Wer aber das *Bamberger Tagblatt/Bayerische Ostmark* und das *Bamberger Volksblatt* und auch noch die Bistumszeitung *St. Heinrichsblatt* – früher hieß es noch Sankt; davon ist inzwischen nichts mehr geblieben – der dreißiger Jahre liest und nach Informationen über die Philosophisch-Theologische Hochschule sucht, der findet so gut wie nichts, so daß er sich heute fragen muß, ob damals schon eine Hochschule bestanden hat. Darf man daraus schließen, daß die politische und gesellschaftliche Bedeutung der Hochschule in jenen Jahren völlig bedeutungslos war? Fast möchte man es meinen.

Meine Enttäuschung bei literarischen Recherchen wurde durch Studien in Bamberger Archiven – Archiv des Erzbistums, Staatsarchiv, Universitätsarchiv und Stadtarchiv – etwas gelindert. Schließlich besuchte ich noch Zeugen aus den Jahren von 1933 bis 1945. Von ihnen erfuhr ich manches, was nirgendwo geschrieben steht. Und so kam mir der Gedanke, drei der konsultierten Zeitzeugen an dieser Stelle selbst zu Wort kommen zu lassen.

1. Die Philosophisch-Theologische Hochschule Bamberg als Institution

Beim Wechsel der Regierung des Deutschen Reiches am 30. Januar 1933 änderte sich am Status der Bamberger Hochschule zunächst nichts, wenngleich an der Absicht der neuen Machthaber, alle philosophisch-theologischen Hochschulen in Bayern, die hauptsächlich der wissenschaftlichen Ausbildung künftiger Priester dienten, ganz aufzuheben, bald kein Zweifel bestand. Doch solange sie noch existierten, unterstanden auch sie der für sämtliche Lebensbereiche geltenden Gleichschaltung im nationalsozialistischen Geist.

Dieses Ziel stand freilich im Gegensatz zu den Versprechen, die der neue Reichskanzler Adolf Hitler in seiner Regierungserklärung vom 23. März 1933 vor dem Reichstag abgab: »Die nationale Regierung sieht in den beiden christlichen Konfessionen wichtigste Faktoren zur Erhaltung unseres Volkstums. Sie wird die zwischen ihnen und den Ländern geschlossenen Verträge respektieren; ihre Rechte sollen nicht angetastet werden.«[2] Das nur wenige Monate später am 20. Juli 1933 unterzeichnete Konkordat zwischen dem Heiligen Stuhl und dem Deutschen Reich bestätigte diese Grundlage. Artikel 1 lautet: »Das Deutsche Reich gewährleistet die Freiheit des Bekenntnisses und der öffentlichen Ausübung der katholischen Religion. Es anerkennt das Recht der katholischen Kirche, innerhalb der Grenzen des für alle geltenden Gesetzes ihre Angelegenheiten selbständig zu ordnen und zu verwalten und im Rahmen ihrer Zuständigkeit für ihre Mitglieder bindende Gesetze und Anordnungen zu erlassen.« Und in Artikel 19 heißt es: »Die katholisch-theologischen Fakultäten an den staatlichen Hochschulen bleiben erhalten.«[3] Die politische Wirklichkeit bot aber schon bald ein anderes Bild.

Die Hochschulen blieben von der allgemein praktizierten Überwachung durch Parteiorgane nicht ausgenommen. Man hütete sich sorgfältig, »irgendwelche Sympathien für den nationalsozialistischen Staat zu äußern«, schrieb der Regierungspräsident von

Ober- und Mittelfranken Hofmann am 19. Januar 1934 im Halb-
monatsbericht an die Ministerien in München. Deshalb sei es
»bezeichnend, daß bei der Antrittsrede des Rektors der philosophisch-theologischen Hochschule in Bamberg am 12. dieses
Monats mit keinem Worte des Staates oder seines Führers gedacht
wurde«.[4] Der neue Rektor hieß Peter Maier und war Professor für
Chemie und Naturwissenschaften. Er behielt dieses Amt, bis er
1936 von dem Theologen Benedikt Kraft abgelöst wurde.

Bei ihrer Konferenz in München am 21. März 1934 befaßten
sich die acht bayerischen Bischöfe unter dem Vorsitz des Münchener Erzbischofs Michael von Faulhaber mit dem Plan der Bayerischen Staatsregierung, »angesichts der drückenden Finanzlage des
Landes auch bei den staatlichen philosophisch-theologischen
Hochschulen Sparmaßnahmen« durchzuführen. Um den Status
quo zu erhalten, beriefen sich die Bischöfe zuerst auf die rechtliche Verpflichtung des bayerischen Staates, erinnerten dann an die
historische Tradition und verwiesen schließlich auf das Kirchenrecht. Zur Berechnung des finanziellen Aufwandes veranschlagte
man für einen Professor an den philosophisch-theologischen
Hochschulen im Durchschnitt 19 Studenten (zum Vergleich an der
Universität München 22 Studenten). In ihrer Antwort an Nuntius
Alberto Vasallo di Torregrossa machten die Bischöfe außerdem
darauf aufmerksam, daß ein Abbau der Hochschulen für die
betroffenen katholischen Provinzstädte eine schwere kulturelle
und wirtschaftliche Schädigung bedeuten würde.[5]

Am 27. Juni 1935 ließ das bayerische Kultusministerium den
Rektoren der philosophisch-theologischen Hochschulen die uner-
freuliche Mitteilung zugehen, daß voraussichtlich im Herbst 1935
insgesamt 16 Professuren der philosophischen Abteilungen
(Naturwissenschaften, Geschichte und Pädagogik) aufgehoben
würden. Bamberg sollte zwei Professuren verlieren. Ein Jahr später war nur noch von insgesamt sieben Professuren an allen Hochschulen die Rede. Die Bamberger Hochschule blieb aber von einer
Stellenkürzung verschont. Das Vorlesungsverzeichnis vom Sommersemester 1939 – das letzte Semester vor der Aufhebung der

Hochschule – verzeichnet in der Philosophischen Abteilung die Professoren Heinrich Mayer, Ludwig Faulhaber und Vinzenz Rüfner, in der Theologischen Abteilung die Professoren Benedikt Kraft, Ludwig Fischer, Johann Fischer, Michael Müller und Johann Baptist Walz sowie Regens Johann Schmitt und Dozent Karl Hofmann.

Wenige Wochen nach Beginn des Weltkriegs war für alle staatlichen philosophisch-theologischen Hochschulen das Ende gekommen; allein die kirchliche Hochschule in Eichstätt durfte fortbestehen. Das bayerische Kultusministerium teilte dem Rektor am 9. Oktober 1939 kurz mit: »Die staatliche philosophisch-theologische Hochschule in Bamberg ist geschlossen. Die Gebäude sind für die Dauer des Krieges zur Unterbringung von Volksgenossen aus den Bergungsgebieten und gegebenenfalls auch für andere kriegsnotwendige Zwecke beschlagnahmt. Die Wiederaufnahme von Vorlesungen kommt daher nicht in Betracht.«[6] Nachdem Erzbischof Hauck von Rektor Kraft über diese Verfügung informiert war, wandte er sich am 15. Oktober 1939 an das Reichsministerium für kirchliche Angelegenheiten »mit der ergebensten und dringlichsten Bitte, es wolle Schritte tun, daß die Philosophisch-Theologische Hochschule Bamberg wieder eröffnet werde, oder daß zum mindesten den Professoren dieser Hochschule gestattet werde, ihre Vorlesungen in den Räumen meines Priesterseminars abzuhalten«.[7] Der Einspruch blieb, wie wohl nicht anders erwartet, ohne Erfolg.

Anfang des Jahres 1940 fragte das Kultusministerium nach, ob nicht doch irgendwelche Lehrveranstaltungen durchgeführt würden. Rektor Kraft gab am 12. Februar 1940 die Antwort, ein Ersatz des staatlichen Unterrichts durch einen kirchlichen Studienbetrieb im Priesterseminar habe nicht stattgefunden. Die ersten drei Jahrgänge seien an die Bischöfliche Hochschule in Eichstätt geschickt worden, der vierte Jahrgang sei im Priesterseminar verblieben und werde von den Vorständen des Seminars in den praktischen Fächern ausgebildet. Lehrkräfte der staatlichen Hochschule fänden dabei keine Verwendung. Allein Dr. Landgraf, der zur Zeit Mitglied der Katholischen Universität Washington sei, habe Gastvorträge gehalten.

Am 16. September 1940 wandte sich der gesamte bayerische Episkopat an das Kultusministerium in München mit der »dringendsten Bitte«, die Hochschulen in Bayern wieder zu eröffnen. Verwundert liest man heute die Begründung: »Nachdem jetzt die Kriegslage sich zugunsten Großdeutschlands in so rascher und entscheidender Weise geändert hat, so daß die Niederringung auch des letzten Feindes in naher Aussicht steht, dürfte die Aufhebung der Beschlagnahmung der Hochschulräume sich wohl ohne Schwierigkeiten bewerkstelligen lassen.«[8] Auch dazu kam es nicht.

Im Statusbericht des Rektors vom 8. Februar 1944 heißt es, das Hochschulgebäude werde seit dem 1. Januar 1943 von Jungen der Oberschule, die als Lazarett diene, benutzt. Was den Lehrkörper betreffe, seien die Professoren Heinrich Mayer, Ludwig Fischer und Johann Baptist Walz ohne dienstliche Beschäftigung. Prof. Rüfner erfülle einen Lehrauftrag an der Universität Freiburg, Prof. Karl Hofmann sei Standortpfarrer in München, Prof. Landgraf wirke als Domkapitular und Weihbischof, Prof. Faulhaber verrichte Verwaltungsarbeiten und Prof. Kraft erledige nach wie vor die Rektoratsgeschäfte.

Nach den Mitteilungen des Ordinariats vom 29. September 1944 belief sich die Gesamtzahl der Theologiestudenten im Großdeutschen Reich (Altreich, Ostmark, Sudetengau) auf 3934 (Stand: 1.10.1943); davon waren 3752 zum Wehrdienst einberufen. Gefallene zählte man 733, also knapp ein Fünftel aller Einberufenen.[9]

Für die Erzdiözese Bamberg ergab eine Statistik des Erzbischöflichen Klerikalseminars vom 31. Dezember 1944 folgendes Bild: 58 Alumnen befinden sich im Heeresdienst, vier in Gefangenschaft, zehn gelten als vermißt, 22 sind gefallen. 27 Alumnen haben während der Kriegsjahre ihren Austritt erklärt. Und nur drei Alumnen stehen im Studium.[10]

2. Die Studenten der Bamberger Hochschule

Die Bamberger Theologiestudenten waren Bürger zweier Welten: Als Alumnen unterstanden sie dem Regens des Priesterseminars und als Studenten der Theologie dem Rektor der Hochschule.

Für die Einstellung der Alumnen und Professoren zum NS-Staat und zur NSDAP war in erster Linie der von Erzbischof Jacobus Hauck und nach seinem Tod im Jahre 1943 der von seinem Nachfolger Erzbischof Joseph Otto Kolb angezeigte Kurs maßgebend. Hauck ging unter den Bischöfen, die hinsichtlich Regierung und Partei nicht immer und nicht in allen Dingen derselben Meinung waren, einen Mittelweg, der auf Verständigung und Konfliktvermeidung abzielte. Das *Bamberger Volksblatt* berichtete im Januar 1934 von einer Versammlung des Erzbischofs mit seinen Dekanen und Pfarrern. Was das Verhalten des Klerus zum neuen Staat anging, so erklärte der Oberhirte wörtlich: »Nun ist ein neues Reich entstanden, eine neue Staatsform besteht zu recht; das Volk hat sich dafür entschieden. Die Kirche, die jede Staatsform anerkennt, insoweit sie nicht (wie die bolschewistische) dem göttlichen Gesetz widerspricht, hat auch die neue Staatsform in unserem deutschen Vaterland anerkannt; sie hat, was mehr ist, mit dem neuen Deutschen Reich ein Konkordat abgeschlossen, um eine schöne harmonische und nützliche Zusammenarbeit von Kirche und Staat zu erreichen.« Erzbischof Hauck zitierte das berühmte Paulus-Wort vom Gehorsam gegenüber jeder von Gott autorisierten Obrigkeit und knüpfte daran die Versicherung, die katholischen Geistlichen »werden also nicht nur aus vernünftigen Erwägungen dem neuen Reiche ihre Kraft und ihren Willen zur Mitarbeit am Aufbauwerk zur Verfügung stellen; sie sind durch die Lehre ihrer Kirche dazu streng verpflichtet«.[11]

Mit Berufung auf diese Konferenz des Erzbischofs berichtete der Regierungspräsident von Mittel- und Oberfranken am 6. Februar 1934 nach München, der Klerus werde sich auf Weisung des Erzbischofs »vorbehaltlos hinter den neuen Staat stellen«. Dies lasse erwarten, folgerte er daraus, »daß auch der niedere Klerus in

seiner weltlichen Tätigkeit, die gerade in Bamberg die Zusammenfassung der nationalsozialistischen Jugend stark beeinträchtigte,
mehr Zurückhaltung zeigt«.[12]

Professor Benedikt Kraft fungierte seit 1936 als der vom Ministerium ernannte Rektor und blieb in diesem Amt auch nach dem
Krieg bis zu seiner Emeritierung. Wer »Benno« Kraft gekannt hat,
weiß, mit welcher Unerbittlichkeit er seinen Standpunkt gegenüber kirchlichen wie weltlichen Autoritäten zu behaupten verstand.
Kompromisse lagen ihm nicht. Es ist wohl in erster Linie sein Verdienst, daß die Hochschule von nazionalsozialistischer Infiltrie-
rung und Durchtränkung verschont bleiben konnte.

Zu einem ersten Konflikt war es schon im Jahre 1933 gekommen, als ein Gesetz vom 22. April an jeder Hochschule die Einführung der »Deutschen Studentenschaft« gemäß dem Führerprinzip
forderte.[13] Zu den Hauptaufgaben dieser Neueinrichtung gehörte
die Pflege der vaterländischen Gesinnung. Diesem Zweck sollten
auch die für die Anfangssemester verpflichtenden Vorlesungen zur
staatspolitischen Schulung dienen. Voraussetzung für die Zulassung zum Hochschulstudium war übrigens die Ableistung des
»freiwilligen« Arbeitsdienstes. Auf einen Protest des Vatikans hin
war die Reichsregierung bereit, bei katholischen Theologiestudenten
von der Verpflichtung zur Teilnahme am SA- und Arbeitsdienst
abzusehen. Statt dessen mußten die Studenten der Theologie im
Samariterdienst ausgebildet werden, wie es die Kirchenleitung
angeboten hatte. Doch 1935 verpflichtete das Reichsarbeitsdienst-
gesetz auch alle Theologiestudenten zum Arbeits- bzw. Aus-
gleichsdienst. Ein erneuter Protest des Vatikans blieb erfolglos.
Hinzu kam 1934 für alle Studenten der Wehrsport, der nur im
Rahmen der SA betrieben werden konnte. Als 1935 die allgemeine
Wehrpflicht eingeführt wurde, blieben die Studenten der Theologie zunächst für die Dauer ihres Studiums davon befreit.

Die Theologiestudenten mußten jetzt auch eine Theologische
Fachschaft bilden, die der Deutschen Studentenschaft angegliedert
war. Mit eigenen Kursen sollte in die Ideenwelt des Nationalsozialismus eingeführt werden. Als Dachorganisation fungierte die

Reichsfachschaft der Theologie. Weil der Reichsführer Goldmann als Theologiestudent keiner bestimmten Diözese angehörte, lehnte ihn der Würzburger Bischof Ehrenfried ab, allerdings mit der Folge, daß die Theologische Fakultät Würzburg vorübergehend geschlossen wurde.[14] Einem Anschluß der Reichsfachschaft an den Nationalsozialistischen Deutschen Studentenbund widersetzten sich die Bischöfe ganz entschieden.

Das Reichsstudentenwerk, das bedürftigen Studenten Unterstützung gewährte, versagte bischöflichen Anstalten jegliche Förderung; es förderte aber auch Theologiestudenten an staatlichen theologischen Hochschulen, wenn sie den Wehrdienst abgeleistet hatten.

Bei Kriegsbeginn wurden die meisten Alumnen zur Wehrmacht einberufen, die Subdiakone und Diakone kamen zum Sanitätsdienst. In die Räume des jetzt fast ganz leer stehenden Priesterseminars zogen die Zöglinge des angebauten Knabenseminars Ottonianum ein, das als Lazarett beschlagnahmt war.

Die Hochschule war seit 1. September 1939 geschlossen. Die wenigen verbliebenen Studenten der ersten Semester setzten ihre Studien an der kirchlichen Hochschule Eichstätt oder an der Theologischen Fakultät Würzburg fort, eine noch geringere Zahl von Studenten höherer Semester absolvierte im Haus Kursvorträge. Die letzten Alumnenzimmer mußten 1941 an das Lazarett abgetreten werden. Das Knabenseminar mit über hundert Zöglingen fand jetzt in Kellerräumen des einstigen Alumnats notdürftig Unterkunft.

Erzbischof Jacobus Hauck konnte im Jahre 1939 noch 23 Diakone zu Priestern weihen (unter ihnen Karl Kehrbach, Michael Spachtholz und Paul Kupfer). 1940 zählte man die Höchstzahl von 26 Neupriestern. 1942 dagegen waren es nur fünf und 1943 (Karl Kupfer) und 1944 (Martin Neppig) jeweils nur ein Neupriester.

Das Erzbischöfliche Ordinariat berichtete in seinen regelmäßigen Mitteilungen an den Klerus während der Kriegsjahre stets auch über die zum Kriegsdienst eingezogenen Alumnen und Priester. Laut Statistik vom Oktober 1941 waren 86 (von 90) Alumnen und 121 Priester, davon 91 Weltpriester und 30 Ordenspriester, im Krieg. Die 121 Priester teilten sich auf in 24 Militärpfarrer, 86 Sanitätssoldaten und 11 aktive Soldaten. Im Januar 1944 waren 88 Kandidaten der Theologie im Krieg und nur drei zum Studium in Eichstätt. Gefallen waren insgesamt 16, vermißt zwei.

Bei der 80. Geburtstagsfeier des Erzbischofs Jacobus Hauck am 22. Dezember 1941 im früheren Speisesaal des Alumnats waren neben den Professoren der Hochschule nur fünf Alumnen anwesend. Alumnus Keseberg sagte bei der Gratulationsrede : »Der hochbetagte Oberhirte kann mit Stolz und Vertrauen auf seine Theologen herabschauen, die im Eis und Schnee des Ostens, in der Gluthitze der südlichen Sonne, auf dem Weltmeer oder sonstwo in treuer Einsatzbereitschaft bis zum letzten ihre Pflicht tun. Fünf von ihnen opferten schon ihr Leben für Gott und Vaterland, zwei erhielten das EK I. und 10 das EK II. und mehrere andere Auszeichnungen.«[15]

Nach einem Bericht vom 16. November 1942 wurde im Bamberger Dom eine Gedenktafel für die gefallenen Priester und Theologiestudenten angebracht. Zu diesem Zeitpunkt waren die Namen von 10 Priestern und 29 Theologiestudenten verzeichnet.

Regens Johann Schmitt suchte mit Rundbriefen die Verbindung zu den Alumnen im Kriegsdienst aufrechtzuerhalten. In der damals üblichen Terminologie gedachte er der gefallenen Alumnen: »Den Heldentod fürs Vaterland starb am 9. Juni 1940 in den Kämpfen an der Aisne der Alumnus des 3. Kurses Friedrich Link aus Bamberg, Schütze in einem Infanterie-Nachrichtenzug auf dem Schlachtfeld in Taizy, 21 Jahre alt. Am gleichen Tage fiel auf dem Felde der Ehre der Alumnus des 2. Kurses Georg Rucker aus Bamberg, Funker in einem Infanterie-Regiment ebenfalls auf dem Schlachtfeld in Taizy, beerdigt auf dem Heldenfriedhof in Rethel, 21 Jahre alt.« Unverständlicher noch, was der Regens in einem Rundbrief aus dem Jahr 1942 über das Motiv des Krieges gegen Rußland dachte: »Fast die Hälfte unserer im Felde stehenden Alumnen verbrachte den strengen Winter in Rußland und kämpfte in vorderster Linie gegen den Bolschewismus und so zum

Wohle unseres geliebten Vaterlandes.«[16] Daß sie letztlich für Hitlers Expansionspläne kämpften, kam dem Regens anscheinend nicht in den Sinn.

Rektor Kraft wollte den im Krieg befindlichen Studenten mit Feldpostbriefen geistige und geistliche Nahrung bieten. Den Anfang machte er 1943 mit der von ihm selbst verfaßten Broschüre »Der Sinn der Heiligen Schrift. Einführung in das Bibelverständnis unter Berücksichtigung der Inspirationslehre«. Den zweiten Brief verfaßte Prof. Ludwig Faulhaber zum Thema »Die Toten dauern immer. Gedanken über individuelle Unsterblichkeit«. Die restlichen drei Briefe stammten von den auswärtigen Professoren Adolf Eberle, Josef Engert und Josef Schmid. Jeder Brief enthielt eine Liste mit den Namen der Gefallenen der Hochschule; einmal endete die Liste mit der jeden gesunden Patriotismus sprengenden Sentenz »Das Vaterland darf jedes Opfer fordern« von Theodor Körner. Feldunterrichtsbriefe verschickte auch die Theologische Fakultät der Universität Würzburg. Prof. Johann Fischer, zeitweilig auch Dozent in Bamberg, äußerte noch im Brief vom 1. Mai 1944 den »brennenden Wunsch, daß der harte Krieg … ein glückliches und siegreiches Ende findet«.[17]

Warum nun hat sich die Mehrzahl der Studenten vom Nationalsozialismus so leicht verführen lassen? Wo blieb ihr Kampf um Freiheit und Gerechtigkeit? Und warum zogen sie anscheinend widerstandslos in den Krieg? Es ist auch nicht einer bekannt, der den Fahneneid und den Kriegsdienst aus Gewissensgründen verweigert hätte.

In dem Standardwerk *Priester unter Hitlers Terror* finden sich unter dem Erzbistum Bamberg zwar zahlreiche Priester, die von mehr oder weniger schweren Zusammenstößen mit NS-Behörden zu berichten wußten, aber nur ein einziger Theologiestudent: Rudolf Höfinger. Sein Vergehen bestand nach Meinung von NS-Behörden darin, daß er in Bamberg eine katholische Jugendgruppe gründete. Zur Strafe wurde ihm ein Schulverweis angedroht und seinem Vater die Beförderung verweigert.[18] Soll dieser harmlose Einzelfall wirklich alles sein, was sich über Resistenz oder

Opposition gegen das NS-Regime von studentischer Seite in Bamberg vermelden läßt? Michael Spachtholz, der vom Sommersemester 1934 bis einschließlich Sommersemester 1939 an der Hochschule in Bamberg studierte, berichtet:

Um überhaupt studieren zu dürfen, mußten zwei Hürden genommen werden. Zum ersten war zusätzlich zum Abiturzeugnis und der damit gegebenen Zulassung zum Hochschulstudium ein weiterer Schein nötig, den nur etwa ein Drittel der Absolventen erhielt, nämlich nationalistisch Engagierte, die einem der vielen Nazi-Verbände angehörten. Die Mehrheit von uns sollte zur Reichswehr, um als Offizierskader für die kommende allgemeine Wehrpflicht, die vom Versailler Vertrag untersagt war, zur Verfügung zu stehen. Dieser Schein wurde den Betreffenden privat zugeschickt, um bei der Abschlußfeier im Beisein der Eltern und Lehrer einen öffentlichen Tumult zu vermeiden. Tage später fuhr ich nach München und erkämpfte mir im Kultusministerium diesen Schein. Zum zweiten standen zur Aufnahme ins Priesterseminar und in den späteren Diözesanklerus nur etwa 30 Plätze zur Verfügung. Wenigstens 15 weitere Bewerber wurden abgewiesen. Weil nur 60 Einzelzimmer und 40 Plätze in zwei Studier- und Schlafsälen zur Verfügung standen, mußten 20 von uns in der Stadt wohnen und kamen nur zum Essen und zu spirituellen Vorträgen ins Seminar. Ich war unter den Glücklichen, die die Annahme erhielten.

An der Hochschule und im Lehrbetrieb wurde so viel wie nichts vom Dritten Reich bemerkt – es sei denn das Hissen der Hakenkreuzfahne dreimal im Jahr an nationalsozialistischen Gedenktagen (30.1. Tag der Machtergreifung, 1.5. Tag der Arbeit und 1.10. Tag der Bauern). Die Vorlesungen waren rein sachlich-wissenschaftlich und berührten keine politischen und weltanschaulichen Themen. Sicher war daran auch eine von der heutigen Generation kaum zu verstehende Angst schuld.

Um so freier konnten wir uns im Seminar intern aussprechen, erlebten betroffen den beginnenden Kulturkampf, die Devisen- und Sittlichkeitsprozesse, den Schauprozeß Julius Streicher gegen

Kaplan Fahsel von St. Elisabeth in Nürnberg, der 14 Tage dauerte und zu dem aus allen Schichten der Bevölkerung Gruppen im Zweistundentakt abkommandiert wurden sowie täglich Extrablätter erschienen. Daß dieser Prozeß mit Urteil bald darauf von dem noch funktionierenden Reichsgericht in Leipzig annulliert wurde, war nicht zu vernehmen. Für den ersten bayerisch-evangelischen Landesbischof Kurt Meiser, den die Nazis samt Familie in München auf die Straße gesetzt hatten, sammelten wir aus Nürnberg stammenden Alumnen mit Büchsen in der Königsstraße und auf dem Adolf-Hitler-Platz Anfänge der Ökumene. Letztlich ging es im Kirchenkampf nicht um eine bestimmte Konfession, sondern um das Christentum als solches.

Wir konnten nur subversiv Widerstand leisten. Wir verbreiteten die Predigten von Bischof von Galen und der in Norddeutschland hingerichteten Kapläne und die Junge Front – aus Holland eingeschmuggelt. Am Sonntag nach der Vesper im Dom trafen wir uns mit Mitgliedern der »Sturmschar« im zweiten Stock des Café Fick, standen in der »Kristallnacht« auf dem Dach des Seminars und fragten angesichts der brennenden Synagoge: »Wann sind wir dran?« Der Selbsterhaltungstrieb ließ uns an die eigene Haut denken.

Was an der Hochschule nicht sein konnte: Die Seminarleitung führte in den Ferien für uns unter Leitung des Jesuitenpaters Koch weltanschauliche Kurse durch, die sich mit dem Mythus des 20. Jahrhunderts von Alfred Rosenberg und der Nazi-Ideologie auseinandersetzten. Ich protestierte 1936 gegen fünf Hetzlieder auf die Pfaffen und Juden; der Refrain eines von diesen lautete: »Wir wollen keine Christen sein, denn Christus war ein Judenschwein«, von der Hitlerjugend auf den Straßen Bambergs gesungen. Die Gestapo bezichtigte mich daraufhin als Saboteur der Hitlerjugend. Nach Zerlegen meiner Matratze im Schlafsaal usw. schlug ich nach mehreren Verhören auf den Tisch: »Hier steht ein Telefon. Verbinden Sie mich sofort mit dem Gauleiter Streicher in Nürnberg. Ich gehe bei ihm ein und aus.« Davon stimmte, daß sein Sohn Lothar ein Klassenkamerad von mir war. Darauf wurde ich freigelassen. Frechheit war damals Trumpf.

Mehr haben wir unter der Gängelung seitens der Seminarleitung gelitten. Man bemühte sich eher um das Bewahren als um das Bewähren. Ausgang gab es selten und dann nur im Talar. Das hatte aber auch etwas sehr Positives: Die ganze Nazizeit gingen täglich über 100 Alumnen im Talar duch die Straßen und prägten das Stadtbild. Beim Admissionsexamen nach dem vierten Semester hat unser Kurs geschlossen gewagt, leere Blätter abzuliefern, weil die Themen nicht unter die angegebenen Thesen fielen. Das hat wohl großen Wirbel gemacht, war aber nicht politisch. Nach dem vierten Semester wurde ich mit anderen zum Arbeitsdienst eingezogen – die schlimmste, würdeloseste Zeit meines Lebens. Wiederum stellte sich im nachhinein etwas Positives heraus: Ich habe ein Stück der Straße von Ebermannstadt zum Feuerstein gebaut.

Ich kann also sagen, daß an der Phil.-Theol. Hochschule Bamberg die Nazizeit ohne nennenswerte Eingriffe oder Behinderungen unseres Studiums verlaufen ist.

Zum Schluß möchte ich noch von einer komischen Situation bei meiner letzten Prüfung an der Hochschule Anfang Juli 1944 sprechen. Ein ganzes Jahr lang habe ich meinen Wehrmachtsurlaub auf den 1. Juli verschoben. Von meinem Fliegerhorst bei Würzburg konnte ich Bamberg leicht erreichen. Damals fand in Bamberg Anfang Juli das 2. Staatsexamen, der sogenannte Pfarrkonkurs, statt. Zum Abschluß mußte jeder eine Probepredigt vor dem Professorenkollegium und Vertretern des Domkapitels halten. Bei verschlossenen Türen fand dies im Dom statt. Ich weiß heute noch das mir gestellte Thema: »Durch die Gnade Gottes bin ich, was ich bin, und seine Gnade an mir blieb nicht ohne Wirkung« (1 Kor 15,10). Ich durfte als erster antreten, weil ich anschließend zum Zug mußte – die alliierte Invasion war gerade angelaufen. So hatte ich keine Zeit zum Umziehen und stand predigend das einzige Mal in meinem Leben auf der Domkanzel, und zwar in der Uniform eines Unteroffiziers der Luftwaffe.

3. Die Professoren der Bamberger Hochschule

Der Bericht des Sicherheitsdienstes (SD) im Reichssicherheitshauptamt über Katholizismus und Wissenschaft vom 15. Februar 1938 enthält eine aufschlußreiche Äußerung über die Stellung und Aufgabe der Theologieprofessoren. Sie seien »die geistigen Träger und eigentlichen Aktivisten der kulturpolitischen Opposition. Diese Opposition wird vor allem auf denjenigen Wissenschaftsgebieten spürbar, die dem Wandel der Weltanschauungen und den Veränderungen des Zeitgeistes in erster Linie ausgesetzt sind. Dies sind die geisteswissenschaftlichen Fächer und diejenigen Lehrgebiete der Naturwissenschaften, die eine wissenschaftliche Grundhaltung zur ihrer Bearbeitung erfordern, also z.B. Biologie, Erblehre, Medizin u.a. Die Ausrichtung des völkischen kulturellen Lebens wird durch den katholischen Wissenschaftsbetrieb gefährdet.... Da die katholische Wissenschaft den weltanschaulichen Aufbau und die planmäßige Schulung des nationalsozialistischen Staates immer wieder zu verhindern sucht, kommt dieser Aufgabe erhöhte Bedeutung zu.«[19] In diesem Zusammenhang wird auch auf Organisationen wie den Katholischen Akademikerverband und die Görresgesellschaft, dann auf Zeitschriften wie *Hochland, Gral* und *Stimmen der Zeit* und schließlich auf einige Orden, nämlich Jesuiten und Benediktiner, verwiesen. Wir wollen sehen, ob die Theologen diesen von der Gegnerseite geäußerten Erwartungen oder Befürchtungen entsprochen haben.

Wie bei den Studenten die Studentenschaft gab es für das Lehrpersonal die vom Reichsministerium für Wissenschaft, Erziehung und Volksbildung unter Minister Bernhard Rust dem NS-Dozentenbund angeschlossene Dozentenschaft. Ob eine solche in Bamberg gegründet wurde, ließ sich nicht klären.

Die Bamberger Hochschule bestand aus der Philosophischen und der Theologischen Abteilung. Nach dem Vorlesungsverzeichnis des Sommersemesters 1933 gehörten zur Philosophischen Abteilung vier Professoren: Heinrich Mayer, damals Rektor, Professor für Pädagogik, daneben auch noch für Kunstgeschichte;

Christoph Scherer, Professor für Philosophie; Peter Maier, Professor für Chemie; Ludwig Faulhaber, Professor für Apologetik (Fundamentaltheologie). Mitglieder der Theologischen Abteilung waren außer den emeritierten Professoren Adolf Johannes und Max Heimbucher sechs Professoren: Peter Lex, damals Prorektor, Professor für Kirchenrecht; Ludwig Fischer, Professor für Kirchengeschichte; Johann Fischer, Professor für Altes Testament; Benedikt Kraft, Professor für Neues Testament; Artur Landgraf, Professor für Dogmatik, Michael Müller, Professor für Moraltheologie. Johann Baptist Dietz lehrte als Regens des Priesterseminars Homiletik.

Das Berufsbeamtengesetz vom April 1933 hatte an der Bamberger Hochschule keine Auswirkung. Das heißt, daß es unter dem Lehrpersonal niemand gab, der wegen seiner »nichtarischen« Abstammung oder politischen Einstellung hätte entlassen werden müssen. Es reichte aus, wenn die nationale Gesinnung ganz allgemein gegeben war.

Der Bestand des Lehrpersonals änderte sich von 1933 bis zur Aufhebung der Hochschule im September 1939 nur wenig: An die Stelle Scherers trat im Winterhalbjahr 1936/37 Vinzenz Rüfner. Für den an die Catholic University of America in Washington beurlaubten Landgraf lehrte seit dem Winterhalbjahr 1937/38 Johann Baptist Walz als ao. Professor für Dogmatik. Das Fach Homiletik versah Regens Johann Schmitt, der 1936 dem zum Bischof von Fulda ernannten Regens Johann Baptist Dietz gefolgt war.

In den dreißiger Jahren gab es also nur zwei Neuberufungen. Für die zuständigen NS-Behörden war dies jedes Mal eine Gelegenheit, die politische Einstellung der Bewerber zu überprüfen. Bei Vinzenz Rüfner, der kein Priester war, scheint seine nationalsozialistische Einstellung nicht ohne Einfluß gewesen zu sein. Johann Baptist Walz stellte einen besonderen Fall dar, auf den wir etwas näher eingehen müssen.

Walz, Priester der Erzdiözese Bamberg, seit 1927 Privatdozent für Dogmatik an der Universität Würzburg, wurde im Sommersemester 1933 mit der Vertretung des schwer erkrankten Professors

Johann Muth an der Philosophisch-Theologischen Hochschule in Freising beauftragt. Nach dessen Entpflichtung am 1. November 1933 und plötzlichem Tod am 30. Dezember desselben Jahres bemühte sich Walz um die vakante Professur, konnte aber zunächst nur eine Verlängerung seiner Vertretung erreichen. Walz äußerte in einem Schreiben an das Staatsministerium vom 25. Dezember 1933 die Meinung, gewisse theologische und geistliche Kreise hätten Hetzereien gegen ihn unternommen, weil er mit dem *Bamberger Tagblatt,* »einer durchaus national eingestellten Zeitung«, zusammengearbeitet habe. In Freising sei er von einem Kollegen gewarnt worden mit den Worten: »Nehmen Sie sich zusammen in Ihren Vorlesungen, damit man Ihnen nichts anhaben kann. Sie müssen damit rechnen, daß unter Ihren Hörern sich solche befinden, die Ihnen jedes Wort mitschreiben.« Zum Schluß bekundete Walz, daß ihm seine »seit Jahren bestehende nationalsozialistische Einstellung vor einiger Zeit von kompetenter Seite bestätigt worden ist, von Herrn Sturmbannführer und Stadtrat (Eichmeister) Schäfer, Bamberg, in einem an Herrn Staatsminister am 13. November 1933 gerichteten Schreiben. Das Gleiche könnten auch Herr Verlagsdirektor vom ›Fränkisches Volk – Bamberger Tagblatt‹ Schrödter und Herr Standartenführer und Bürgermeister Zahneisen, Bamberg, bestätigen.«[20] Wenig später teilte Walz dem Staatsministerium für Unterricht und Kultus mit, die Theologische Fakultät in Würzburg trage Schuld daran, daß er wegen seiner nationalsozialistischen Einstellung zurückgesetzt werde. Dekan Sebastian Merkle schrieb daraufhin dem Rektor der Universität, daß die Fakultät sich bei der Beurteilung auf wissenschaftliche Qualitäten stütze und von seiner nationalsozialistischen Haltung keine Ahnung gehabt habe. »Und wenn sie jene Ahnung gehabt hätte, so wäre dies ohne jeden Einfluß auf seine der Fakultät allein zustehende wissenschaftliche Beurteilung geblieben.« Merkle gestand aber, daß ein Mitglied der Fakultät, das sogar Obmann der Bayerischen Volkspartei gewesen sei, sich jetzt seiner Mitgliedschaft in der NSDAP brüste, und fügte nicht ohne Ironie hinzu: »Man hat sich darüber aufgehalten, weil die gleichzeitige Zugehörigkeit zu zwei sich so heftig bekämpfenden Parteien eine allzu bewegliche Charakteranlage voraussetzt.« Bei dem Kollegen handelte es sich um den Moraltheologen Ludwig Ruland. Dann kam Merkle auf die Sache selbst zu sprechen: »Die Fakultät konnte den Dr. Walz lediglich deswegen nicht für Verleihung von Titel und Rang eines ao. Professors (oder einer Professur) vorschlagen, weil seine literarischen Leistungen, namentlich in Vergleich mit denen des Privatdozenten Dr. Ranft, allzu schwach waren. Schon als Privatdozenten hatte man ihn s.Z. nur aus Mitleid mit dem vermeintlich schwer Kriegsbeschädigten empfohlen. Von seinem Habilitationsakt … sagte mir nachher ein sehr urteilsfähiger Kollege, er sei ›unter allem Luder‹ gewesen: Der Vortrag habe im wesentlichen aus einem Artikel des Kirchenlexikons bestanden, bei der Disputation sei der Habilitand hilflos wie ein Kind gewesen.« Merkle schloß seine Stellungnahme zu Walz mit den klaren Worten: »Wenn die Bescheidenheit seiner Leistungen auch in seiner Selbsteinschätzung und seinen Ansprüchen sich geltend machte, hätte er sich nicht um Lehrstühle für verschiedene Fächer beworben.«[21]

Eine Ernennung, hieß es in einer Entschließung des Kultusministeriums vom 13. Januar 1934, könne »aus grundsätzlichen Erwägungen« demnächst noch nicht erfolgen. Vielleicht sollte dies heißen, daß mit einer Aufhebung aller staatlichen philosophisch-theologischen Hochschulen in Bayern gerechnet werden müsse. Doch Walz wurde schon am 11. Dezember 1934 zum ao. Hochschulprofessor in Freising ernannt. Knapp drei Jahre später, am 26. November 1937, erhielt er in derselben Position eine Planstelle an der Hochschule in Bamberg.

Nach dem Krieg mußte Walz um den Erhalt seiner Stelle kämpfen. Kultusminister Fendt hatte nämlich Erzbischof Kolb mitgeteilt, Walz sei als Professor nicht länger tragbar, weil er ein aktiver Nationalsozialist gewesen sei. Als Beweis dienten die bei seiner Berufung geschilderten Vorgänge. In einer Unterredung mit Rektor Kraft nahm der Erzbischof Prof. Walz in Schutz, weil dessen damaliges Verhalten als Opportunismus zu verstehen sei. Der Professor habe in politischer Hinsicht naiv und unkritisch gedacht, zumal da der damalige Nationalsozialismus seine wahren Ziele getarnt habe. Rektor Kraft jedoch wollte sich für den Kollegen nicht verwenden. Walz selbst beteuerte in einer Verteidigungsschrift an das Ministerium, daß er kein Nationalsozialist gewesen sei, ja, daß er im Gegenteil von seiten der Nationalsozialisten bedeutende Anfeindungen erlitten und angetragene Ämter abgewiesen habe. Und im übrigen verdiene er auch wegen seiner Kriegsverletzung besondere Berücksichtigung.[22] Die ganze Kontroverse endete mit der vorzeitigen Versetzung des Professors in den Ruhestand. Walz arbeitete fortan als Privatgelehrter. 1946 veröffentlichte er das Buch *Prophetische Geistesart. Berufung und Werk des Jeremias.* Als 1948 die Kunde von Marienerscheinungen in Heroldsbach (Erzdiözese Bamberg) umging, war Walz einer der wenigen Geistlichen, die an die Echtheit dieser Vorkommnisse glaubten und auch in der Öffentlichkeit Propaganda dafür machten. Das zweibändige Werk *Die Heroldsbacher Marienerscheinungen und die kirchlichen Entscheidungen* (1960 als Privatdruck erschienen) ist seine letzte Publikation. Walz starb 1966.

Wir wollen noch etwas genauer untersuchen, wie es um das Schrifttum der Bamberger Professoren bestellt war. Angesichts wachsender Angriffe der Nationalsozialisten gegen die Kirche, gegen deren Geschichte und Glauben, überlegten die Bischöfe bei ihrer Konferenz vom 5. bis 7. Juni 1934 in Fulda, inwieweit hier die Vertreter der theologischen Wissenschaft tätig werden müßten. Im Protokoll heißt es: »Die Professoren müssen die Fälschungen der Kirchengeschichte wie der Zeit Karls d. Gr. (zurückweisen), Bedeutung der christlichen Kultur (würdigen). Die Professoren der Moral müssen darüber schreiben, was christliche Sittlichkeit bedeutet.«[23] Gewiß waren nicht nur Kirchenhistoriker und Moraltheologen zum speziellen Engagement aufgerufen. Die Exegeten des Alten und Neuen Testaments hätten genauso wie die Dogmatiker und Pastoraltheologen allen Grund gehabt, die nationalsozialistische Ideologie zu entlarven, die Grundwahrheiten des christlichen Glaubens herauszustellen und gegen Verletzungen von Menschenrechten zu protestieren.

Bei einer späteren Zusammenkunft am 24. August 1937 erörterten die Bischöfe die Lage des katholischen Schrifttums. Einen Hauptgrund für bestehende Mängel im wissenschaftlichen Schrifttum erblickten sie darin, daß die Universitätslehrer »sich vielfach auf ganz neutrale Gebiete beschränken«. Das hieß, daß die Theologen dringend erforderlichen Auseinandersetzungen mit Problemen der Zeit aus dem Wege gingen. Deswegen fragten sich die Bischöfe besorgt: »Welcher Theologieprofessor wagt heute eine ausgreifende Moral zu schreiben oder bei der Behandlung des Dekalogs das fünfte Gebot im kirchlichen Sinne auszudeuten?«[24] Nur ein kurzer Blick auf die ohnehin nicht zahlreichen Publikationen Bamberger Hochschulprofessoren bestätigt diese Feststellung der Bischöfe.

Schon 1921 veröffentlichte Heinrich Mayer, Pädagogikprofessor am Bamberger Lyzeum, zwei Vorträge unter dem Titel *Deutsche Nationalerziehung und katholisches Christentum*. Problematisch erscheint seine Definition des Nationalgefühls: »Für das, was wir ›Nationalgefühl‹ nennen, ist das Volksbewußtsein grundlegend. Denn in ihm spricht die Stimme des Blutes, und die ›Vaterlandsliebe‹ ist mit ihm so eng verbunden wie der Boden mit dem Volk, das darauf lebt.« Völlig abzulehnen aber ist sein anthropologischer Rassismus, den er in dem einen Satz zusammenfaßte: »Ein Rassenbewußtsein im eigentlichen Sinne muß wohl angestrebt werden, damit man sich hüte, etwa die schlechtesten Beispiele des Semitentums nachzuahmen oder sich von ostasiatischen Ideen überfluten zu lassen.« Böse Assoziationen werden da wach. 1938 publizierte Mayer das Büchlein *Elementarer katholischer Religionsunterricht in Deutschland* und ein Jahr später sein Hauptwerk *Katechetik*.

Als einziger nahm Ludwig Faulhaber, Professor für Fundamentaltheologie, in sechs Predigten über die Kirche, die 1935 gesammelt unter dem Titel *Die alte Kirche und die neue Zeit* erschienen, zu aktuellen Glaubens- und Kirchenfragen Stellung.

Bei seinen Ausführungen zur Freiheit der Kirche und zum Verhältnis von Kirche und Staat übte er nur ganz verhalten Kritik an bestehenden Zuständen. Wenn er die Freiheit als eine Botschaft der Kirche reklamierte, geschah es nicht ohne Verurteilung der alttestamentlichen Gesetzlichkeit: »Das ist ja gerade der Unterschied zwischen der Religion des Neuen Bundes und des Alten Testamentes, der Gegensatz zwischen Freiheit und Zwang, der Gegensatz des Neuen Gesetzes der Freiheit zu den vielen äußerlichen Vorschriften des Alten Bundes.« Als er dann auf das Verhältnis von Kirche und Staat zu sprechen kam, vermied er es, die im Laufe der beiden letzten Jahre sich steigernden Beeinträchtigungen des kirchlichen Lebens durch nationalsozialistische Organe beim Namen zu nennen, sondern beließ es bei allgemeinen Aussagen wie dieser: »Die Kirche achtet die Rechte des Staates. Aber sie kann manchmal nicht jedes Staatsrecht anerkennen. Die modernen Staaten hegen vielfach den Gedanken, daß der Staat sein eigenes Recht schafft, und haben den anderen Gedanken, daß alles Recht von Gott stammt, beiseite geschoben, ignoriert, manchmal möchte man sagen pensioniert. Wenn nun ein solcher Staat aus solchen Auffassungen heraus Gesetze gibt, dann wird die Kirche gegen diese Gesetze sprechen, sobald sie theoretisch oder praktisch gottlos werden.« Als Beispiel nannte er eben nicht, wie man erwarten möchte, den Nationalsozialismus in Deutschland, sondern den Kommunismus in Rußland. Deutlicher redete Faulhaber im Hinblick auf die staatliche Ehescheidung: »Da wird die Kirche notwendig in Gegensatz zu staatlichen Gesetzen treten.« Eindeutig auf deutsche Verhältnisse bezogen war seine Aussage über das »positive Christentum«, das Hitler in seiner Regierungserklärung vom 23. März 1933 zu respektieren versprochen hatte: »Wenn ein Staat das positive Christentum erhalten will, dann darf er nicht dulden, daß frei von allen möglichen Seiten gegen das Christentum gekämpft werde; dann muß er auftreten gegen alle Mächte jeder Art, die gegen das Christentum arbeiten und wüten und die einem Volke das Christentum nehmen möchten ... Das ist positives Christentum: Eintreten für die Rechte Christi, die Rechte Christi schützen gegen die Angreifer, die Angreifer des Christentums und der Kirche in ihre Schranken zurückweisen.« Schließlich forderte Faulhaber für die Kirche unbehinderte Ausübung ihres Auftrags: »Wenn die Kirche wirkliche Freiheit haben soll, dann kann man ihr nicht sagen, sie dürfe innerhalb ihrer vier Mauern tun, was sie wolle, aber außerhalb ihres Gotteshauses habe sie nichts verloren. Wenn die Kirche frei sein und bleiben soll, dann muß sie die Freiheit der Lehre haben, nicht nur im Gotteshaus, sondern im Leben.« So klar diese Forderungen auch anmuten, man vermißt doch jede deutliche Kritik, daß das NS-Regime in Deutschland diese Freiheit der Kirche ununterbrochen verletzte. Und kein Wort für die vielen verfolgten, eingesperrten oder ermordeten Menschen. Zwei Jahre später bekämpfte Faulhaber in einer 14seitigen Broschüre mit dem Titel *Deutsche Glaubensbewegung und christliche Grundwahrheiten* die deutschgläubige Bewegung des J. W. Hauer, die selbst bei Nationalsozialisten keinen Anklang fand.

Die Publikationen der Bamberger Professoren, gering an Zahl, blieben stets innerhalb des fachwissenschaftlichen Rahmens. So, wenn Benedikt Kraft, Professor für Neues Testament, *Andechser Studien* (2 Bde., 1937-40) heraugab oder seine Untersuchung *Die Zeichen für die wichtigeren Handschriften des griechischen Neuen Testaments* (1934) vorlegte. Die Kleinschrift *Der Sinn der Heiligen Schrift* (1943) hatte er als Feldpostbrief konzipiert.

Zu den Aufgaben eines Professors gehören Forschung und Lehre. Soweit sich die Forschung in Veröffentlichungen niederschlägt, läßt sie sich auch kontrollieren. Dies gilt aber nicht für die Lehre. Nur in Ausnahmefällen besitzen wir von Professoren Vorlesungsmitschriften. Mancher Student ersparte sich mit solchen »Skripten« den Besuch der Vorlesung ganz.

Karl Theodor Kehrbach, der vom Sommersemester 1934 bis einschließlich Wintersemester 1938/39 in Bamberg studierte, berichtet:

Obwohl dies im Dritten Reich geschah, wurde NS-Gedankengut bei den Vorlesungen an uns in keiner Weise herangetragen. Das geschah auch nicht durch Professor Walz, der Dogmatik dozierte.

Seine Vorlesungen waren von der Sache her nicht schlecht, wenn sie auch kaum die spekulative Tiefe seines Vorgängers Dr. Artur Landgraf, des späteren Weihbischofs, erreichten.

Regens Dr. Johann Schmitt meinte im Priesterseminar einmal zu mir, die jungen Herren hier im Hause lebten ja wie auf einer glücklichen Insel, wo sie gegenüber den unmittelbaren Nazi-Anfeindungen gesichert seien. Das war aber nicht so gemeint, daß wir das draußen Geschehende nicht aufmerksam verfolgen sollten. Wir wußten ja, daß wir bald als Priester im Dritten Reich tätig sein würden. Mit Blick darauf warnte uns der Regens vor dem »Martyrium des Munds«, d.h. davor, unüberlegt und kämpferisch »mutige« Worte gegen die Nazis auf der Kanzel zu sagen. Solches etwaige »Martyrium« liebe die Kirche nicht.

Ich erinnere mich an eine staatliche Gedenkfeier (zu welchem Anlaß, weiß ich nicht mehr) an der Hochschule. Bei dieser vorgeschriebenen Feier mußte der Rektor sprechen. Rektor war damals der Dozent für Naturwissenschaft, Professor Meyer. Man merkte ihm an, daß er bei seiner »Festrede« nur höherem Zwang gehorchte. Er schloß auch bald mit der Bemerkung, die weiteren Verdienste der Regierung könne man ja aus der Tagespresse entnehmen. Wir jungen Hörer hatten den Charakter dieser die Nazis etwas verschämt lobenden und doch nicht nazistischen Rede sofort erkannt.

Von »Menschenrechten« hörten wir damals nichts, z.B. von solchen »Rechten« der Juden u.a. Ganz sicher war uns schon der bloße Begriff »Menschenrechte« unbekannt. Wir wußten nur, daß die Kirche selbstverständlich ihre eigenen Rechte zu verteidigen hatte aufgrund göttlicher Sendung.

An der öffentlichen Sammlung für die Caritas nahmen wir in Bamberg im Talar, den wir täglich trugen, teil. Von den Passanten wurden wir dabei teils mit unschönen nazistischen Bemerkungen, teils mit anerkennenden Worten und Zurufen bedacht.

Zu einem »Sittlichkeitsprozeß« gegen zwei Geistliche – der eine wurde später freigesprochen – in Nürnberg wurden drei Alumnen von uns durch die staatliche Stelle als Zuschauer erst dann zugelassen, als wir uns als Studierende der Theologie ausgewiesen hatten. Man wollte uns offensichtlich von dem geistlichen Beruf abschrecken.

Die brennende Synagoge in Bamberg habe ich auf dem Weg von der Hochschule ins Seminar selbst gesehen. Manche Passanten riefen uns zu: »Heute brennen die Synagogen, morgen kommen eure Kirchen dran.« Das dürfte kaum in hämischer, sondern eher in mitfühlender Weise gemeint gewesen sein. Daß die Judenverfolgung irgendwie auf der Hochschule angesprochen wurde, daran kann ich mich überhaupt nicht erinnern.

Ein halb »nichtarischer« Mitalumnus kam am 9. November 1938, dem Tag des Synagogenbrandes, in Bamberg hocherregt in mein Zimmer im Seminar und erzählte mir weinend, daheim in Nürnberg seien die Nazis in den frühen Morgenstunden des Tages in die Wohnung seiner Eltern eingedrungen und hätten dort Verwüstungen angerichtet.

Vage erinnere ich mich noch daran, daß Rektor »Benno« Kraft, Neutestamentler, eine mutige Haltung eingenommen hatte und einmal die Nazi-Polizei (zumindest zunächst) nicht in die Hochschule hereinließ – grundsätzlich waren Hochschulen immun und für die Polizei gesperrt –, die meines Wissens einen Studenten verhören wollte wegen etwaiger antinazistischer Aussagen. Ich weiß aber nicht, wie die Sache ausging.

Ich kann mich auch nicht mehr daran erinnern, ob Prof. Walz z.B. das Parteiabzeichen in der Vorlesung trug. Da wir mit ihm an sich nicht unzufrieden waren, hätte uns das Tragen des Abzeichens wohl kaum sehr aufgeregt. Ich kann mich auch nicht daran erinnern, daß irgendwo auf der Hochschule ein Hitlerbild angebracht gewesen wäre. An sich hätte das sicherlich so sein müssen. Zumindest war ein solches Bild dann kaum sehr auffällig »montiert« gewesen, abgesehen davon, daß es damals von solchen Bildern wimmelte, so daß sie schon gar nicht mehr auffielen.

Im Seminar waren wir ungefähr 90 Alumnen. Zu dieser Hörerzahl der Hochschule dürften kaum mehr als 10-20 andere »weltliche« Hörer hinzugekommen sein. Nur ganz selten, d.h. kaum einmal, hatten wir den Eindruck, wir müßten in unserem Reden einem Kommilitonen gegenüber vielleicht etwas vorsichtig sein, um nicht denunziert zu werden. Man kann sagen, daß die Hörerschaft der Hochschule nahezu hundertprozentig nicht nationalsozialistisch gewesen ist und daß wir das auch im Bewußtsein hatten.

Das Dritte Reich ist uns auf der Hochschule jedenfalls in keiner Weise auch nur irgendwie beeindruckend begegnet.

Die Professoren haben sich also nur ausnahmsweise den aktuellen Herausforderungen, wie sie die Verhältnisse im Hitler-Reich mit sich brachten, gestellt. Sie blieben, wie man so schön sagt, Fachidioten. Konnten sie wirklich ihrer Pflicht genügen, wenn sie, von ihrer Zeit abstrahiert, Fachgelehrsamkeit pflegten? Müßte es nicht gerade eine der Hauptaufgaben der Theologen zu allen Zeiten sein, die theologische Wissenschaft stets im Kontext mit der Zeit und den Menschen ihrer Zeit zu betreiben? Was nützt es schon, wenn sie sich in den Elfenbeinturm der Wissenschaft zurückziehen, um dort ungestört arbeiten zu können, die Welt draußen aber anderen Mächten und Kräften überlassen?

Es muß erlaubt sein zu fragen: Wo waren die deutschen Theologen, als 1933 mit dem Gesetz zur Wiederherstellung des Berufsbeamtentums und 1935 mit den Nürnberger Rassengesetzen die Inhumanität zum Gesetz erhoben wurde? Wo waren die Theologen, als Adolf Hitler die mit seiner Billigung ausgeführten Massenmorde beim sogenannten Röhm-Putsch im Juni 1934 selbst legitimierte? Wo waren die Theologen, als in der Pogromnacht des 9. November 1938 der erste Schritt zum millionenfachen Mord am jüdischen Volk getan wurde? Wo waren die Theologen, als 1939 deutsche Truppen in Polen einmarschierten und danach einen Staat nach dem anderen überfielen, um Hitlers Weltherrschaftspläne zu verwirklichen?

Nicht erst seit dem mit Recht umstrittenen Buch *Hitlers willige Vollstrecker. Ganz gewöhnliche Deutsche und der Holocaust* (1996) des Amerikaners Daniel J. Goldhagen wird der Kirche ob ihrer antisemitischen Tradition ein gerütteltes Maß an Mitschuld am Holocaust zur Last gelegt. Nicht der Synagoge, sondern der Ekklesia, an der Spitze ihren Hierarchen und Theologen, waren die Augen verbunden, so daß sie das Volk, dem ihr göttlicher Meister Jesus entstammte, schmählich im Stich ließen. Hätte man nicht erwarten dürfen, daß Studenten der Theologie jener Jahre von ihren Lehrern, in erster Linie von den Bibelwissenschaftlern, in Vorlesungen und Seminaren ein theologisches Fundament vermittelt erhielten, von dem aus sie gegen nazistische Judenfeindschaft und Judenverfolgung hätten ankämpfen können?

Karl Kupfer, 1919 geboren, 1945 in Bamberg zum Priester geweiht:

Als sogenannte »Halbjuden« konnten mein Bruder Paul sein ganzes Studium und ich die ersten zwei Semester an dieser Hochschule unbehelligt studieren. Vier Erinnerungen aus dieser Zeit – sie decken sich nicht mit der heute weitverbreiteten Beurteilung der Kirche in der NS-Zeit:

1. Als ich im Herbst 1938 an die Bamberger Hochschule kam, war das Priesterseminar voll belegt. Wir Erstsemester mußten Zimmer in der Stadt bewohnen. Bei mir war dies von ganz kurzer Dauer. Denn am 9. November war ja die Reichspogromnacht. Auch bei meinen Eltern in unserer Nürnberger Wohnung demolierten die SA-Leute. Daraufhin wurde ich zu meinem Schutz ins Seminar hineingenommen. Man hat für mich ein Zusatzpult notdürftig in den Studiersaal und ein Bett in den Schlafsaal gestellt, wo die jüngeren Semester hinter Vorhängen schliefen.

2. Vermutlich nach einer Priesterweihe im Krieg war es, daß ich im Speisesaal von Regens Dr. Schmitt dem alten Erzbischof Jacobus von Hauck vorgestellt wurde. Der Rektor der von den Nazis geschlossenen Hochschule, Dr. Kraft, war dabei. Nach meiner Erinnerung sagte der Regens etwa: »Das ist der Herr Kupfer, da weiß man nicht, was man mit ihm machen soll.« Rektor Kraft darauf: »Die Kirche soll sich doch durch den Staat nicht beeindrucken lassen!« Der Erzbischof erwiderte darauf sehr erregt: »Das tu ich doch auch nicht«, worauf Dr. Kraft untertänig begütigend meinte:

»Weil ich weiß, daß Exzellenz so denken, sagte ich es ja.« Bald nach diesem Gespräch wurde ich durch Tonsur von Erzbischof Jacobus in den Bamberger Klerus aufgenommen.

3. Am 19. März 1943 wurde ich von Erzbischof Joseph Otto Kolb, der väterlicher Freund unserer Familie war, in seiner Privat-kapelle zum Priester geweiht. Vor dem Mittagessen im Seminar fragte mich Joseph Otto, ob ich bereit wäre, ins Ghetto zur Betreuung getaufter Juden zu gehen. Obwohl ich zusagte, wurde daraus nichts, wahrscheinlich weil Dr. Gertrud Luckner, die spä-ter vom Staat Israel als »Gerechte unter den Völkern« geehrt wurde, bei der Vorbereitung dieser Mission verhaftet und ins KZ gebracht wurde.

4. Obwohl mein Vater sich vor der Hochzeit evangelisch hat taufen lassen, war er weiterhin – wie die meisten assimilierten deutschen Juden – ein innerlich freireligiöser Mensch. Im Dritten Reich hat er immer mehr erfahren, daß die katholische Kirche, vor allem durch ihre Ordenshäuser, ihm und seiner Familie Hilfe und Geborgenheit gegeben hat. 1944 wurde er katholisch, weil er innerlich zum Glauben fand. Mein Vater schrieb nachher, daß ein Artikel von Professor Pfeil, der ja später an die Bamberger Hoch-schule kam, ihn vorher beeinflußt habe. Wörtlich schreibt mein Vater nach seiner Konversion: »Ich glaube auch, daß wir weitge-hend davon abhängig sind, welche Vorbilder in unser Leben tre-ten... Eine Änderung hat sich bei mir wohl dadurch angebahnt, daß ich katholischem Wesen, je mehr und je eingehender ich es kennenlernte, im Laufe der Zeit immer mehr Achtung abgewann und daß ich dadurch den Zeugen und Verfechtern des Katholi-zismus in steigendem Maße Vertrauen schenkte. Es war dann nur ein Schritt, daß ich diesen Gewährsmännern mehr Vertrauen ent-gegenbrachte als denen der Gegenseite.«

Mein Vater, der ein großartig redlicher und klar denkender Mann war, wäre im Jahre 1944 niemals katholisch geworden, wenn die Kirche damals wirklich so gewesen wäre, wie man sie heute meist sieht. Ich sehe zwei Gründe für die Diskrepanz zwischen meinen Erinnerungen und der heutigen historischen Beurteilung:

Ich habe die NS-Zeit von unten her erlebt und nicht durch offizielle Texte, so wie wir heute die Kirche von unten auch anders sehen als die römischen Verlautbarungen. Das seit 1945 gewachsene demokratische Lebensgefühl – Stichwort »Menschenrechte« – kann die infame »Salamitaktik« der Nazigewalt den Juden, aber auch der Kirche gegenüber seit dem 30. Januar 1933 einfach nicht nachempfinden. Ich kann mich nicht erinnern, daß in meiner jüdischen Verwandtschaft wie in unserer katholischen Jugend jemand einen echten Widerstand für möglich gehalten hätte. Darum kann unsere Verehrung für Menschen, die damals wirklich Widerstand geleistet oder wenigstens so vielen Juden wie möglich geholfen haben, nicht groß genug sein.

IV. Allgemeine Beurteilung

Nichts spricht dafür, daß die Bamberger Studenten und Professoren der Philosopie und Theologie im nationalsozialistischen Sinn tätig gewesen sind. Andererseits ist auch nicht zu sehen, daß von der Bamberger Hochschule oder vom Bamberger Priesterseminar irgendwelche antinationalsozialistischen Impulse und Aktionen ausgegangen sind. Nichts zu tun ist wohl der Gipfel des Opportunismus.

Kritische und mutige Köpfe, wie sie bei den Mitgliedern der »Weißen Rose« in München anzutreffen waren, sind uns unter den Bamberger Studenten und Professoren nicht bekannt geworden. Jedenfalls fehlte es an Studenten wie den Münchener Kommilitonen Hans und Sophie Scholl, die zusammen mit einigen Freunden zum aktiven Widerstand gegen die nationalsozialistische Gewaltherrschaft aufriefen. Auch unter den Philosophie- und Theologieprofessoren in Bamberg fand sich keiner, der so zum Risiko entschlossen gewesen wäre wie der Münchener Professor Kurt Huber, der seinen Widerstand mit der Hinrichtung durch das Fallbeil büßen mußte. In seiner Verteidigungsrede vor dem Volksgerichtshof in Berlin griff Huber nicht bloß das Nazi-Regime an, sondern schleuderte auch seinen Professorenkollegen wegen ihrer Feigheit und Kollaboration eine brennende Anklage ins Gesicht: »Die deutsche Professorenschaft hat als Gesamtheit der Vernichtung des deutschen Erziehungs- und Bildungswesens im bolschewistischen Sinn tatenlos zugesehen. Diesen schweren Vorwurf erhebe ich nach wie vor gegen die deutsche Hochschule ... [Die Professorenschaft] hat eindeutig gezeigt, daß sie die geistige Führung der deutschen akademischen Jugend nicht mehr in der Hand hat.«[25]

Bereits im November 1933 hatten annähernd 1000 Hochschullehrer auf einer Unterschriftenliste ihr »Bekenntnis zu Adolf Hitler und dem nationalsozialistischen Staat« bekundet. Sie gaben damit ihre Zustimmung zu Bekenntnissen, die einige Gelehrte und Professoren zum neuen Staat abgelegt hatten. Zu den Unterzeichnenden gehörten auch 46 Theologieprofessoren der Hochschulen Eichstätt, Dillingen, Passau und Regensburg. Ob die Liste auch dem Professorenkollegium in Bamberg vorlag, ist nicht geklärt.

Horst Göppinger zog in einer speziellen Untersuchung über Juristen im Dritten Reich ein allgemeines Fazit zum Verhalten der Hochschullehrer in jener Zeit: »Die ›Gleichschaltung‹ und das Versagen der Mehrheit der Hochschullehrer waren Ursache für den erschreckenden Niedergang der deutschen Universitäten von 1933 bis 1945. Die Universitäten trugen zu einem erheblichen Maß zum Aufkommen und dann zur Verbreitung des Ungeistes und zur Festigung der nationalsozialistischen Gewaltherrschaft bei.«[26] Ob die Theologen ein anderes Urteil verdienen?

III. Kollaboration oder Opposition?
Acht biographische Porträts

Da die Institution Kirche kein ideelles Gebäude nach Art von Platons Ideen ist, sondern aus wirklichen Personen besteht, vollzogen sich die Auseinandersetzungen zwischen NS-Staat und Kirche stets im Rahmen elementarer und moralischer Entscheidung. Deshalb verwundert es nicht, daß wir auch unter den Akteuren, die dem Klerus der Kirche entstammen, Gefolgsleuten wie Opponenten des Regimes begegnen, wie die folgenden acht »Charakterbilder« zeigen.

1. Ein christlicher Kommunist: Kaplan Joseph C. Rossaint

Christ sein heißt auch Bekenner sein. Wären die Christen nicht nur in den ersten Jahrhunderten, sondern zu allen Zeiten gewissenhafte Bekenner gewesen, hätte die Weltgeschichte einen anderen Verlauf genommen.

Überraschen mag manchen die Beobachtung, daß einfache Priester und Laien in gefahrvollen Zeiten im allgemeinen mehr Bekennermut bewiesen als Bischöfe und Theologieprofessoren. Dabei denke ich speziell an den 1927 von Kardinal Johann Friedrich Schulte im Kölner Dom zum Priester geweihten Joseph C. Rossaint, der während seiner Kaplanszeit in Oberhausen (1927-1932) und danach in Düsseldorf (1932-1937) als unerschrockener Gegner des Nationalsozialismus aufgetreten ist. Schon in jungen Jahren sympathisierte er mit Anhängern des Sozialismus, obwohl

Bischöfe und Päpste schon seit dem 19. Jahrhundert gegen diese Gesellschafts- und Wirtschaftsform zu Felde zogen. Dr. Max Rößler († 1991), ein beliebter Jugendseelsorger im Bistum Würzburg, antwortete, nach seiner Ansicht über den fast ein Jahrzehnt älteren Mitbruder Rossaint gefragt, prompt und prägnant: »ein Idealist mit Linksdrall«, und fügte sogleich hinzu: »wie wir alle«. Als Begründung für diese pauschale Charakterisierung des jüngeren Klerus zu allen Zeiten zitierte er diese Faustregel: »Wer mit 20 Jahren kein Sozialist ist, hat kein Herz. Und wer mit 40 Jahren kein Konservativer ist, hat kein Hirn.«

Der Oberhausener Kaplan Rossaint unterhielt schon vor 1933 gelegentliche Kontakte zur Sozialistischen Arbeiterjugend und zum Kommunistischen Jugendverband Deutschland. Er tat dies als ein Seelsorger, für den jeder Mensch, ungeachtet seiner Weltanschauung und seines politischen Standorts, Gesprächspartner sein konnte. Die lockere Verbindung zwischen Kaplan Rossaint und jungen Kommunisten dauerte im Dritten Reich fort, ja, verstärkte sich noch. Auf einen Wink hin besuchte er den Kommunisten Max Schäfer im Gefängnis zu Essen. Als am 1. November 1933 ungefähr fünfzehn Sturmscharführer des Katholischen Jungmännerverbandes zu einer Tagung in Düsseldorf weilten, ließ Kaplan Rossaint während der Mittagspause die 23jährige Jungkommunistin Berta Karg einen kurzen Vortrag in seiner Wohnung halten. Die kommunistische Funktionärin berichtete von ihrem Aufenthalt in Moskau und warb für eine gemeinsame Front gegen den Hitler-Faschismus in Deutschland. In den folgenden Jahren ließen gemeinsame Interessen für den Frieden und gegen den Krieg den Kontakt zwischen Rossaint und kommunistischen Gruppen an Rhein und Ruhr enger werden. Berta Karg wurde jedoch schon im Januar 1934 von der Gestapo verhaftet und jahrelang eingesperrt.

Im Februar 1936 betrieb die Düsseldorfer Gestapo eine Massenverhaftung, darunter Christen ebenso wie Kommunisten, Priester wie Laien. Die Mehrzahl der 60 Verhafteten wurde nach einigen Tagen wieder freigelassen. Während der Generalpräses des Jungmännerverbandes, Ludwig Wolker, schon im Mai wieder freikam, blieb sein Generalsekretär Jakob Clemens bis zum April 1937 in Haft. Der päpstliche Staatssekretär Kardinal Pacelli, bis 1929 viele Jahre Nuntius in Deutschland, hatte beim deutschen Botschafter im Vatikan zugunsten des Priesters Clemens interveniert, für den Hauptangeklagten Kaplan Rossaint aber rührte sich keine kirchliche Stimme. So kam es, daß Rossaint, eines katholisch-kommunistischen Komplotts beschuldigt, am 17. April 1937 »wegen Vorbereitung eines hochverräterischen Unernehmens« zu elf Jahren Zuchthaus und zehn Jahren Ehrverlust verurteilt wurde. Der Reichsführer der katholischen Sturmscharen, Franz Steber, ein Laie, mußte für fünf Jahre ins Gefängnis. Der genannte Rößler, damals noch juristischer Referendar, wenige Jahre später aber schon Priester, saß neben Wolker im Berliner Gerichtssaal. Deutlich erinnerte er sich an die Szene, als der 34jährige Kaplan Rossaint, vom Gerichtspräsidenten Engert angebrüllt, warum er Priester geworden sei, mit großer Bestimmtheit antwortete: »Ich wollte nur dem Höchsten dienen.« Der alles entscheidende Augenblick kam freilich erst, als Engert von Rossaint wissen wollte, ob er bei seinen Kontakten und Aktionen auch politische Absichten verfolgt habe. Nach einer atembeklemmenden Pause bekannte Kaplan Rossaint in aller Ruhe: »Ja, ich hatte auch politische Absichten.« Damit hatte er sich selbst das Urteil gesprochen. Und wie leicht hätte er sich mit einer kleinen Lüge – von der Moraltheologie als Notlüge entschuldigt – die Freiheit erkaufen können, wie es Ungezählte vor und nach ihm getan haben. Doch Rossaint blieb der Wahrheit treu und damit sich selbst. In ihrem Presseorgan *Freiheit* (Januar 1938) fragte die Kommunistische Partei Deutschlands »Was hat der katholische Priester Rossaint verbrochen?« und gab darauf zur Antwort: »Er hat die Hand ergriffen, die Jungkommunisten in Westdeutschland jungen westdeutschen Katholiken gereicht haben. Er hat sie ergriffen als seiner Kirche treu ergebener Sohn ... In der Tat auch und vor allem, weil er als Katholik ein Freund des Friedens und ein Feind des Kriegsbrandstifters Hitler war und ist, wurde Rossaint verurteilt.« »Radikale Wahrheitsliebe« attestierte ihm auch Georg Thurmair, damals persönlicher Sekretär des Generalpräses Wolker, später Chefredakteur der *Münchner Katholischen Kirchenzeitung*, als ich ihn nach dem Grundmotiv für Rossaints Handeln fragte. Und die nach dem Krieg in München lebende Berta Karg äußerte in einem Gespräch die Meinung: »Rossaint hat aus christlicher Verantwortung gehandelt. Es ging ihm immer nur darum, den Frieden zu erhalten und jede Unmenschlichkeit, die im Namen des Nationalsozialismus verübt wurde, rücksichtslos anzuprangern.«

SS-Hauptsturmführer Albert Hartl, bis 1934 Priester im Dienst der Erzdiözese München-Freising, danach im Reichssicherheitshauptamt zu Berlin, ließ sich von dem im Reichskirchenministerium zu Berlin tätigen Regierungsrat Joseph Roth – auch er Münchener Diözesanpriester, aber im Gegensatz zu Hartl nicht aus der Kirche ausgetreten – über den großes Aufsehen erregenden Rossaint-Prozeß berichten. Er fand es später noch erstaunlich, wenn auch bezeichnend, daß Rossaints Opposition gegen das Dritte Reich gerade bei der kirchlichen Obrigkeit auf Unbehagen und Ablehnung gestoßen sei. Im Kölner Ordinariat habe man, berichtete mir Hartl in einem Gespräch, das medizinische Gutachen, das Rossaint partielle Unzurechnungsfähigkeit attestierte, als willkommene Entschuldigung dafür angesehen, daß die Kirchenobrigkeit sich jetzt noch leichter von dem unangenehmen Kaplan distanzieren konnte. Außerdem habe dieselbe Behörde Rossaints Verhalten bei der Vernehmung im Gerichtssaal als tölpelhaft, dumm und verkrampft angesehen. Diese Ansicht teilte auch der päpstliche Nuntius Orsenigo in Berlin, nachdem ihn sein Sekretär Pater Gehrmann, ein überzeugter Nationalsozialist und wegen seines enormen Einflusses auch »der kleine Nuntius« genannt, über den Fall Rossaint informiert hatte. Gehrmann kommentierte Rossaints aufrechte und ehrliche Haltung im Lauf einer Unterhaltung mit Roth mit den Worten: »Dem gehören Prügel, aber nicht Zuchthaus.« Prügel für Wahrhaftigkeit!

Selbst die Katholische Jugend, für die Rossaint unermüdlich und unerschrocken gearbeitet hatte, ging nach seiner Verurteilung auf Distanz zu ihm. Ein Kommentator der Zeitschrift *Der Jung-*

führer bedauerte »aus vaterländischer und aus kirchlicher Haltung« Rossaints Handlungsweise und konstatierte im Blick auf den Spanischen Bürgerkrieg: »Gerade in der gegenwärtigen Zeit der Weltbedrohung durch den Bolschewismus bleibt es ganz wesentliche Aufgabe katholischer Jugend, den Staat in seiner Aufgabe der Bekämpfung des Kommunismus mit ganzem Einsatz zu unterstützen.« Hier offenbarte sich wieder einmal die Blindheit kirchlicher Kreise gegenüber den vom Nationalsozialismus ausgehenden Gefahren.

Rossaint mußte die Jahre von 1937 bis 1945 im Zuchthaus Remscheid-Lüttringhausen verbringen. Auch wenn die offizielle Kirche ihren idealistisch gesinnten Priester Rossaint im Stich ließ, hielten doch Oberhausener Sturmschärler den brieflichen Kontakt mit dem inhaftierten Kaplan aufrecht. Kurz vor Kriegsende, am 13. April 1945, wurden 60 Häftlinge ermordet. Rossaint überlebte und wollte nun als Priester in den Dienst des Erzbistums Köln zurückkehren. Doch Erzbischof Joseph Frings stellte ihm zwei Bedingungen: keinerlei politische Betätigung mehr und Abbruch aller Verbindungen zu kommunistischen Freunden und früheren Mithäftlingen. Diese Bedingungen waren für Rossaint unannehmbar. Tiefer noch als diese unchristliche Forderung schmerzte Rossaint aber bis zu seinem Tod das unverantwortliche Schweigen und feige Taktieren einer »Amtskirche«, die zwar viel über Gerechtigkeit und Liebe predige, in der Stunde der Bewährung aber Unrecht und Gewalt nur allzuoft ohne Protest und Widerstand geschehen lasse.

Ohne vom Priesteramt suspendiert zu sein, betätigte sich Rossaint fortan als Schriftsteller für eine demokratische Neugestaltung Deutschlands und engagierte sich in dem von ihm mitbegründeten »Bund Christlicher Sozialisten« und in der »Siedlergemeinschaft«. Als dann im März 1947 in Frankfurt am Main die Vereinigung der Verfolgten des Naziregimes (VVN) gegründet wurde, war Rossaint sogleich zur Stelle. Viele Jahre lang stand er als Präsident an der Spitze dieser Organisation deutscher Antifaschisten, nicht ohne immer wieder als Kommunist verdächtigt und vom Geheimdienst überwacht zu werden. Der Kölner Weihbischof Augustinus Frotz schrieb anläßlich Rossaints Tod und Beerdigung im April 1991: »Dr. Rossaint fühlte sich auch noch 1945 in seinem Gewissen verpflichtet, seinen Friedenskampf fortzusetzen ... Literarisch und rednerisch war er in ganz Europa, einschließlich der kommunistisch regierten Länder, tätig. Dabei war es immer sein Bestreben, als Christ zu wirken. Er ist bewußt innerlich Priester geblieben und hat so gelebt.«

Auch Monsignore Carl Klinkhammer, wie Rossaint ein hartnäckiger Gegner der nationalsozialistischen Weltanschauung schon vor 1933 und wegen seiner sozialen Aktivitäten »roter Ruhrkaplan« genannt, blieb während des Dritten Reiches zum Ärger seines Bischofs, des Kölner Kardinals Schulte, ein streng verfolgtes »Objekt« der Geheimen Staatspolizei. Ob er sich bei seiner Opposition gegen das NS-Regime als Bekenner gefühlt habe, wollte ich bei einem Besuch von ihm wissen. Prompt kam als Antwort: »Nein, nein! Ich war nämlich auch feige.« Dieses offene Eingeständnis ermutigte mich zu der weiteren Frage: »Haben Sie jemals daran gedacht, Ihren seit 1937 im Zuchthaus sitzenden Mitbruder Rossaint zu besuchen?« Nach einigem Zögern bekannte der noch in hohem Alter als Pfarrer der sogenannten Bunkerkirche in Düsseldorf tätige Priester: »Nein, das habe ich nicht.« Und warum nicht? »Weil ich feige gewesen bin. Also, wie ich schon sagte, alles andere als ein Bekenner.« Der Feigheit zieh er sich auch noch, weil er geschwiegen habe, als Kölner Juden in der sog. Reichskristallnacht vor seinen Augen geschädigt und mißhandelt wurden. »Auch damals war ich feige. Sehen Sie, wieder kein Bekenner.« Tief beeindruckt von der Ehrlichkeit dieses Geistlichen verabschiedete ich mich nach einem dreistündigen Gespräch mit den Worten: »Monsignore, ich halte Sie dennoch für einen Bekenner; einmal, weil Sie wegen Ihrer aufrechten Haltung mehrmals im Gefängnis sitzen mußten, und dann noch mehr deshalb, weil Sie Ihr Versagen nicht zu entschuldigen versuchen, sondern es offen bekennen.«

2. Vom Nationalisten zum Nationalsozialisten: Priester Josef Roth

Die Niederlage Deutschlands im Ersten Weltkrieg und der Zusammenbruch des Deutschen Kaiserreichs haben in vielen Deutschen eine Erschütterung hervorgerufen, die ihr politisches Verhalten fortan stark bestimmen sollte. Dies gilt in besonderer Weise für den am 2. August 1897 in München geborenen und 1922 von Kardinal Michael von Faulhaber im Münchener Liebfrauendom zum Priester geweihten Josef Roth. Das Ende des Kaiserreichs vermochte aber den Traum der deutschen Nationalisten von einem großdeutsch-mitteleuropäischen Reich nicht auszulöschen. Im Gegenteil, die Sehnsucht nach einem solchen Imperium wuchs im selben Maß wie die Unzufriedenheit mit der parlamentarischen Demokratie. Von dem kommenden »dritten« Reich versprachen sich vor allem die sogenannten Rechtskatholiken eine Vorherrschaft des deutschen Volkes in Mitteleuropa und einen ständisch-monarchischen Staat.

Unter den einflußreichen Vertretern der neuen Reichsidee ragt der Historiker und Politiker Martin Spahn hervor. Weil sich die katholische Zentrumspartei immer mehr auf den Boden der Weimarer Republik stellte, verließ Spahn schon bald diese Partei und schloß sich der Deutschnationalen Volkspartei an. Von hier war es nur noch ein kleiner Schritt zur nationalsozialistischen Bewegung, die auf das Ende des demokratischen Staates und die Annullierung des Friedensvertrages von Versailles hinarbeitete.

Die Feinde der jungen parlamentarischen Demokratie fanden im Laufe der Jahre immer mehr Sympathisanten und Anhänger. Namentlich in Bayern erstarkte die rechtsextremistische Bewegung, getragen und genährt von den beiden Hauptschlagworten Versailles und Moskau. Im neugegründeten Vereinsorgan *Bayern und Reich* brachte Dr. Otto Pittinger, der Vorsitzende des »Bundes Bayern und Reich«, am 27. April 1923 die Stimmung ungezählter Deutscher zum Ausdruck: »Seit 1918 erfreuen wir uns der rein parlamentarischen Regierungsform und haben es damit ›herrlich weit‹ gebracht, so weit, daß wir lieber heute als morgen darauf zugunsten einer starken verantwortlichen Staatsgewalt verzichten. Daher ist die Ablehnung der Weimarer Verfassung, die den Parlamentarismus auf den Thron gesetzt hat, ein Glaubensartikel, der allen Teilen der vaterländischen Bewegung in Bayern gleiche Gewissenspflicht auferlegt.«

Es waren gewiß nicht nur Mitglieder und Wähler der im Landtag von dem Eichstätter Dompropst Georg Wohlmuth angeführten Bayerischen Volkspartei, die eine baldige Rückkehr zur monarchischen Verfassung erstrebten und alle Kräfte dafür einsetzten. Starke Unterstützung erlangten diese Bestrebungen von der kirchlichen Hierarchie. Der Münchener Erzbischof Michael von Faulhaber, vom letzten bayerischen König Ludwig III. geadelt und zum Kirchenfürsten ernannt, machte aus seiner Vorliebe für das Königtum ebensowenig ein Hehl wie der von demselben König beglaubigte päpstliche Nuntius Eugenio Pacelli, der spätere Papst Pius XII. Beim Deutschen Katholikentag in München am 1. und 2. August 1922 erhob der redegewaltige Kardinal Faulhaber im Beisein von Mitgliedern der bayerischen Regierung, des Wittelsbacher Königshauses, des Apostolischen Nuntius und einer vieltausendköpfigen Menschenmenge auf dem Königsplatz eine schwere Anklage: »Die Revolution war Meineid und Hochverrat und bleibt in der Geschichte erblich belastet und bezeichnet mit dem Kainsmal!« Dieses offen ausgesprochene Verdikt bedeutete nicht nur eine Verurteilung der Revolution von 1918, es verriet gleichzeitig ein deutliches Mißtrauen gegenüber der demokratischen Verfassung der neuen Republik.

Wie distanziert die Bischöfe der Weimarer Republik begegneten, zeigte sich, als der bayerische Episkopat bei einer Konferenz im Jahre 1924 beschloß, den Feierlichkeiten zum Jahrestag der Weimarer Verfassung fernzubleiben. Auf derselben Linie lag es, daß der Münchener Erzbischof Faulhaber für den am 28. Februar 1925 verstorbenen Reichspräsidenten Friedrich Ebert keine Kirchenglocken läuten ließ. Der Grund für diese Maßnahme lag wohl weniger in der Tatsache, daß Ebert 1917 an der Friedensresolution des Deutschen Reichstags maßgeblich mitgewirkt hatte, sondern vor allem in Eberts SPD-Mitgliedschaft, die in kirchenoffiziellen Kreisen als Bekenntnis zu einer religions- und kirchenfeindlichen Partei galt.

Einen Gradmesser patriotischer Begeisterung stellten die alljährlich mit Glanz und Gloria gefeierten Deutschen Tage dar. Vornehmlich in den fränkischen Städten Bayreuth, Hof und Nürnberg abgehalten, begannen diese Großveranstaltungen am Samstag mit Fackelzug und Zapfenstreich, erhielten am Sonntagvormittag mit dem Feldgottesdienst eine religiöse Weihe und erreichten am Nachmittag mit einem langen Marsch durch die Stadt ihren triumphalen Abschluß.

Beim Deutschen Tag in Nürnberg am 1. und 2. September 1923 befanden sich unter den Ehrengästen nicht nur Prinz Ludwig Ferdinand von Bayern, der Herzog von Coburg sowie die Generäle Maerker und Hoefer, sondern auch der zu diesem Zeitpunkt noch ziemlich unbekannte Anführer der Nationalsozialistischen Deutschen Arbeiterpartei (NSDAP), Adolf Hitler, der wenige Wochen später am 9. November im Münchener Bürgerbräukeller einen Putsch inszenierte, mit ungefähr 3000 SA-Männern zur Feldherrnhalle marschierte und den Sturz der bayerischen Regierung und der Reichsregierung erzwingen wollte. Beim Gottesdienst auf der Nürnberger Deutschherren-Wiese standen zwei katholische Priester als Redner und Prediger im Mittelpunkt: Anton Braun, Pfarrer von Unserer Lieben Frau in Nürnberg, und Josef Roth, Kaplan in der zur Münchener Erzdiözese gehörenden Pfarrei Indersdorf.

Der erst im Jahr zuvor geweihte Kaplan Roth, hochbegabt und von sportlicher Gestalt, war über die Grenzen seines Heimatbistums München hinaus nur als Mitglied des vaterländischen Bundes »Bayern und Reich« bekannt. Mit Wohlgefallen nutzte er jetzt die Festpredigt zur Propagierung revanchistischer und militaristischer Gedanken: »Hör uns Allmächtiger, hör uns Allgütiger himmlischer Führer der Schlachten! Führ uns du starker Gott, führ uns zur Schlacht und zum Siege!« Diesen alten Bittruf aus Theodor

Körners »Gebet vor der Schlacht« stellte der junge Priester seiner Predigt als Motto voran und fuhr sogleich politisch hochaktuell fort: »Vielleicht beten wir bald das Gebet während der Schlacht. Das deutsche Volk wohnt wie auf einem Vulkan, über dem sich nun fiebernd rasch gewitterschwere Wolken zusammenziehen. Dumpfes Grollen und Donnern im Innern kündigt von einer furchtbaren Gefahr. Armut und Hunger, wie grinsend Totengerippe stehen sie vor unserer Tür und greifen nach uns. Verräter und fremde Verführer herrschen und hausen im deutschen Haus; und weil sich Verräter und Verbrecher immer Freunde sind, haben sie den Einbrechern im Westen seit Jahren schon Hilfe geleistet. Das arme deutsche Volk aber bangt nun vor dem Wetterstrahl, der hinein zündet in sein armselig Dasein und es vernichtet.«

Unruhe verbreiten und Angst einjagen gehören seit je zu den beliebten Methoden, mit denen Propagandisten und Agitatoren unwissende Massen zu beeinflussen verstehen. Anstatt zum Frieden zu mahnen, wie es Pflicht eines christlichen Predigers gewesen wäre und wie es zur selben Zeit Roths geistlicher Mitbruder Max Josef Metzger als Mitglied des »Friedensbundes Deutscher Katholiken« praktizierte, ermunterte Kaplan Roth, einst Freiwilliger im Königlich-Bayerischen Reserve-Infanterie-Regiment 19, zu entschlossener Kampfbereitschaft: »Wir stehen in Bereitschaft gegen den inneren und äußeren Feind, nun zum Letzten entschlossen … Für uns Deutsche gibt es aus diesem Chaos dauernd keinen andern Rettungsweg als den der Waffen. Fünf Jahre haben wir Frieden und Friedensgebettel und diese fünf Jahre waren grausamer und furchtbarer als der Krieg. Laßt Euch die Ketten nicht bekümmern, die noch an unserem Arme klirren, die Fremdherrschaft, die liegt in Trümmern, sobald ein Held geboren wird.« Man kann sich leicht vorstellen, mit welchem Entzücken ein Fanatiker wie Hitler diese kriegerischen Worte aus dem Mund eines Geistlichen vernahm, zumal da er selber sich als der Held fühlte, der das in einem schmählichen Frieden gedemütigte deutsche Heer und Volk wieder zu einstigem Stolz emporheben wollte, auch wenn dies nur mit Gewalt und Tod geschehen konnte. Und um seinen Worten auch bei frommen Zuhörern mehr Glaubwürdigkeit zu verleihen, stellte der Kaplan das Bild des heldenhaften Jesus vor Augen, »der den Gegnern klirrende Worte zu Füßen wirft, zur Geißel greifen kann und auch auf dem Kreuzweg von Jerusalems Töchtern nicht beweint werden will«. In diesem zweckmäßig konstruierten Zusammenhang schleuderte Roth böse Worte gegen jene Geister, die, ebenfalls mit Berufung auf Jesus, den Frieden dem Schwert vorgezogen wissen wollten und anstelle von Vergeltung christliches Verzeihen forderten: »Unser Heilandsbild ist aber viel wahrer als jenes entstellte süßliche, weichliche, leidenschaftslose, jenes defaitistisch und pazifistisch frisierte Heilandsbild, mit dem man bewußt heute so oft die Liebe der deutschen Jugend zur nationalen Tat tot macht.« Mehr noch als auf Jesus, dessen Gebot der Nächsten- und Feindesliebe sich nicht so leicht leugnen oder umdeuten läßt, berief Roth sich bei seinem bedingungslosen Kampf für die Freiheit des deutschen Vaterlandes auf den Apostel Paulus. Genauso wie Paulus, der zu seiner Zeit ein tollkühner Kämpfer gewesen sei, müßten die Christen zu allen Zeiten entschlossen sein, für ihr Vaterland alles, auch das Leben, einzusetzen: »Alle großen Heiligen waren auf ihrem Gebiet Fanatiker. Und überall, wo Großes geschehen ist in Kirche oder Staat, in Kunst oder Wissenschaft, geschah es durch Fanatiker und Idealisten. Ihnen gehört die Zeit und die Erde, der Himmel und die Ewigkeit.« Der vor Fanatismus sprühende Geistliche scheute sich auch nicht, die völkische Freiheit als ein religiöses Ideal auszugeben, für das höchste Opfer gefordert werden dürften, ja, müßten: »Wenn wir für unsere völkische Freiheit uns nicht mehr begeistern und nicht mehr Opfer bringen können, dann sind wir wert, daß wir zugrunde gehen.« Dieselbe Gesinnung und Konsequenz sprach auch aus Worten Adolf Hitlers, dem Kaplan Roth sich schon in jungen Jahren verschrieben hat. Beide waren der Überzeugung, daß das deutsche Volk, wenn es im Krieg gegen seine Feinde unterliegen sollte, nichts anderes verdiene als den eigenen Untergang. Vom Altar aus rief Kaplan Roth, einem verspäteten Kreuzzugsprediger gleich, die zu Tausenden versammelten Zuhörer zum heiligen Krieg auf, weil es ohne Waffen keinen Weg aus der Unterdrückung geben könne: »Unser deutsches Volk wird wieder durch die Schule des alten Heeres gehen müssen, wenn es wieder glücklich und groß werden will. Militarismus ist für uns nicht nur und nicht zunächst ein System von Zahlen, sondern ein scharf umrissenes, festgefügtes, im Leben vollauf bewährtes System von Geisteswerten. Unsere Armee war uns nicht bloß eine Schutzwaffe und ein Kampfobjekt nach außen, sondern vor allem auch eine unersetzliche Erziehungsschule. Allen anderen Völkern ist der Militarismus eine künstliche Aufmachung, uns ist er eine notwendige Volksschule, uns liegt er im Blut. Drum wird der Deutsche nicht in erster Linie als Kaufmann oder Politiker oder Professor für sein Deutschtum und für seine Freiheit kämpfen, sondern als Soldat.«

Und da es einen völkischen Extremismus nicht ohne Antisemitismus geben konnte, vergaß der Festprediger auch nicht, das Judentum als die Hauptursache der deutschen Schmach und Schande hinzustellen, und gab damit einem weitverbreiteten Judenhaß neue Nahrung: »Die völkische Frage ist aber brennend geworden. Unsere öffentliche und private Moral, unser deutsches Volkstum, der Teil unserer Jugend, der heute von uns nichts wissen will, sie sind verseucht bis ins Mark vom herrschenden jüdischen Geist. Es gibt keine wertbeständige deutsche Befreiung ohne Lösung der völkischen Frage. Ein Befreiungskrieg, der ordentlich geführt wird, macht einen später zweiten und dritten unnötig.«

Und um das Maß der Verkehrung eines Gottesdienstes zu politischer Agitation voll zu machen, nahm Kaplan Roth den auf dem weiten Wiesenrund versammelten Festgästen einen heiligen Schwur ab, als handelte es sich um die heiligste Sache der Welt: »Gelobet Ihr im Kampf für Deutschlands Freiheit, Recht und Ehre Eueren Führern Gefolgschaft, Mannentreue, Waffentreue auch in Not und Tod – so sprechet: Wir geloben es. Gelobet Ihr, in treuer Kameradschaft wie Stahl und Eisen zusammenzuhalten, gegen die, die uns höhnen und verfolgen – so sprechet: Wir geloben es! Widersagt Ihr als Christen und als Deutsche dem Judasgeiste und dem Geist der Weichlichkeit und Opferscheu – so sprechet: Wir widersagen! Glaubet Ihr fest und unbezweifelt an Euere Sendung, glaubt Ihr an die rettende Tat – so sprechet: Wir glauben!« Die tief beeindruckten Zuhörer beschworen diesen Appell, als wäre er ein heiliges Glaubensbekenntnis. Dafür wußte ihnen der Prediger zu danken: »Dank Euch! Ihr habt den Eid geschworen. Kameraden, seht Euch einander an! Einer ist des anderen Zeuge. Ihr werdet den Schwur halten. Treu halten. Nach Christenart und nach Soldatenart.« Die in der Sprache des Krieges und mit Begeisterung für den Krieg vorgetragene Predigt endete, wie sie begonnen hatte, mit einem Gebet: »Du aber, höre uns, du starker Gott, himmlischer Führer der Schlachten! Führe uns, fall unser Los auch tief in Grabesschoß, Lob doch und Preis Deinem Namen. Reich, Macht und Herrlichkeit sind Dein in Ewigkeit. Amen.«

Auch wenn die geschätzte Zahl von 50 000 Teilnehmern an dem Festzug durch Nürnberg übertrieben erscheint, so steht doch fest, daß große Massen aus vielen Teilen Deutschlands zu diesen Deutschen Tagen strömten und von diesen jährlichen Veranstaltungen große Begeisterung für die nationale Sache, wie es hieß, ausging. Das Verbandsorgan *Bayern und Reich* kommentierte den Deutschen Tag ganz im Sinn des Militarismus: »Man schied von der Feier mit dem Bewußtsein, daß in Deutschland der Tag nicht mehr fern ist, an dem auch das einfältigste Gemüt erkannt hat, daß das Heil allein im Schwerte liegt.«

Genau 16 Jahre später wurde dieser Aufruf zum Kampf blutige Wirklichkeit, als deutsche Soldaten auf Befehl Adolf Hitlers die polnische Grenze überschritten und das Land in drei Wochen militärisch niederzwangen. Die Kriegsfackel, einmal in die Welt geschleudert, erfaßte ein Land nach dem anderen, bis am Ende fast ganz Europa in Schutt und Asche versank. Eine böse Saat, seit vielen Jahren von fanatischen Säern ausgestreut, trug ihre schlimmen Früchte.

Eine andere günstige Gelegenheit, das Nationalbewußtsein der Deutschen wachzuhalten und zu steigern, bot Jahr für Jahr die

Großveranstaltung des Frontkämpferbundes Stahlhelm. Zum Münchener Stahlhelmtag am 1. Juni 1929 formulierte Kaplan Roth in den *Gelben Heften* als doppeltes Ziel: »Totengräber des Zweiten Reiches und Wegbereiter zum Dritten Reich zu sein.« Und da er nur zu gut wußte, daß die von vielen Deutschen völkisch verstandene und heiß ersehnte Freiheit der deutschen Nation auf friedlichem Weg niemals erreicht werden konnte, plädierte er unmißverständlich für Krieg und damit gleichzeitig gegen das Friedensprogramm der Pazifisten: »Die Pazifisten wollen lieber auf die Freiheit als auf den Frieden verzichten. Von diesen Untermenschen trennt uns Christen, uns deutsche Idealisten, eine Welt.«

Völlig konsequent verteidigte Kaplan Roth die allgemeine Wehrpflicht und stand damit wiederum im Gegensatz zum »Friedensbund Deutscher Katholiken«, der diese generelle Wehrpflicht im Namen der katholischen Ethik strikt ablehnte. Pazifisten oder Friedenskämpfer wie der Dominikanerpater Franz Stratmann und der Weltpriester Max Metzger mußten sich von ihrem geistlichen Mitbruder Roth als Vaterlandsverräter beschimpfen lassen. Um eine innerkirchliche Zerreißprobe zu vermeiden, übten die Vertreter des hohen Klerus kluge Zurückhaltung, indem sie einer konkreten Parteinahme aus dem Weg gingen. Deshalb auch versagte Kardinal Faulhaber seine Zustimmung zur Feier eines Gottesdienstes beim Münchener Stahlhelmtag des Jahres 1929. Dieses Verbot dürfte den deutschnational gesinnten Benediktinerabt Alban Schachleiter dazu bewogen haben, der Veranstaltung fernzubleiben.

Die *Historisch-politischen Blätter* hatten politisch wie theologisch konservativen Katholiken Jahrzehnte hindurch als beliebtes Organ gedient. An ihre Stelle traten 1924 die *Gelben Hefte*, begründet und herausgegeben von dem Würzburger und späteren Münchener Universitätsprofessor Max Buchner, dessen deutschnationale Gesinnung schon in dem Programm seiner neuen Zeitschrift zum Ausdruck kam: »Unsere Aufgabe soll die Heranbildung vollprozentiger Katholiken und zugleich vollprozentiger Deutscher sein.« Grundsätzlich gegen die Weimarer Republik eingestellt und ein erklärter Gegner der katholischen Zentrumspartei, forderte Buchner von Anfang an »eine starke, mit autoritären Vollmachten ausgestattete Regierung ..., die unabhängig von den taktischen Rücksichten und den ideologischen Interessen der Parteien ihre Politik nach den staatlichen Notwendigkeiten bestimmt«. Mit dieser Überbetonung des völkischen Elements verband sich bei Buchner fast notwendigerweise eine tiefgehende Feindseligkeit gegenüber den Juden.

Einen willkommenen Kampfgenossen an der Universität Würzburg fand Buchner in dem Juristen Ernst Mayer, einem erbitterten Feind jeder parlamentarischen Demokratie. Professor Mayer verließ 1923 sogar die Deutschnationale Volkspartei, weil ihm deren Politik nicht radikal genug erschien. In einer Vorlesung bezeichnete er die Weimarer Verfassung als »teilweise ernst, teilweise Faschingszeitung«. Ein andermal verwirrte er Studenten mit der ironischen Bemerkung: »Wenn ich mir eine lustige Stunde machen will, lese ich hier und da in dieser Verfassung.« Der Volksfreund, ein Organ der Sozialdemokratischen Partei, beurteilte das Wirken des Professors in einem kritischen Kommentar: »So also werden künftige Juristen, Richter, Verwaltungsbeamte von diesem Professor und bayerischen Staatsbeamten mit Hohn und Verachtung für das Grundgesetz des Reiches erfüllt. Das ist die Quelle, aus der dann später Fehlurteile und Klassenjustiz hervorgehen müssen bei Juristen, die solche ›Rechtslehrer‹ gehört haben. Mayers Äußerung war kein lapsus linguae, sondern der Ausfluß eines Systems, das darauf ausgeht, die verfassungsrechtliche Grundlage des Reiches zu untergraben.«

Zu Buchners und Mayers Gesinnungsfreunden zählten nicht nur rechtsradikale Politiker wie Ludendorff und Gregor Strasser, sondern auch Kirchenmänner wie Abt Alban Schachleiter und Kaplan Roth, die beide ihrerseits in engerem Kontakt zu Hitler und der von diesem geführten NSDAP standen.

Als die Nationalsozialisten am 30. Januar 1933 mit der Ernennung Hitlers zum Reichskanzler einen kaum noch erhofften Sieg errungen hatten, fühlte Josef Roth, seit 1924 Kaplan in der Münchener Pfarrei St. Ursula, »eine neue, bessere Zeit« heraufziehen. In dieser Zuversicht schrieb er am 1. Februar 1933 an den in Bad Aibling wohnenden Alban Schachleiter, den einstigen Abt des Klosters Emaus in Prag: »Ich hatte naürlich auch am 30. Januar einen herrlichen Feiertag für meine Seele, den ersten großen Feiertag seit dem Sturz Brünings.« Kurze Zeit danach, als die nationalsozialistische Bewegung auf ihrem Weg zur alleinigen Regierungsmacht unaufhaltsam weiterschritt, bekannte der Münchener Kaplan demselben Schachleiter: »Der Segen Gottes war bisher so offensichtlich auf Seiten Hitlers, daß wir glauben dürfen an die Wahrheit und Gerechtigkeit unserer Sache.« Und wieder wußte er sich, wie schon in früheren Jahren, der Hilfe Gottes im Kampf gegen Feinde des deutschen Volkes sicher: »Es ist ein heiliger Krieg, den wir führen, unter dem Kriegsruf ›Gott will es!‹«

Abt Schachleiter, 1919 wegen seiner deutschnationalen Einstellung aus dem Prager Emaus-Kloster vertrieben, erblickte im Bolschewismus den größten Feind für Glauben und Kirche und in Hitler den von Gott berufenen Führer in diesem Kampf. So schrieb er dem Abt von Ettal, Willibald Wolfsteiner: »Mein Kampf gilt vor allem dem Bolschewismus, den Zentrum und Bayerische Volkspartei nie vernichten können. Hitler allein kann das, selbst dann, wenn in diesem Kampfe die genannten christlichen Parteien ihm in den Rücken fielen – aus Parteiinteresse!« Und um die Ängste vor Kirchenfeinden in den Reihen der NSDAP zu beschwichtigen, erklärte der allzu vertrauensselige Abt: »Solange Hitler die Macht hat (Gott sei gepriesen: Er ist Reichskanzler!) werden die Kirchenfeinde in der NSDAP nicht tonangebend.« Schachleiter war so geblendet, daß er gar nicht merkte, welch böses Spiel der »Führer« Adolf Hitler, der die christlichen Kirchen zu seinen größten Feinden rechnete, mit ihm trieb und wie geschickt er ihn mißbrauchte, um das gläubige Kirchenvolk über seine verbrecherischen Pläne und Ziele hinwegzutäuschen.

Nicht minder verblendet war und blieb Josef Roth. Sein extremer Nationalismus, seine Demokratiefeindlichkeit und sein ausgeprägter Antisemitismus brachten ihn dem Nationalsozialismus immer näher, bis er sich am Ende ganz in dessen Dienst stellte. Als der Religionslehrer Roth 1935 in das neu eingerichtete Reichskirchenministerium berufen werden sollte, stellte ihm der Leiter der Münchener Maria-Theresia-Realschule, Wimmer, ein glänzendes Zeugnis aus: »Roth verstand es, die Herzen der Schüler im Fluge zu gewinnen. Sein Unterricht ist äußerst lebensnah und sehr erfolgreich. Seine durchaus sportliche Natur gibt ihm auch die Fähigkeit, an Wandertagen erfolgreich Klassen im Gelände zu führen. Trotz seiner Jugend gewöhnte er sich in dem durchschnittlich älteren Lehrerkollegium vorzüglich ein und wirkte gerade als Geistlicher bestens im Sinne der neuen Zeit.«

Kardinal Faulhaber, der für den Geistlichen Roth zuständige Bischof, erteilte das erbetene Placet nur widerwillig – zu Konflikten zwischen ihm und Roth war es schon öfter gekommen – , mochte sich aber damit trösten, daß das Ausscheiden Roths aus dem kirchlichen Dienst nur drei Monate dauern sollte. Nachdem die Vierteljahresfrist verstrichen war, ersuchte Minister Kerrl das bayerische Kultusministerium, Roth »bis auf weiteres« zu beurlauben, weil er in seinem Geschäftsbereich »nicht entbehrlich« sei. Faulhaber gab jetzt zwar keine ausdrückliche Genehmigung, widersetzte sich aber auch nicht mit letzter Konsequenz. Folglich blieb Roth Priester mit allen Rechten und Pflichten und gleichzeitig Beamter im Berliner Ministerium für die kirchlichen Angelegenheiten. Roth zählte ganz sicher zu jenen Priestern, von denen Faulhaber schon 1937 sagte, »daß mehr als einer aus dieser Judasbruderschaft in der Waffenschmiede gegen die Kirche mitarbeitet«.

Im Schematismus der Geistlichkeit des Erzbistums München und Freising für das Jahr 1941 findet sich unter den »im Herrn Entschlafenen hochwürdigen Herren« auch »Josef Roth, Ministerialdirigent im Reichsministerium für die kirchlichen Angelegenheiten, Kaplan bei St. Ursula in München, 43 Jahre 11 Monate alt.« Reichsminister Kerrl teilte dem bayerischen Kultusministerium am 25. Juli 1941 brieflich mit, daß Ministerialdirigent Roth während eines Kurzurlaubs in Tirol bei einer Faltbootfahrt auf dem

Inn tödlich verunglückt sei. Der Trauergottesdienst finde am 29. Juli um 10 Uhr und die Beerdigung um 14 Uhr in Ottobeuern statt. Obwohl es sich um einen Schnellbrief handelte, traf die Todesnachricht erst vier Tage später, genau am Tag der Beerdigung um 16.15 Uhr, in München ein. Dies geschah vermutlich in der Absicht, der bayerischen Regierung keine Gelegenheit mehr zu geben, um einen Vertreter zur Beisetzung zu entsenden. Ministerialrat Schneidawind bedauerte in einem Kondolenzschreiben nach Berlin die verspätet eingegangene Benachrichtigung und charakterisierte den Verstorbenen entsprechend nazistischer Terminologie folgendermaßen: »In hervorragender Weise verband sich bei ihm große, seinem beruflichen Werdegang entsprechende Sachkenntnis mit einem schon in der Kampfzeit bewährten fanatischen Glauben an Führer und Volk.«

Von derselben Mentaliät zeugt die Ansprache, die der mit Roth befreundete Pfarrer Dr. Philipp Haeuser am Grab hielt. Haeuser, seit 1911 Pfarrer in Straßberg vor den Toren der Bischofsstadt Augsburg, hatte sich sogleich nach dem Weltkrieg mehr auf dem Feld der Politik als im Bereich der Seelsorge betätigt. Seine 1923 erschienene Schrift *Jud und Christ oder Wem gebührt die Weltherrschaft* zeugt von extremem Judenhaß. Bei den verschiedensten Gelegenheiten trat er als Redner auf: bei der Gründungsversammlung des Bayerischen Heimat- und Königsbundes ebenso wie bei Tagungen des Stahlhelmbundes und in Veranstaltungen der NSDAP, der er als Mitglied angehörte.

Als die Nationalsozialisten 1933 an die Macht kamen, brauchte Pfarrer Haeuser Maßregelungen von seiten der Augsburger Kirchenbehörde nicht mehr zu fürchten. Wie er den »Kämpfer Jesus« auf seiner Seite wußte, so betrachtete er die Vertreter der kirchlichen Obrigkeit als Verräter am Werk desselben Jesus. In diesem Sinn schrieb er 1933 an Abt Alban Schachleiter: »Wenn Jesus heute wieder unter uns erscheinen würde, die Bischöfe und Rom selbst würden ihn mit allen möglichen Kirchenstrafen belegen, sie würden auf seinen Untergang hinarbeiten und nach seinem Tod ihm das kirchliche Begräbnis verweigern. Kein Priester dürfe an seinem Grabe stehen!«

Dieser Pfarrer Haeuser hielt die Grabrede für Josef Roth. Dabei bekundete er seine freundschaftliche Verbundenheit mit dem Toten und erinnerte an ihre Kampfgemeinschaft: »Wir beide kämpften für die Sache Jesu und die des Führers ... Jesus war eine gewaltige Kämpferpersönlichkeit, vor der auch Alfred Rosenberg Hochachung hat ... Der Jesus, an den Roth glaubte, ging in den Tod, weil er Kämpfer war ... Da ihm Jesus die überragende Kämpfernatur war ..., fand er mit mir rasch auch den Weg zur Kämpferpersönlichkeit Adolf Hitler.«

Es ist möglich, daß Roths rätselhafter Tod mit dem Flug des Hitler-Stellvertreters Rudolf Heß am 10. Mai 1941 zusammenhing. Beide waren seit vielen Jahren gut miteinander bekannt. Roth kam in den Verdacht, in die Pläne von Heß eingeweiht zu sein. Er sollte am selben Tag verhaftet werden, an dem er bei einer Faltbootfahrt auf dem Inn ertrank. Unfall oder Selbstmord? Eine zweifelsfreie Antwort läßt sich nicht geben.

Ein Vertreter des Münchener Ordinariats war bei den Trauerfeierlichkeiten für Roth nicht zugegen. Kardinal Faulhaber, der sich stets geweigert hatte, ministerielle Schreiben mit Roths Unterschrift zur Kenntnis zu nehmen, unterrichtete die bayerischen Ordinariate in einem Rundschreiben vom 10. September 1941 über »das traurige Ende des Herrn Ministerialdirigenten Josef Roth«. Bei aller Wehmut über den ungehorsamen Priester, der aber weder suspendiert noch exkommuniziert war, empfand sein Heimatbischof doch auch Mitleid mit dem tragischen Lebenslauf des Verstorbenen. Tragisch, weil Roth selbst einmal einem früheren Mitschüler gestanden hatte: »Es ist furchtbar schwer, mit dem einen Fuß stehe ich im KZ Dachau, mit dem anderen in der Exkommunikation.« Das Informationsschreiben des Münchener Erzbischofs endete mit der kirchlichen Fürbitte: »Wir wünschen dem so plötzlich Abgerufenen die ewige Ruhe.«

3. Zwischen Abendland und Hollywood: Priester Georg Moenius

»Ihr habt gewiß schon mit Verdruß
gehört vom Pfarrer Moenius.
Er lebt am Isarstrande
zu Bayerns Schmach und Schande.

Ein Mann, ein jeder weiß es schon,
haßt seine deutsche Nation
in allerhöchstem Maße
mit brennend heißem Hasse.

Die Greuellügen, dumm gemein,
die in die weite Welt hinein
der Feind im Schlachtenwogen
tückisch uns aufgelogen:

Die setzte mit geweihter Hand
Herr Moenius erneut ins Land,
um Herzen zu vergiften
mit seinen tollen Schriften.«

Dieses Schmähgedicht mit dem Titel »Ein Schuft«, veröffentlicht in Adolf Hitlers *Illustriertem Beobachter* vom 8. November 1930, galt einem aufrechten Geistlichen, den Anhänger des Nationalsozialismus ebenso fürchteten wie Vertreter der kirchlichen Hierarchie.

Der 1890 im oberfränkischen Adelsdorf bei Höchstadt geborene Georg Moenius besuchte das Alte Gymnasium in Nürnberg. Nach einem sogenannten Philosophenjahr an der Universität München begann er im Wintersemester 1912/13 das Studium der Philosophie und Theologie an der Bamberger Hochschule. Schon als Alumnus des Priesterseminars war es ihm ein Bedürfnis, Tagebuch zu führen: »Tagebuch führen heißt schreibend denken oder fühlen – zur Stunde, wo sich die Einzelarbeit konzentriert; heißt Werkzeug großer Gedanken und Gefühle sein – und nicht kaufmännische Bilanz nach Zahlenwerten machen. Perlen und Edelsteine sind's, in einer müßigen Stunde kann man sie fassen und schleifen … Was im Tagebuch steht, ist unsterblich. Denn es ist ein Ausfluß und eine Mitgabe der schöpferischen Seele.« In unregelmäßig vorgenommenen Aufzeichnungen wollte der ungewöhnlich talentierte Student der Theologie sein schwankendes Seelenleben – einmal himmelhoch jauchzend, dann wieder zu Tode betrübt – festhalten: »Da habt ihr Aphorismen. Tropfen für Tropfen wird meinem Herzen das Blut abgepresst. Ein Buch mit Aphorismen ist kein Blutsturz.«

Ein Mann wie Moenius, der mehr mit sich selbst als mit anderen beschäftigt war, mußte notgedrungen ein Einzelgänger bleiben, zumal ihm seine Studiengenossen als oberflächlich erschienen: »Heiliger Stumpfsinn, selige Flachheit und ehrwürdiger Dusel! Ihr senkt euch auf unzählige Alumnenhäupter herab und schafft die glücklichsten Menschen unter der Sonne.« Kein Wunder, wenn der grüblerisch veranlagte Moenius in rechter Selbsterkenntnis feststellte: »Ich passe nicht zu meinen Mitalumnen … Ich will mit keinem mehr etwas zu schaffen haben. Ich rede euch nie mehr an und hoffe, daß ihr mich auch nie mehr anreden werdet … Dann werde ich so, daß mich die Leute einen Sonderling schelten. In mich und in meine Bücher werde ich mich vergraben wie der Hamster. Wehe dem, der mich reizt.«

Abneigung und Distanzierung bekamen auch seine Vorgesetzten zu spüren. Vor allem für den Regens des Priesterseminars, Johannes Baptist Dietz, den späteren Bischof von Fulda, hatte der sensible Moenius nichts als Verachtung übrig: »Unser Regens ist die Antipathie aller jungen feurigen Seelen. Ein einfältiger Dilettant, der sich in olympischer Ruhe wiegt, weil er eine gute Schule genossen; ein blasierter Philister, der Begeisterung nur aus Büchern kennt, und dem sie auch in jüngeren Jahren dann nur lichterloh brannte, wenn ihm Eitelkeit und Karriere Scheiter hineinwarfen.«

So ging der Priesteramtskandidat Moenius einsam seines Weges. Freude bereiteten ihm nur Bücher, deren Weisheit er begierig in sich aufnahm. Außer Theologie interessierten ihn besonders Philosophie, Dichtung und Kunst.

Nach der Priesterweihe am 25. April 1915 wirkte Moenius als Kaplan in der praktischen Seelsorge. Voller Idealismus und Tatendrang suchte er Kontakte mit Menschen. Als Kaplan in Röthenbach bei Nürnberg notierte er am 10. Mai 1915: »Feuer! Feuer! Feuer! Wie ein Prometheus will ich die Fackel zu ihnen tragen und Begeisterung und Leben und Jugend und Liebe entzünden.«

Nach fünf Kaplansstellen innerhalb von nur vier Jahren, während deren er auch noch an der Universität Erlangen mit einer Dissertation über den Dichter Friedrich Hölderlin zum Doktor der Philosophie promoviert wurde, übertrug ihm der Bamberger Generalvikar Senger 1920 die im äußersten Norden der Erzdiözese gelegene Kuratie Haßlach als eigene Seelsorgestelle. Wieder eroberte Moenius die Herzen im Sturm, ausgenommen jene kleine Schar von Gläubigen, die ihn wegen seines modernen Auftretens und seiner provozierenden Predigten mit skeptischen Augen beobachteten. Beschwerden an die bischöfliche Behörde in Bamberg blieben nicht aus, was sein ohnehin gespanntes Verhältnis zu Erzbischof Jacobus Hauck und zu Generalvikar und Weihbischof Senger, der wegen seines autoritären Stils bei vielen Pfarrern und Kaplänen unbeliebt war, noch verschlechtern mußte. Vernichtend klingt das Urteil des 29jährigen Pfarrkuraten Moenius über seine bischöflichen Vorgesetzten: »Die heilige Allianz der Episcopi zur Unterdrückung aller freiheitlichen Bestrebungen ... Senger und Hauck G.m.b.H. für en gros in reaktionären Artikeln. Senger und Hauck Gesellschaft mit beschränktem Hirn.«

Niemand kann sagen, wie es weitergegangen wäre, hätte Moenius nicht 1924 für ein ganzes Jahr Urlaub erhalten. Aus diesem Urlaubsjahr, das der auch als Schriftsteller tätige Kaplan zu Studienreisen nach Italien und Frankreich nutzte, wurde eine dauernde Beurlaubung, denn Moenius kehrte nie mehr in den Dienst der

Erzdiözese Bamberg zurück, obwohl er zeitlebens Mitglied des Bamberger Diözesanklerus blieb.

Moenius hielt es nicht in den engen Grenzen einer Pfarrei. Sein Geist drängte hinaus ins Weite. Auf Reisen und in Büchern folgte er den Spuren der abendländisch-christlichen Welt. Wie sehr ihn Geschichte, Kunst und Kultur der romanischen Länder faszinierten, beweisen seine glänzend geschriebenen Bücher *Italienische Reise* und *Paris. Frankreichs Herz.*

Und noch etwas anderes reizte Moenius sehr: die Politik und darin vor allem die politische Haltung der Kirchenführer. Tagebucheinträge aus der Studentenzeit zeigen, wie sehr ihm schon in frühen Jahren die engen Verbindungen zwischen Staat und Kirche im Blick auf das Evangelium zum Ärgernis gereichten. So sah der knapp dreißigjährige Moenius, jetzt Kaplan in Bamberg, den Umsturz an der Spitze des Staates Ende 1918 mit anderen Augen als die Bischöfe und viele seiner Mitbrüder. In seinem Tagebuch ist zu lesen: »Ich ärgere mich. Wozu Gewalt? Mein Ideal reifte allmählich: konstitutionelle Monarchie mit breitem parlamentarischen Unterbau. Ich stand der Revolution feindlich gegenüber. Eisner trat hervor. Sein Bild steht vor mir auf dem goldenen Hintergrund des Idealismus. Ein edler, bedeutender Mensch.« Drei Jahre nach dem Umsturz bezeichnete Kardinal Faulhaber bei der Eröffnung des deutschen Katholikentages auf dem Münchener Königsplatz die Revolution als »Meineid und Hochverrat«. Im Gegensatz dazu schrieb Moenius, gewohnt, alle Vorgänge »sub specie aeternitatis« zu betrachten, in sein Tagebuch: »Dem Revolutionsakt feind, sah ich, daß Revolution kommen mußte. Gott hielt Gericht. Die Könige machen sich davon. Gott selbst schickt sie nach Haus. Werkzeuge Gottes waren die Männer der Revolution. Die Könige hätten noch Schlimmeres verdient.« Dabei dachte Moenius auch an die Mitschuld der kirchlichen Hierarchie, weil sie nur allzuoft mit der staatlichen Macht paktiert und dabei das Evangelium schmählich verraten habe. Deshalb schrieb er weiter: »Auch die Spezi der Könige, die Bischöfe und Erzbischöfe, verdienten Schlimmes ... Schamlos haben sie das Christentum an den

Heiden-Staat verraten. Sie zittern und beben. Bleiern drückt die Atmosphäre auf ihr Land. Ich stehe abseits und sehe den Gerichten Gottes zu.« Seine Kritik richtete sich immer wieder gegen eine enge Verbindung von Staat und Kirche, speziell gegen eine Kirche, die in den politischen Geschäften kräftig mitmischte. Deshalb plädierte er für eine klare Trennung der beiden Bereiche. Die Zeit dafür sah er schon längst gekommen: »Christus wird seine Religion säubern. Er will ihr den Königsmantel von den Schultern nehmen, den heidnischen, prunkenden. Wenn sie den Passionsmantel um sich schlagen muß, was liegt daran?« Konkret standen ihm die kirchenpolitischen Verhältnisse in Bayern vor Augen. Wieder übte er persönliche Kritik: » Hauck, Senger, Faulhaber – an Eure Macht, die ihr so verblendet mißbraucht habt, geht es, – nicht um die Macht der Religion.«

Während der Zeit der Münchener Räterepublik im Frühjahr 1919 forderte der Bamberger Erzbischof Hauck, wie die *Vossische Zeitung* am 22. April meldete, »alle wehrkräftigen Männer« auf, »der Regierung zu Hilfe zu kommen und einzutreten unter dem Zeichen des Kreuzes gegen die bolschewistisch durchseuchte Münchener Rote Garde«. Angesichts eines derart politisch-militärischen Engagements der Kirchenleitung konnte Kaplan Moenius nicht schweigen. In einem Brief an den Erzbischof machte er seinem bedrängten Herzen Luft, auch wenn er sich damit erneut den Zorn seines Oberhirten zuziehen mußte: »So nehmen Sie mir's nicht übel, wenn ich, ein – wie Sie totsicher sagen – noch gärender, unreifer, verärgerter Kaplan, einige Gedanken zur gütigen Erwägung unterbreite … Der verlorene Krieg, der die Throne umblies, rüttelt auch an den Altären, weil sie den Thronen so nahe gebaut waren. Mit blutendem Herzen habe ich in wüstenhafter Einsamkeit Ihre Politik verfolgt, und das Erlebnis der Revolution, wähne ich, hätte das große Umlernen gebracht. Nun aber haben Sie dem Ministerium Hoffmann Ihre Kanzeln geliehen. All die bitteren Worte, die ich hören mußte und las, wurden wieder lebendig in mir: ›Besudelte Kanzeln‹, ›Blutevangelium‹, ›Der Heiland mit der Handgranate‹, ›Staatspfaffen‹ und viele andere, die meine Feder zu schreiben sich sträubt. In viel grausigerem Blutgeruch dunsten jetzt diese Worte – im Bürgerblut.« Und weil Moenius die Geschichte der Kirche besser studiert hatte als mancher Prälat, wußte er sehr wohl zu unterscheiden zwischen Revolutionär und Revolutionär: »Lassen Sie sich doch nicht in dem Glauben wiegen, als ob das eine geile Verbrecherbande sei, gegen die Sie den Kreuzzug predigen. Ich kenne Leute dabei, in denen Urchristentum und deutscher Idealismus in so inniger Vermählung leben, daß man trotz verschiedener Weltanschauung bewundernd vor ihnen steht.« Der Briefschreiber gesteht dem Erzbischof offen, welche Gewissensqual es ihm bereite, daß »die Nachfolger des Bergpredigers Bürgerkrieg predigen müssen«.

Der pazifistisch gesinnte Kaplan Moenius versäumte es auch nicht, dem sozialdemokratischen Ministerpräsidenten Hoffmann seine große Enttäuschung zu bekunden. Brieflich erinnerte er an die Sitzung des Ministerrats vom 2. Dezember 1918, bei der Hoffmann in bewundernswerter Weise erklärt hat: »Der große Nazarener sprach das Wort: ›Liebe deinen Nächsten!‹ Nur einen Haß möchte ich in unsere Jugend einpflanzen, den Haß gegen den Krieg.« Jetzt aber, nur fünf Monate später, strafe er als Ministerpräsident sein damaliges Bekenntnis zum Frieden Lügen. Dafür hatte Moenius kein Verständnis: »Nun müssen ausgerechnet Sie die alten Militärs in ihrer phosphoreszierenden Gloriole wieder holen.«

Das Interesse an politischen und gesellschaftlichen Vorgängen steigerte sich später bei Moenius zu einer wahren Leidenschaft, verbunden mit der kompromißlosen Bereitschaft, Übelstände und gefährliche Enwicklungen offen anzuprangern.

Nachdem Moenius 1929 mit finanzieller Unterstützung des Pazifisten Friedrich Wilhelm Foerster die Münchener Wochenschrift *Allgemeine Rundschau* erworben hatte, stand ihm ein Organ zur Verfügung, das er zu einem Kampfblatt für ein christliches Abendland und gegen den Nationalsozialismus gestaltete.

Als Anfang der dreißiger Jahre die NSDAP mächtig auf dem Vormarsch war, schickte Moenius zwei Sondernummern der *All-*

gemeinen Rundschau zum Thema Nationalsozialismus ins Land und entfachte damit Stürme der Empörung. Sein eigener Beitrag »Nationalsozialismus, Action française und Faschismus« enthielt eine ebenso knappe wie treffende Beurteilung des Nationalsozialismus: »Die Ideologie der Nationalsozialisten steht dem römischen Katholizismus diametral gegenüber. Sie ist als Ganzes, als Weltanschauung in Hinsicht auf Rom der Anti-Christ ... Der Katholizismus wird in der Tat berufen sein müssen, einem solchen Nationalismus das Rückgrat zu brechen.« Hätte auch der Episkopat diese Diagnose nach 1933 gestellt und die nötigen Konsequenzen daraus gezogen, so müssen wir heute konstatieren, dann säße er nicht auf der Anklagebank, wenn nach Versagern in jenen Jahren gefragt wird.

Der aufmerksame Zeitkritiker Georg Moenius nützte jede Gelegenheit, um alle germanisch-nationalistischen Gedanken und Bestrebungen energisch zu bekämpfen. Schonungslos attackierte er den früheren Abt des Benediktinerklosters Emaus in Prag, Alban Schachleiter, einen weithin bekannten Sympathisanten der NSDAP, als dessen Name auf der Liste der Ehrengäste der Münchener Stahlhelm-Tagung von 1929 stand: »Sie haben als römischer Prälat gar keinen Grund, sich zu einer Bewegung zu bekennen, deren ganze dürftige Ideologie der Idee der Pax Romana zuwiderläuft und die, über den ganzen Materialismus ihres Machtwillens hinweg täuschend, mit christlich klingenden Programmen operiert ... Es ist nur ein scheinbarer Idealismus, der das ganze Heidentum jenes Nationalsozialismus verdeckt, dessen christliche Maskierung so viele Gut- und Bestgesinnte betört und dessen Opfer auch Sie geworden sind ... Sie als Sohn jenes Heiligen Benedikt ... sollten doch am ersten geneigt sein, jene römisch-katholische Welt zu Hilfe zu rufen, die durch alle Jahrhunderte hindurch Erneuerung und Aufbau schuf, und nicht jene, deren Werk Kadaver und Ruinen sind.« Auf einen offenen Brief des tiefbeleidigten Ex-Abtes, den Moenius auch noch als »Dolchstoß- und Schlageterredner« apostrophiert hatte, konterte Moenius noch massiver: »Vielmehr tut es not, das Kreuz dem Schwert entgegen zu stellen

… Sonst beschwören wir wieder eine Zeit herauf, wo das Schwert das Kreuz dirigiert und auf jenem vom Schwert zerschlagenen und aus tausend Wunden blutenden Leib der Christenheit das Kreuz nur als eine Attrappe erscheint … Der unheimlichen Magie nationalistischen Zaubers stellen wir die Kraft christlicher Symbole entgegen, die von einer Klarheit sind, wie etwa Ihr benediktinisches ›Pax‹. Verleihen Sie einem Dämon keinen Heiligenschein.«

Als die Revanchegelüste gegen Frankreich sich des Gedenkens an den im Jahre 1923 hingerichteten Studenten Albert Leo Schlageter bedienten, trat Moenius mit einem geharnischten Aufsatz, »Schlageter-Rummel« überschrieben, auf den Plan. Bald danach beantragte der Vorstand der Studentenschaft beim Akademischen Senat der Universität München eine offizielle Verurteilung des Journalisten Moenius und erreichte tatsächlich diese ohne Gegenstimme gebilligte Stellungnahme: »Die Gesinnung, wie sie sich in dieser und in anderen Auslassungen des Dr. Moenius in der genannten Nummer der Zeitschrift verrät, zeigt, daß er außerhalb der Volksgemeinschaft steht.« Die Universität München nahm damit voraus, was Moenius sieben Jahre später durch die Naziregierung widerfuhr, als ihm die deutsche Staatsangehörigkeit aberkannt wurde. Ganz abgesehen davon, daß Moenius überhaupt nicht im Universitätsbereich wirkte, maßte es sich der Akademische Senat an, einen verdienstvollen Mann wegen politischer Auffassungen zu ächten. Friedrich Wilhelm Foerster, Moenius' enger Freund und Kampfesgefährte, schrieb in der *Allgemeinen Rundschau*, wie traurig es doch um die Universität als Stätte voraussetzungsloser Forschung bestellt sein müsse, »wenn sie, statt solchen Wahrheitssagern Schutz zu gewähren, ihnen noch obendrein die nationale Ehre abspricht«. Dementsprechend hart lautete auch sein Verdikt: »Das ist wahrlich nicht die Aufführung von akademischen Würdenträgern, sondern von akademischen Trotteln, die nicht mehr zu wissen scheinen, was sie der Würde der deutschen Wissenschaft schuldig sind.«

In der *Allgemeinen Rundschau* vom 30. April 1932 erhob Moenius unter dem Pseudonym »Bavaricus-München« abermals seine

Stimme, um mit aller Klarheit und Schärfe die unaufhaltsam vordringende Hitlerbewegung zu demaskieren. Dabei verkannte er keineswegs, daß »Mängel, Fehler und Unterlassungssünden des herrschenden Parteien- und Staatssystems« am Aufstieg Hitlers und seiner Partei ein gerütteltes Maß an Schuld trügen. Über die Strukturfehler der sozialistischen und katholischen Massenapparate hinausgehend fügte er hinzu, »daß auch der politische Katholizismus nicht verschont blieb, von einem machthungrigen Taufschein- und Lippenchristentum heimgesucht zu werden, und daß der übersteigerte Machtkatholizismus große Gefahren für die wirklich christliche und nicht bloß karitativ-fürsorgerliche Durchdringung des gesellschaftlichen und staatlichen Lebens in sich birgt, daß der religiöse Katholizismus für alle Handlungen des politischen mitverantwortlich scheint«. Stets auf der Suche nach den tieferliegenden Ursachen und den größeren Zusammenhängen, schrieb Moenius den Erfolg der Nationalsozialisten nicht allein ihrer eigenen Tüchtigkeit und Überzeugungskraft zu, sondern ebensosehr der Unfähigkeit und Untätigkeit ihrer Gegner, auch und gerade in den christlichen Parteien. Wie klar er sah und wie richtig er urteilte, beweist allein dieser Satz: »Der Nationalsozialismus ist nicht bloß Mache einiger nationalsozialistischer Hysteriker und Größenwahnsinniger – er ist die geschichtliche Antwort auf die Unzulänglichkeiten, Beschränktheiten, Dummheiten, taktischen Kniffe und partikulare Abschließung und Familieninzucht des im Kaiserreich großgewordenen und 1918 zum Siege gelangten Parteien- und Staatensystems.«

Ein paar Monate zuvor, im Januar 1932, hatte ein ehemaliger Diplomat in der *Allgemeinen Rundschau* in einem Beitrag mit dem Titel »Bayern – Preußen – Frankreich« anonym Stellung bezogen gegen die militaristische Verhetzung, die von einzelnen Personen ausgehe und die der Reichsregierung bei ihrer Verständigungspolitik mit Frankreich hinderlich sein müsse. Der Aufsatz schloß mit der Feststellung, daß das katholische Bayern allemal mehr mit Frankreich gemeinsam habe als mit dem protestantischen Preußen. Zum Verhältns zwischen Bayern und Preußen hieß es im Schlußsatz lapidar: »Wir wissen nur eins – wir gehörn net zsamm!« Dieser Artikel führte zum Verbot der Zeitschrift für die Dauer eines Monats. Besorgt wandte sich Moenius am 9. Januar 1932 an den Reichskanzler Franz von Papen, um ihn zu bitten, daß das Verbot aufgehoben werde. Moenius wurde sich seiner Lage eines Einzelkämpfers immer mehr bewußt, da ihn seine politischen Mitstreiter in den Reihen der Zentrumspartei und der Bayerischen Volkspartei ebenso im Stich ließen wie seine katholische Kirche. Dies hinderte ihn freilich nicht, weiterhin unbeirrt und mit spitzer Feder gegen die erstarkenden Naziborden loszuziehen.

Reichspräsident Hindenburg ernannte Adolf Hitler am 30. Januar 1933 zum Reichskanzler. In Hitlers »Tausendjährigem Reich« zählte Moenius von Anfang an zu den am meisten gefährdeten Personen. Deshalb meldete er sich in der *Allgemeinen Rundschau* unter der Rubrik »Blick auf die Zeit« nur noch anonym zu Wort. Voller Ironie fragte er am 8. Februar: »Wie geht's, lieber Leser, im Dritten Reich? Nur keine Angst! Köpfe rollen nicht, es rollen nur die Augen. Allenfalls rollt auch die Stimme des neuen Reichskanzlers durch's Radio, drei- bis fünfmal am Tag, je nach Bedarf.« Der *Westdeutsche Beobachter*, nicht nur dem Namen nach mit dem *Völkischen Beobachter* der Nationalsozialisten verwandt, plakatierte in der Ausgabe vom 25. Februar 1933 mit großer Schlagzeile: »Dr. Moenius, der Deutschenschänder und Kulturbolschewist.« Wenig später übergoß ein anonymer Autor Moenius in einem Hetzartikel zur Reichstagswahl mit Beleidigung und Verleumdung.

Bei der Wahl am 5. März 1933 erhielten Nationalsozialisten und Deutschnationale insgesamt die Mehrheit und übernahmen damit die Macht in Deutschland. Am 9. März 1933 überfiel eine Schlägertruppe der SA die Redaktionsräume der *Allgemeinen Rundschau* in der Münchener Wagmüllerstraße 18. Moenius, gegen den ein Haftbefehl vorlag, war in den frühen Morgenstunden in der Kutte eines Mönchs aus München geflohen und fand Zuflucht bei seinem Freund, dem Pädagogik-Professor Foerster, in der Nähe von Zürich. Am selben Tag wurde Fritz Gerlich, ein

Mitarbeiter von Moenius, in das neu errichtete KZ Dachau eingeliefert, wo er am 30. Juni 1934 starb.

Die *Allgemeine Rundschau* konnte noch ein paar Monate erscheinen. Am Ende erlag auch sie der Gleichschaltung der Presse. Im Juni 1933 erschien die letzte Nummer. Einer der letzten Beiträge war bezeichnenderweise ein Hirtenwort der bayerischen Bischöfe, in dem die Katholiken aufgefordert werden, sich mit der neuen Regierung zu arrangieren.

Von der Schweiz aus begab sich Moenius zu kürzeren oder längeren Aufenthalten nach Rom. Im Vatikan machte er die Bekanntschaft des Monsignore Montini, des späteren Papstes Paul VI. Von Rom aus schrieb Moenius 1935 an seinen schlimmsten Feind: »Sehr geehrter Herr Rosenberg! Sie haben mir die Ehre widerfahren lassen, mich durch wiederholte Zitierung in der Schrift ›An die Dunkelmänner unserer Zeit‹ in Ihre Unsterblichkeit mithineinzureißen. Wenn ich das Hin und Her der ganzen Diskussion betrachte, möche ich am liebsten mit einem Beitrag von ebenfalls klassischem Titel aufwarten: ›Das Narrenschiff‹. Aber ich muß mich auf eine persönliche Antwort beschränken, um Ihre Angriffe gegen mich abzuwehren. Die ausländische Presse sowie die der Emigranten will ich nicht benützen, und wie es mit der deutschen beschaffen ist, wissen Sie besser als ich. Sie sehen also, wie notwendig wieder eine ›Allgemeine Rundschau‹ wäre. Denn wir Deutschen sind doch schließlich keine Russen. Sie werden mich hoffentlich trotz der angelegentlichen Zitierung nicht zu den ›Dunkelmännern‹ zählen. Sonst müßte ich Ihnen ein Licht aufstecken und sagen, daß ich es mit meiner deutschen Bildung mit Ihnen aufzunehmen gewillt bin. Es gibt keine deutsche Geisteswissenschaft, die mir nicht geleuchtet, kein deutsches Lied, das mir nicht geklungen, keine deutsche Orgel, die mir nicht gerauscht. Bei aller Bejahung von Rom bin ich nie ein ›Römling‹ gewesen, und wenn ich auch das ›Herz Frankreichs‹ entdecken wollte, ebenfalls kein ›Französling‹. Gleich anfangs muß ich einen Mythus zerstören, den Sie geschaffen und dem Sie zum Opfer gefallen sind. Ich bin nicht der offizielle Exponent, als den Sie mich immer nehmen.« Mit Entschiedenheit distanzierte sich Moenius von der seit langem verbotenen Bayerischen Volkspartei und der ebenfalls aufgelösten Zentrumspartei: »Wer anders als Sie müßte es besser wissen, wie mich die schwarze Parteipresse angegriffen hat und wie wiederum die ›Allgemeine Rundschau‹ über die Bonzen schrieb.« Moenius ließ aber an seiner Loyalität zur deutschen Nation keinen Zweifel: »Wahrlich, ich habe alles, was ich tat, als Deutscher getan.« Damit verband er die Hoffnung auf Rückkehr in die deutsche Heimat, aber unter einer Bedingung: »Geben sie uns Gedankenfreiheit, Sire, jene Freiheit, den Geisteskampf mit Ihnen und nicht mit der S.A. oder der Gestapo zu führen, – dann bin ich sofort wieder zur Stelle. Und Sie wollen etwas gegen Geistesknechtung sagen und gegen Inquisition? Habe ich nicht viel mehr innere Berechtigung dazu als Sie? Geben Sie uns jenes Deutschland, dessen Antlitz die Welt nicht mehr in Schillers ›Räubern‹, sondern im ›Don Carlos‹ erkennt, und wir werden Deutschland reich machen im Unisono unserer Veranlagung. Wenn man in Deutschland beim Fällen der Donar-Eiche nicht mehr erschlagen wird, komme ich wieder, um jenem Deutschland der Klassiker zu dienen, die sie nicht heißer lieben können als ich.« Doch für Moenius war im Deutschland eines Hitler und Rosenberg kein Platz mehr.

Der Exilant Moenius fand eine neue Heimat in Wien, ohne aber die Verbindung mit dem Kreis um die Zeitschrift *Schönere Zukunft* wieder aufzunehmen, für die er in früheren Jahren gearbeitet hatte. 1937 schloß er sich dem »Christlichen Reichsbund für deutsche Freiheit«, einem Sammelbecken katholischer Exilgruppen, an. Freundschaftliche Kontakte unterhielt Moenius jetzt zum Wiener Vizebürgermeister Ernst Karl Winter und zu dem ebenso gefeierten wie gehaßten Literaten Karl Kraus, den er spätestens seit dessen Rezitationsabenden Ende Oktober 1932 in München kannte. In der Gedenkrede für den 1936 verstorbenen Kritiker und Satiriker Kraus machte Moenius auf einige wenig bekannte Züge dieser großen Persönlichkeit aufmerksam: »Blühend sind mir in vielen nächtlichen Stunden Eigenschaften seines Herzens aufgegangen. Dieser Mann, der als eitel galt, war der schlichtesten und natürlichsten einer. Dieser gefürchtete Satiriker, der hinter blitzenden Brillengläsern aus blanken Augen gütig blickte, war einer der kindlichsten Menschen, dem ich begegnet. Fähig, sich am kleinsten zu erfreuen, war er ebenso menschenfreundlich, wie er unerbittlich war und in seiner Einsamkeit und Abgeschlossenheit grausam erscheinen konnte.«

Als Hitlers Truppen im März 1938 Österreich überrollten, schwebte der auch im Ausland nicht verstummte Moenius erneut in Lebensgefahr. Im letzten Augenblick gelang ihm die Flucht nach Frankreich. Und als deutsche Soldaten auch das halbe Frankreich besetzten, wich der gehetzte Moenius nach Portugal aus. Ein Fremder unter Fremden, dozierte er vorübergehend in einem Priesterseminar, bis er sich im Herbst 1940 auf die Suche nach einer neuen Heimat machte, die er schließlich in den USA fand: zuerst im Staat Washington, dann im südlichen Texas und schließlich im kalifornischen Los Angeles. Hier wählte er die arme mexikanische Kirche zu seinem geistlichen und die reiche Künstlerkolonie von Hollywood zu seinem geistigen Arbeitsfeld. Tagsüber betreute Moenius die katholischen Indios in den Armenvierteln, abends führte er geistreiche Gespräche mit berühmten Künstlern in Beverly Hills.

Georg Moenius, der einfache Priester aus Deutschland, war bei den gefeierten Dichtern Thomas Mann, Lion Feuchtwanger und Franz Werfel ebenso zu Hause wie bei den Film- und Bühnenstars Lauritz Melchior, Walter Slezak und Gary Cooper. »In der Filmkolonie wohne ich nur inoffiziell, nur durch Bande der Freundschaft mit vielen Schriftstellern, Musikern und Komponisten, Schauspielern, Dirigenten und Produzenten verbunden. Ich kenne hier Arme und Reiche, Habenichtse und Millionäre.« Der Seelsorger Moenius ließ sich nicht blenden vom Glanz der Fassaden, seine Augen schauten tiefer und entdeckten viel innere Not: »Das ›make up‹ rinnt herunter und zuweilen bleibt etwas übrig, worüber einen das Mitleid packt oder auch das Grausen.«

Wie es scheint, empfand der sonst so schreibwütige Moenius in den fünf Jahren seines amerikanischen Exils keine besondere Lust zum Publizieren. Angesichts des Völkermordens in Europa waren es vermutlich Ratlosigkeit und Resignation, die ihn, den schon frühzeitig angefeindeten Pazifisten, politisch verstummen ließen. Erst als 1945 der Friedensengel seine allerdings durchschossenen Flügel über die vom Krieg zerstörten Länder Europas breitete, griff der mit einem glänzenden Stil begabte Dichter, Schriftsteller und Journalist Georg Moenius erneut zur Feder, um anhand von Dantes Opus *De Monarchia* die Geschichte der abendländischen Ordnung niederzuschreiben, vom Aufbau aus römischem und christlichem Geist bis hin zur Zerstörung durch die diesem Geiste feindlichen Mächte. Das druckfertige Manuskript im Gepäck, reiste er 1947 nach vielen Jahren erstmals wieder in die deutsche Heimat. Bereits im folgenden Jahr veröffentlichte der Rost-Verlag in Westheim bei Augsburg Moenius' erstes Buch nach dem Krieg, das zugleich sein letztes sein sollte, mit dem programmatischen Titel *Der neue Weltmonarch* und der Widmung für Alma Mahler-Werfel. Nach der größten Katastrophe, in die das verbrecherische Hitlerregime das christliche Abendland gestürzt hatte, versuchte Moenius allen niedergeschlagenen Herzen Mut zu einem Neuanfang zu machen: »Trotz aller berechtigten Sorgen glauben wir nicht an den Untergang des Abendlandes. Noch sind genug lebendige Kräfte vorhanden, denen wir zutrauen dürfen, den abendländischen Dom, an dem schon Jahrhunderte bauten, aber auch schon Jahrhunderte ihr Zerstörungswerk versuchten, doch noch einmal zur Vollendung zu bringen und eine Wohnstätte zu schaffen, in deren Schutz sich alle Völker geborgen fühlen.« Der Autor hielt Ausschau nach einem mit Macht und Verantwortungsbewußtsein ausgestatteten Weltenherrscher, der dem völker- und kulturvernichtenden totalitären Imperialismus Einhalt gebieten könnte. Innerhalb von Europas Grenzen bot sich ein so mächtiger Protektor nirgends an. Was lag für Moenius, der inzwischen die amerikanische Staatsbürgerschaft angenommen hatte, näher, als in den Vereinigten Staaten von Amerika den neuen Imperator zu sehen: »Es ist die Neue Welt, die die Alte gerettet und die Verteidigung der alten Ideale sowie eine Reorganisierung des alten Kontinents übernommen hat ... So scheint Amerika zu einer Art von neuem Weltmonarchen berufen, nicht zu dem Weltmonarchen mit der Atombombe in der Hand, sondern zu jenem, der selber voller Macht, ohne Selbstsucht und Gier den Interessen aller, und besonders auch der schwachen Nationen dient. Mächtig und uneigennützig, kann es berufen sein, nicht bloß die kriegerischen Nationen niederzuwerfen, sondern auch die neue Weltordnung aufzurichten und in einer nichtdiktatorischen Weltmonarchie den Frieden zu garantieren.« Weil ihm also die USA von der Vorsehung dazu auserwählt schienen, die hohe Mission eines Weltmonarchen zu erfüllen, hielt er die frühere Pax Romana in Zukunft als Pax Americana für denkbar.

1952 kam Moenius zum zweiten Mal nach Deutschland, nicht nur zu Besuch, sondern in der Hoffnung, hier eine dauernde Bleibe zu finden. Doch die alte Heimat war ihm inzwischen so sehr zur Fremde geworden, daß er nirgends mehr festen Fuß fassen konnte. Schon im folgenden Jahr, am Fest Mariä Heimsuchung, schloß der vielseits heimgesuchte Streiter für immer seine Augen. Bei der Beerdigung auf dem Münchener Waldfriedhof sprach Weihbischof Johannes Neuhäusler, selbst ein Verfolgter des Naziregimes, die kirchlichen Totengebete – eine zu späte Wiedergutmachung für den aufrichtigen Priester Georg Moenius, der weniger an seiner Berufung zum Priestertum gezweifelt hat als vielmehr an seinen kirchlichen Vorgesetzten verzweifelt ist.

4. Abgefallener Priester in Hitlers Diensten: Standartenführer Albert Hartl

Nach der Priesterweihe durch Erzbischof Michael von Faulhaber im Freisinger Dom 1929 wirkte Albert Hartl zuerst als Religionslehrer an höheren Schulen und zuletzt als Präfekt im Erzbischöflichen Studienseminar zu Freising. Nach einem verhängnisvollen Zusammenstoß mit Direktor Roßberger, dem Hartl als Präfekt zur Seite stand, quittierte der erst dreißigjährige Priester, der bereits

Mitglied der NSDAP war, am 5. Januar 1934 den kirchlichen Dienst. Kurz darauf trat er aus der Kirche aus und in die SS ein. Schnell kletterte er auf der Stufenleiter bis zum SS-Standartenführer, der dem militärischen Dienstgrad eines Oberst entsprach.

Der Abschied von der Kirche fiel dem jungen Priester anscheinend nicht schwer, da ihn schon während des Theologiestudiums wachsende Glaubenszweifel bedrängt hatten. Er war, wie er in einem Gespräch bekannte, immer mehr zu der Überzeugung gekommen, daß die Kirche primär nicht als eine religiöse Institution anzusehen sei. Spätere Erfahrungen beim Umgang mit hohen Kirchenführern und verschiedenen Kirchenbehörden sollten ihn in dieser Einschätzung nur noch bestätigen.

Himmlers und Heydrichs Angebot, innerhalb des »Sicherheitsdienstes« (SD) eine wissenschaftliche Forschungsabteilung für die Beziehungen zwischen dem Nationalsozialismus und den Kirchen aufzubauen, erschien dem inzwischen zum Kirchenfeind gewordenen Hartl als »eine herausfordernde, ja, abenteuerliche Aufgabe«. Er fragte sich nur, ob ihm dieses Vorhaben am erfolgreichsten innerhalb oder außerhalb der Kircheninstitution gelingen könnte. Daß er schließlich den Weg des Apostaten wählte, erwies sich bald als großer Vorteil, denn, so versicherte mir Hartl bei einem unserer Gespräche, »von dem Augenblick an, da ich regierenden Bischöfen sagen konnte, daß ich nicht mehr Theologe, sondern SS-Führer bin, sprachen sie viel offener mit mir«. Es klingt angeberisch, wenn der spätere Kunsthistoriker und Schriftsteller Hartl behauptete, »so tiefe Blicke hinter die Weltgeschichte getan zu haben, wie sie nur wenigen Menschen in ihrem Leben möglich sind«, dürfte aber für seinen begrenzten Bereich durchaus zutreffen. Dabei dachte er nicht nur an die kirchliche Lage in den Jahren 1933-1945, sondern ebenso an die nationalsozialistische und faschistische Welt, die er als Insider intensiv studieren und erleben konnte.

Wenn man nach einem ganz entschiedenen Gegner des Nationalsozialismus in den Reihen der deutschen Bischöfe fragt, wird unter den wenigen Namen der Bischof von Münster, Clemens

August Graf von Galen, gewiß nicht fehlen. Nach den mutigen Predigten dieses Bischofs gegen die verbrecherische Euthanasie-Aktion notierte der frühere deutsche Botschafter in Rom, Ulrich von Hassell, ein Mann der Widerstandsbewegung, in seinem Tagebuch unter dem 30. August 1941: »Warum läßt Rom Galen so allein kämpfen? Und was machen unsere herrlichen Kirchenfürsten?« Dies gilt auch für Kardinal Faulhaber, den Hartl als »einen sehr selbstherrlichen Menschen« mit einer großen Schwäche für das Führer-Gefolgschafts-Prinzip charakterisierte.

In den »Geheimen Aufzeichnungen aus dem nationalsozialistischen Kirchenkampf 1935-1943« des Priesters Walter Adolph, eines engen Vertrauten des Berliner Bischofs Konrad von Preysing, findet sich unter dem 29. Oktober 1937 ein für die Einstellung der Hierarchen bezeichnender Satz: »Diese Herren erreicht selten ein kritisches Wort, und sie dulden um sich herum keine männliche, offene und auch kritische Aussprache.« Wenige Zeilen vorher steht ein noch vernichtenderes Urteil: »Immer wieder spürt man, daß die unmittelbaren Mitarbeiter der Bischöfe es nicht fertigbekommen, ihren Herren klar und deutlich eine entgegengesetzte Meinung vorzubringen. Wir gehen im Autoritätsnebel zugrunde. Der Kardinalspurpur wird zum Fetisch, dem sich alles beugt.«

Ob die Kirchenvertreter das millionenfache Morden am jüdischen Volk mit massiven Protesten hätten verhindern, zumindest aber einschränken können, wollte ich von Hartl wissen. Nach kurzem Überlegen antwortete er: »Wenn die Kirchen den Antisemitismus des Nationalsozialismus von Anfang an strikt abgelehnt hätten, hätte Hitler es nicht gewagt, die Juden so radikal zu vernichten. Die oberste Kirchenleitung mußte sich allerdings darüber im klaren sein, daß dann eine Aufkündigung des Reichskonkordats vom Juli 1933 mit größter Wahrscheinlichkeit die Folge gewesen wäre.« Daran wiederum konnte keinem Hierarchen gelegen sein, am wenigsten Pius XII., dessen Staat-Kirche-Politik in erster Linie Konkordatspolitik bedeutete.

146

Denselben Vorwurf muß sich die katholische Kirche auch hinsichtlich der erwähnten Euthanasie-Aktion gefallen lassen. Hartl selbst war es, der der Regierung in Berlin ein verhalten positiv lautendes Gutachten des Paderborner Moraltheologen Professor Joseph Meyer vorlegte, das nach Hartls Meinung Hitler letztlich in der Annahme bestärkte, daß von der katholischen Kirche keine massive und einhellige Opposition gegen die Tötung geisteskranker Menschen zu erwarten sei. Pius XII. protestierte tatsächlich erst in der Enzyklika »Mystici corporis« vom 29. Juni 1943, fast zwei Jahre nach dem Ende der Massenmorde.

In nächster Nähe des Vatikans lebte seit 1923 als Rektor des Studienkollegs »Anima« der österreichische Priester Alois Hudal, den zu besuchen Hartl bei keinem seiner dienstlichen Aufenthalte in Rom vergaß. 1933 Titularbischof geworden, erstrebte Monsignore Hudal in seinem Buch *Die Grundlagen des Nationalsozialismus* (1936) eine Synthese zwischen Katholizismus und Nationalsozialismus, wie sie übrigens auch einigen deutschen Theologen (Karl Eschweiler, Joseph Lortz, Michael Schmaus u.a.) vor Augen schwebte. Nach dem Krieg rückten Papst und Kurie von dem Nazi-Bischof Hudal immer weiter ab, bis dieser sich zum Verzicht auf das Rektorat gezwungen sah. Tief enttäuscht verabschiedete sich Hudal in einem Brief an Pius XII. mit einem Wort des um Jahrzehnte früher schon von der Kurie gemaßregelten Theologieprofessors Ernesto Buonaiuti: »Die römische Kurie hat kein Herz« und fügte hinzu: »und oft auch keine Gerechtigkeit.«

Der Freiburger Erzbischof Gröber, dem Hartl nie persönlich begegnet ist, hatte nach Hartls Meinung entscheidenden Anteil daran, daß Hitler sich ab 1925 von der völkisch-religiösen Idee immer mehr lossagte und dafür das Konzept eines »positiven Christentums« propagierte. Gröber, schon als Pfarrer des Konstanzer Münsters ein Gesprächspartner des Berliner Nuntius Eugenio Pacelli (des späteren Pius XII.), sympathisierte schon frühzeitig mit dem Programm der NSDAP. Noch als Erzbischof von Freiburg (1932-1948) blieb er allzulange der Überzeugung, daß die Kirche und das Hitler-Regime koexistieren könnten.

Der auch als »brauner Conrad« bekannte Freiburger Oberhirte rühmte noch 1937 in seinem *Handbuch der religiösen Gegenwartsfragen* die »bereits Geschichte gewordene Tat, mit der der Führer des Dritten Reiches den deutschen Menschen aus seiner äußeren Erniedrigung und seiner durch den Marxismus verschuldeten inneren Ohnmacht erweckt und zu den angestammten germanischen Werten der Ehre, Treue und Tapferkeit zurückgeführt hat.« Bis 1938 zahlte Erzbischof Gröber – ebenso sein Weihbischof und die Mitglieder seines Domkapitels mit einer einzigen Ausnahme – als »Förderndes Mitglied der SS« regelmäßig seinen Beitrag. Dann wurde ihm eine persönliche Schwäche zum Verhängnis: Schon als Münsterpfarrer in Konstanz hatte Gröber die Verehrung von Damen der besseren Gesellschaft genossen, was ihn seinerseits zu teilweise recht innigen Liebesbriefen veranlaßte. Dabei konnte es nicht ausbleiben, daß sich die eine oder andere dieser Damen als die von Gröber allein Auserwählte betrachtete. Dieser Flirt endete auch nicht, nachdem Gröber zum Erzbischof von Freiburg ernannt worden war. Der badische Gauleiter Wagner kam eines Tages in den Besitz eines Bündels von Liebesbriefen des Erzbischofs, das er sogleich an die zuständige Stelle im Reichssicherheitshauptamt weitergab. Weil es sich bei der verehrten Dame aber um eine Jüdin handelte, riet Himmler dem Oberhirten zur freiwilligen Beendigung seiner fördernden Mitgliedschaft. Als Gröber darauf nicht eingehen wollte, verfügte Himmler am 29. Januar 1938, den Erzbischof stillschweigend als ›Förderndes Mitglied‹ zu streichen. So die Aussagen Hartls.

Erst in den Kriegsjahren wurde Gröber sich seines unwürdigen Paktierens mehr und mehr bewußt, ohne freilich immer die nötigen Konsequenzen zu ziehen, wie der Fall seines Diözesanpriesters Dr. Max Josef Metzger beweist. Der Jesuit Ludwig Volk, ein vorzüglicher Kenner der kirchlichen Zeitgeschichte, meinte, daß es »Erzbischof Gröber niemals mehr gelang, durch spätere Akte der Gegnerschaft das Odium des Vertrauensvorschusses von 1933 auszulöschen«. Trotzdem soll zur Ehre Gröbers nicht unerwähnt bleiben, daß er von Jahr zu Jahr immer mehr in die Rolle eines unerschrockenen Gegners des Nationalsozialismus hineinwuchs.

Um reichhaltiges Informationsmaterial zu erlangen, baute Albert Hartl das System des kirchlichen Nachrichtendienstes innerhalb des Reichssicherheitshauptamtes zielstrebig und erfolgreich auf. Am Ende hatte er ungefähr 200 Vertrauensmänner (V-Männer genannt), die in den verschiedenen kirchlichen und religiösen Organisationen zu Hause waren, an der Hand. »Das Wort Spitzelsystem ist hier fehl am Platz«, korrigierte mich der frühere SD-Mitarbeiter Hartl, denn »es handelte sich um Kontaktpersonen, die zum Teil regelrechte Vertrauensmänner wurden«. In persönlichen Gesprächen erkundete Hartl zunächst die allgemeine Einstellung seiner Gewährsmänner zu politischen Problemen, vergewisserte sich dann über den politischen Kenntnisstand der einzelnen Kirchenführer und erforschte auch ihre eigene Einstellung zum Nationalsozialismus und zum NS-Staat. Den Informanten konnte nicht verborgen bleiben, daß Hartl aufgrund seiner hohen Stellung in der SS alle Mitteilungen für den Nachrichtendienst auswerten würde. Auf der anderen Seite mochten diese Kontaktmänner von Hartl aufschlußreiche Aussagen über geplante Schritte der Regierung erhoffen. »Dabei verständigte ich mich mit Heydrich jeweils ganz genau«, erinnerte sich Hartl, »wie weit ich mit sogenannten Gegengaben gehen konnte.«

Wertvolle Blicke hinter die Mauern des Vatikans verdankte Hartl dem Prager Erzbischof Paul Graf Huyn. Während des Ersten Weltkriegs hatte Graf Huyn das deutsche Element in Böhmen verteidigt, nach Kriegsende aber wurde er auf Drängen tschechischer Kreise vom Vatikan, der es – so Hartl – »meist mit den Siegern hält«, gezwungen, auf das Bistum Prag zu verzichten. Als Gegengabe stellte man dem nunmehrigen Kurienprälaten Huyn die Kardinalswürde in Aussicht. Schon Papst Benedikt XV. soll ihn zum Kardinal in petto ernannt haben, d.h. ohne diese Ernennung zu veröffentlichen.

Der Priester Eduard Winter (1896-1982), seit 1929 als Kirchenhistoriker an der Deutschen Universität Prag, verlor 1941 seinen

Lehrstuhl wegen Heirat und siedelte in die Philosophische Fakultät über; nach dem Krieg wirkte er als Historiker zuerst an der Universität Halle und danach an der Humboldt-Universität in Berlin. Als junger Priester hatte Winter während eines Studienaufenthaltes in Rom (1926/27) die Bekanntschaf Huyns gemacht. Welchen Einfluß der vom Vatikan enttäuschte Kirchenfürst auf Winter ausübte, läßt sich dessen Tagebucheintrag entnehmen: »Huyn führte mich in die Praktiken der römischen Kurie ein, die er an sich selbst gründlich erfahren hatte. Ihr Prinzip sei Anpasssung an die Macht, um selbst Macht oder wenigstens Scheinmacht zu haben ... Anderen bürde die Kurie im Gewissen die schwersten Opfer auf, zu denen sie mit vielen Versprechungen überrede, ohne an die Versprechungen sich selbst gebunden zu wissen. Wenn es aber um eigene Interessen gehe, setze sie sich skrupellos über alle Grundsätze hinweg.« Graf Huyn lebte in Rom als Titular-Erzbischof ziemlich ärmlich und verbittert; er blieb jedoch durch einige der im Vatikan miteinander rivalisierenden Fraktionen über die Verhältnisse an der Kirchenspitze bestens unterrichtet und deshalb für den Gestapo-Beamten Hartl ein überaus wichtiger Gesprächspartner, den er bei seinen zahlreichen Romfahrten stets besuchte. Der Erzbischof war von der k.u.k. Zeit an persönlichen Luxus und gesellschaftlichen Prunk gewöhnt. Auch den Umgang mit schönen und intelligenen Frauen pflegte er bis in sein hohes Alter, wie Hartl sich gut erinnern konnte. Dieser Lebensstil kostete freilich viel Geld. Deshalb kam Huyn die nicht knapp bemessene finanzielle Entlohnung für vatikaninterne Auskünfte an die Adresse des SD in Berlin stets gelegen.

Zu den 73 ehemaligen Theologen, die Hartl zu seinen Mitarbeitern im Reichssicherheitshauptamt zu Berlin und in untergeordneten Stellen außerhalb der Reichshauptstadt zählen konnte, gehörten auch vier ehemalige Benediktiner. Unter seinen V-Männern befanden sich sogar drei Benediktineräbte. Daß Abt Schachleiter vom Emaus-Kloster in Prag ein begeisterter Nationalsozialist der ersten Stunde war und es auch blieb, ist allgemein bekannt. Nicht minder nationalsozialistisch eingestellt war der Erzabt von St.

Peter in Salzburg, Dr. Petrus Klotz, ein geborener Südtiroler. Fast tragisch zu nennen sind die Umstände, unter denen der Bischof von Passau, Simon Landersdorfer, ehemals Mönch und Abt des bayerischen Benediktinerklosters Scheyern, wirken mußte. Hartl kannte den Benediktinermönch Landersdorfer schon seit seiner Internatszeit im Kloster Scheyern. Landersdorfer war als kritischer Bibelwissenschaftler bekannt. Um ihn selbst vor gefährlichen Resultaten seiner exegetischen Forschungen zu schützen, machte man ihn, wie er Hartl lächelnd erzählte, aus »praktischer Beschäftigungspädagogik« zum Bischof. Man wußte, daß Landersdorfer bei seiner Gewissenhaftigkeit das neue übertragene Amt ganz ausfüllen und somit seine wissenschaftlichen Ambitionen aufgeben würde. Bei einem seiner Gespräche mit Hartl im bischöflichen Palais zu Passau bekundete der Bischof als seine Überzeugung, daß die katholische Kirche nur eine politisch-pädagogische Konzeption verfolge. Was seinen eigenen Glauben betraf, gestand Landersdorfer einmal dem abtrünnigen Hartl: »Wahrscheinlich glaube ich noch weniger als Du. Doch ich befinde mich in einer verzweifelten Situation. Wenn ich heute vor meine Diözesanen treten und ihnen sagen wollte, euer Bischof hat euch seit Jahren belogen und will jetzt mit dieser Lüge Schluß machen, wenn ich ihnen also meine Aufkündigung des kirchlichen Glaubens bekundete, bräche für sie alle eine ganze Welt zusammen. Ich könnte bestenfalls damit rechnen, daß mir nur ein paar hundert Gläubige folgen, alle anderen würde ich in ein Chaos stoßen. Dies ist nicht zu verantworten. Ich weiß, daß ich lüge; ich weiß aber auch, daß ich weiter lügen muß. Es bleibt mir keine andere Wahl.«
Von der Unterredung mit dem SS-Obersturmbannführer Albert Hartl am 21. September 1940 berichtete Bischof Landersdorfer drei Wochen später, am 12. Oktober, sogar Papst Pius XII. Hartl hatte bei dieser Gelegenheit verlangt, daß die Kirche »eine rükkhaltlose positive Haltung« gegenüber dem Staat einnehme. Der Papst jedoch verwies in seinem Antwortbrief vom 10. Juni 1941 auf die Beschränkung kirchlicher Freiheiten und Rechte entgegen den Abmachungen im Reichskonkordat. Trotzdem dachte er nicht

an Protest, sondern wollte weiterhin Neutralität walten lassen: »Der Papst wird sich durch nichts von jener Linie der Unparteilichkeit abbringen lassen, der er zu wiederholten Malen Ausdruck verliehen hat.«

Eine besondere Ausnahme im NS-Nachrichtensystem bildete der von Hartl als echter Spitzel eingestufte Münchener Weihbischof Anton Scharnagl. Dieser hatte sich schon 1931 in der Broschüre *Die völkische Weltanschauung und wir Katholiken* scharf gegen die Irrlehre des Nationalsozialismus ausgesprochen und Jahre später als Domdekan die Kirchenfeindlichkeit des Nationalsozialismus angeprangert. Doch einer peinlichen Affäre wegen, die Hartl nicht vergessen hat, verstummte seine Opposition plötzlich. Der Weihbischof hatte sich nämlich, wie er vor der Münchener Gestapo zugeben mußte, darauf eingelassen, Wohltätigkeit gegen Sex zu spenden, indem er die Vergabe von Geldern, die in einem gewissen Umfang für karitative Zwecke verwendet werden sollten, mit der Verpflichtung zu amourösen Abenteuern verband. Von einer Dame ob des Ansinnens zu solchem Tun bei der Gestapo in München angezeigt, wußte Scharnagl sich nur dadurch zu retten, daß er sich der Geheimen Staatspolizei und dem Sicherheitsdienst in Berlin zu Spionage- und Informationsdiensten auf Gedeih und Verderb auslieferte. Nach einem telefonischen Bericht des Münchener Gestapo-Leiters an Hartl in Berlin erklärte sich der beschuldigte und geständige Weihbischof bereit, alles, was Gestapo und SD über Kardinal Faulhaber wissen wollten, mitzuteilen oder erst zu erkunden und auch jeden Auftrag über den Vatikan so weit wie möglich auszuführen. Hartl erinnerte sich noch an eine spätere Aktennotiz der Münchener Gestapo, aus der hervorging, daß Scharnagl seine neue Rolle dazu benutzte, Pfarrer, die gegen ihn mißtrauisch geworden waren oder die er von Anfang an nicht leiden konnte, zu denunzieren. Bei der Vernehmung solcher verhafteten und zum Teil sogar auf Veranlassung des Weihbischofs ins KZ Dachau eingelieferten Geistlichen (z. B. Emil Mühler) stellte sich wiederholt heraus, daß der eine oder andere Priester ein Opfer der Mißgunst des Weihbischofs geworden war.

In den Gesprächen mit dem ehemaligen Priester Hartl beschlichen mich Zweifel, ob das alles wahr war, was er mir erzählte. Am Ende wagte ich die Frage: »Können Sie sich heute noch mit dem Nationalsozialismus und mit allem, was an Verbrechen damit verbunden ist, identifizieren?« Als ob er auf diese Frage gewartet hätte, erklärte Hartl kurz entschlossen: »Kein besonnener und gerecht denkender ehemaliger Nationalsozialist kann sich weiterhin zur gesamten Ideologie, noch weniger zur gesamten praktischen Wirklichkeit der NS-Zeit bekennen. Neben vielen Idealen, die damals teilweise nur vorübergehend aufblühten, stehen zahlreiche Verbrechen von unentschuldbarer Härte. Dabei wurde mir immer deutlicher, daß ich oft hart an den Rand dieser Verbrechen gezerrt wurde, bis ich schließlich in einem persönlichen Gespräch mit Heydrich deutlich machte, daß ich die Übernahme der Gruppenleiterstelle IV B im RSHA und damit auch die Stelle eines Vorgesetzten von Adolf Eichmann aus rein menschlichen Gründen ablehnen müßte.« Hartl ist rechtzeitig »ausgestiegen«. Er wurde darum auch degradiert und fortan nur noch mit Sonderaufträgen betraut.

5. Verweigerung des Fahneneids:
Pallottinerpater Franz Reinisch

»Es ist Krieg. Unsere Soldaten stehen an den Grenzen des Reiches, zum Teil schon in Feindesland. Heimat, tue Deine Pflicht, bewahre Ruhe, halte die Treue! Unsere Soldaten, die wir mit heißen Wünschen begleiten, unser Vaterland, das wir mit ganzem Herzen lieben, empfehlen wir dem Schutze Gottes. Katholiken, betet um Gottes Segen, verdoppelt den Eifer im Empfang der heiligen Sakramente; opfert Eueren Lieben im Felde die heilige Kommunion auf! Gott schütze und segne Front und Heimat! Der Name des Herrn sei gebenedeit! Unsere Hilfe ist im Namen des Herrn!«
Mit diesem Aufruf wandte sich das Bischöfliche Ordinariat Augsburg, wenige Tage nachdem im Herbst des Jahres 1939 deut-

sche Truppen in das Nachbarland Polen eingedrungen waren, an die Katholiken, nicht um sie gegen Hitlers Kriegspläne aufzurufen, was ihre Pflicht gewesen wäre, sondern im Gegenteil, um ihnen das Interesse an diesem Angriffskrieg als heilige Pflicht vor Augen zu stellen.

Gleichzeitig ermahnte der Augsburger Generalvikar und Weihbischof Joseph Eberle den Klerus, »im Interesse des Vaterlandes und ihrer dienstlichen Stellung wie der persönlichen Sicherheit in allen Gesprächen über politische, militärische und wirtschaftliche Dinge größte Zurückhaltung zu üben«. Dies hieß nicht mehr und nicht weniger, als daß die inmitten des Volkes wirkenden Pfarrer und Kapläne von jeder offenen Kritik am nationalsozialistischen Regime absehen sollten, außer wenn es sich um rein religiöse Belange handelte. Diese unpolitische Haltung des Klerus hatte die höchste Kirchenautorität bereits im Reichskonkordat 1933 feierlich zugesagt. Folglich konnte Hitler seine totalitäre Herrschaft über das deutsche Volk ausbreiten und eine aggressive Außenpolitik betreiben, ohne von seiten der kirchlichen Hierarchie nennenswerten Widerstand befürchten zu müssen.

Zwei Jahre später, als Belgien, die Niederlande und Luxemburg sowie Frankreich und Teile Skandinaviens von deutschen Truppen okkupiert wurden und bald auch noch Rußland im Krieg bezwungen werden sollte, bejahten die deutschen Bischöfe den von einem größenwahnsinnigen Führer begonnenen Kriegszug auf russischen Feldern aus einem religiösen Motiv: Vernichtung des Kommunismus.

Bischof Kumpfmüller von Augsburg bekräftigte diese Haltung in einem Hirtenbrief zum Rosenkranzmonat des Jahres 1941, indem er an die erfolgreiche Seeschlacht christlicher Heere gegen türkische Flotten bei Lépanto im Jahre 1571 erinnerte: »Heute bedroht eine andere, nicht minder schreckliche Gefahr die ganze menschliche Gesellschaft, der sogenannte Bolschewismus. Dagegen kämpfen unsere tapferen Soldaten im Osten unter unsäglichen Strapazen und Opfern, wofür wir ihnen nicht genug dankbar sein können. Wir alle wünschen nichts sehnlicher als ihren baldigen, endgültigen Sieg über die Feinde unseres Glaubens. Ahmt daher das Beispiel unserer christlichen Vorfahren nach, die mit dem Rosenkranz in der Hand die Türkengefahr siegreich abwehrten! Unterstützt die Waffen unserer Soldaten mit Euren gemeinsamen Gebeten!«

Nicht anders dachte und predigte der Erzbischof von München und Freising, Kardinal Michael von Faulhaber. Um den Gläubigen den Einzug der Kirchenglocken als Kriegsmaterial verständlich zu machen, verwies auch er auf den Bolschewismus als die schlimmste aller Gefahren für den christlichen Glauben. In einer Erklärung, die kurz vor dem Weihnachsfest 1941 von allen Kanzeln verlesen werden mußte, betonte der Kardinal: »Für das teuere Vaterland aber wollen wir auch dieses Opfer bringen, wenn es nun notwendig geworden ist zu einem glücklichen Ausgang des Krieges und zur Überwindung des Bolschewismus ... Gewaltig und furchtbar ist das Ringen gegen diesen Weltfeind und tiefsten Dank zollen wir unseren todesmutigen Soldaten für alles, was sie in diesem Kampf Großes leisten und Schweres dulden.«

Um der Reichsregierung in Berlin die Loyalität der Kirche zu bekunden, verfaßten die deutschen katholischen Bischöfe im Dezember 1941 eine Denkschrift, die ursprünglich sogar als allgemeiner Hirtenbrief in allen Bistümern verlesen werden sollte. Doch wegen Meinungsverschiedenheiten in den eigenen Reihen wählte man dann die Form eines Memorandums an die Regierung in Berlin: »Mit keinem Wort klagen wir hier über die Opfer und Einschränkungen, die der Krieg verlangt. Der Krieg fand und findet uns überall bereit, die gleichen Pflichten zu erfüllen, die allen auferlegt sind.« Wiederum also uneingeschränkte Zustimmung statt entschiedene Ablehnung des Krieges, begeisterte Aufforderung zum Mitkämpfen gegen Staats- und Kirchenfeinde statt nachdrückliche Einschärfung des christlichen Liebesgebotes. Konnte man in einer solchen kirchlichen Atmosphäre erwarten, daß einzelne Christen, allein auf sich gestellt, überhaupt auf den Gedanken kommen würden, den Kriegsdienst aufgrund des allgemeinen Liebesgebotes oder aus Treue zum Gewissen zu verweigern? Eigentlich nicht. Und deshalb ist es auch nicht verwunderlich, daß es unter den vielen tausend Priestern nur einen einzigen gab, der den Fahneneid, den Hitler in einen Eid auf seine Person umgewandelt hatte, entschieden ablehnte. Dieser einzige hieß Franz Reinisch und gehörte der Gesellschaft der Pallottiner an, einer im 19. Jahrhundert von dem Italiener Vinzenz Pallotti (1795-1850) gegründeten religiösen Kongregation, deren Hauptaufgabe bis heute im katholischen Apostolat besteht.

Franz Reinisch, am 1. Februar 1903 in Feldkirch-Levis bei Innsbruck als Sohn des Finanzbeamten Franz Reinisch und seiner Ehefrau Maria geboren, brach das Studium der Rechte an der Universität Innsbruck ab und wechselte an die Universität Kiel, um dort Gerichtsmedizin zu studieren, kehrte aber bald nach Innsbruck zurück, jetzt um Philosophie und Theologie zu studieren. Mit einem Schlag war ihm klar geworden, daß er Priester werden müßte. Noch stand die Liebe zu einem Mädchen dem geforderten Versprechen der Ehelosigkeit im Wege. Doch 1928 ließ er sich in Innsbruck zum Priester weihen. Einige Monate später schloß Reinisch sich als Novize der Gesellschaft der Pallottiner, einer Gemeinschaft von Weltpriestern in Untermerzbach bei Bamberg an. Weil er sich aber hinter Klostermauern wie eingesperrt fühlte, dachte er an Flucht. Nachdem diese mißlungen war, schämte er sich seiner Feigheit und blieb, wo er nicht hatte bleiben wollen. Kurze Zeit wirkte er als Lektor der Philosophie und setzte danach in Salzburg das Studium der Theologie fort. Im Sommer 1933 folgte seine Versetzung in das Pallottinerkloster Friedberg bei Augsburg. Jetzt widmete er sich hauptsächlich der Seelsorge für Jugendliche.

Der Bekanntschaft mit einem Priester der von Pater Josef Kentenich (1885-1968) gegründeten Schönstatt-Bewegung verdankte Reinisch seine Begeisterung für dieses religiöse Werk, das die Verehrung der Gottesmutter besonders pflegt und das Apostolat unter Männern als seine Hauptaufgabe betrachtet. 1934 kam er zum ersten Mal nach Schönstatt bei Koblenz. Die Gnadenkapelle der »Dreimal wunderbaren Mutter« wurde und blieb sein geistliches Kraftzentrum: »Hätte ich den Gnadenort nicht gehabt, wäre ich diesen Weg entweder nie gegangen oder ich wäre abgebogen und verzweifelt.« Dieses Bekenntnis schrieb er Jahre später nicht im stillen Kämmerlein eines Klosters nieder, sondern in der Zelle eines Berliner Gefängnisses. Was Pater Reinisch ins Gefängnis bringen mußte, war seine schon früh bewiesene Einstellung gegen das Hitlerregime.

Von Anfang an begegnete der Pater dem Nationalsozialismus mit Kritik und Ablehnung. Besonders schmerzlich empfand er den »Anschluß« seines geliebten Österreich an das Deutsche Reich 1938. Seine kompromißlose Haltung begeisterte viele Jugendliche, und mancher von ihnen äußerte in jenen gefahrvollen Jahren den Wunsch: »Pater Reinisch müßte Bischof sein, ja, zum Kardinal ernannt werden, dann gingen die Katholiken mit ihm auf die Barrikaden gegen Hitler und seine Genossen.« Der Ordensprovinzial Josef Frank suchte den unerschrockenen Hitlergegner durch wiederholte Versetzungen aus der Schußlinie der Nationalsozialisten zu nehmen. Doch der Pater ließ sich von seinen staats- und parteifeindlichen Äußerungen nicht abbringen. Wegen einer politisch nicht einwandfreien Rede bei einer Männerversammlung in Winzeln bei Rottweil verfügte das Reichssicherheitshauptamt in Berlin am 12. September 1940 gegen den Pallottinerpater ein Rede- und Predigtverbot. Statt Unterstützung durch seinen Orden vernahm Reinisch immer nur Mahnungen zu Vorsicht und Rücksicht, eingeschärft im Namen des Gehorsams, den er seinem Ordensoberen einst versprochen hatte.

1942 erhielt Pater Reinisch die Einberufung zur Sanitäts-Ersatz-Abteilung 13 in Bad Kissingen. Sogleich erklärte er seinem Provinzial in Friedberg, daß er keinesfalls bereit sein werde, den Fahneneid auf Hitler zu leisten. Um aber der Ordensgemeinschaft größere Nachteile zu ersparen, erklärte er schon jetzt sein Einverständnis für den Fall, daß die Pallottiner sich äußerlich von ihm trennen wollten. Der Provinzial und sein Rat sahen sich damit vor ein schweres Dilemma gestellt: entweder die Bereitschaft ihres zum Widerstand bereiten Mitbruders für richtig zu halten und folglich auch seine Zugehörigkeit zur Gemeinschaft aufrechtzuerhalten oder aber seine Haltung zu verurteilen und als schmerzliche Konsequenz einen Trennungsstrich zwischen ihm und der Gesellschaft zu ziehen. Die Leitung der süddeutschen Ordensprovinz sann auf einen Kompromiß. Pater Reinisch sollte, wenn er schon von seinem Entschluß nicht abzubringen war, vorübergehend »in die Welt überstellt« werden. Eine solche Möglichkeit sah die Ordenssatzung tatsächlich vor, falls ein Mitglied großen Schaden für die ganze Gesellschaft heraufzubeschwören drohte. Kirchenrechtlich aber galt ein solcher Schritt nicht als Entlassung aus dem Orden. Bis es zu diesem Schritt kommen würde, wollte man freilich alles versuchen, um den hartnäckigen Mitbruder von der Falschheit seines Vorhabens zu überzeugen. Diesem Zweck sollte ein Dokument dienen, in dem allein Pater Franz die Verantwortung für sein Tun und damit auch für die Trennung von der Ordensgesellschaft zugeschrieben war. Doch zuvor wollte man in einem Gespräch versuchen, diese für beide Seiten peinliche Maßnahme abzuwenden.

Weil die Verweigerung des Eides für Reinisch schon seit längerer Zeit feststand, fand er sich absichtlich mit einem Tag Verspätung in Bad Kissingen ein. Der Hauptfeldwebel empfing ihn in der Schreibstube mit den Worten: »Sie scheinen wohl keinen Wert darauf zu legen, Soldat zu werden.« Reinisch anwortete prompt: »Ich würde dann Wert darauf legen, wenn ich einem anderen Regime zu dienen hätte.« Einem gottlosen und verlogenen System könne und wolle er nicht dienen. Noch am selben Abend stand Pater Reinisch vor dem Gerichtsoffizier. Da der Pater sich von der Verweigerung des Eides auf den Führer Adolf Hitler nicht abbringen ließ, folgte sogleich seine Verhaftung.

In der Haft kam es zu einer Unterredung, bei der sich der Provinzial aus Termingründen vertreten lassen mußte. Als es dem Vertreter nicht gelang, den Pater umzustimmen, zog er als letzten Ausweg das erwähnte Dokument aus der Tasche. Darin hieß es: »Ich muß Ihnen leider zur Kenntnis bringen, daß für den Fall einer Erfüllung Ihres Vorhabens der Tatbestand unserer Satzung gegeben ist, wonach es Pflicht des höheren Oberen ist, ein Mitglied sofort zu entlassen und ihm auf der Stelle das Kleid der Gesellschaft zu entziehen, wenn ein schweres Ärgernis nach außen vorliegt oder der Gemeinschaft ein sehr großer Schaden unmittelbar droht.« Es war dann noch die Rede von »irrigen Gedankengängen«, die zu der Auffassung des Mitbruders geführt hätten. Unmißverständlich aber lautete die Strafandrohung: »In dem Augenblick, in dem sie Ihr Vorhaben nach außen wirksam durchführen, sind Sie kraft meiner Pflicht und Vollmacht aufgrund der Satzung 210 ohne weiteres aus der Gesellschaft entlassen und ist Ihnen das Kleid der Gesellschaft entzogen. Unter Ihrem ›Vorhaben‹ verstehe ich Verweigerung der Dienstpflicht oder des Fahneneides, so daß Sie schwerste Strafen zu gewärtigen haben.« Zum Schluß folgte die übliche Berufung auf ein Jesuswort, die aber hier völlig fehl am Platz war: »In der Hoffnung, daß Sie in Erwägung der Worte des Heilandes: ›Gebt dem Kaiser, was des Kaisers ist, und Gott, was Gottes ist‹, Ihr Gewissen richtig bilden und Ihr Vorhaben unterlassen, bin ich Ihr wohlmeinender Oberer Josef Frank.« Pater Reinisch ließ sich nicht einschüchtern. Schriftlich bestätigte er den Empfang und die Kenntnisnahme des Dokumentes.

Und so kam es, wie es kommen mußte: Der eidverweigernde Pallottinerpater wurde in das Militärgefängnis in Berlin-Tegel überstellt. Im Gefängnis überreichte Reinisch dem katholischen Wehrmachtspfarrer Heinrich Kreutzberg, der auch noch andere Gefängnisse in Berlin seelsorglich zu betreuen hatte, eine Niederschrift von seiner Eidesverweigerung. Neben religiös-kirchlichen und gnadenhaften Gründen waren es politische, die ihm keine andere Entscheidung erlaubten: »Die gegenwärtige Regierung ist keine gottgewollte Autorität, sondern eine nihilistische Regierung, die ihre Macht nur errungen hat durch Gewalt, Lug und Trug.« Der Pater brachte es nicht übers Gewissen, einem Kriegsverbrecher wie Hitler Gehorsam zu schwören. Der Fahneneid enthielt nämlich die Worte: »Ich schwöre bei Gott diesen heiligen Eid, daß ich dem Führer des Deutschen Reiches und Volkes, Adolf Hitler, dem Obersten Befehlshaber der Wehrmacht, unbedingten Gehorsam leisten und als tapferer Soldat bereit sein will, jederzeit für diesen Eid mein Leben einzusetzen.«

Angesichts einer solchen Eidesformel ist es unbegreiflich, wie der Franziskaner Arnulf Götz in der *Münchener Katholischen Kirchenzeitung* vom 17. Dezember 1939, gut drei Monate nach dem Einmarsch deutscher Truppen in Polen, die Soldaten zu treuer Pflichterfüllung im Krieg ermuntern konnte: »Es ist etwas Ergreifendes um die Treue des Soldaten, der seinen Fahneneid über alles hochhält.« Und um seiner Aussage noch mehr Gewicht zu verleihen, berief sich der Ordensmann auf den Ausspruch Jesu: »Eine größere Liebe hat niemand als wer sein Leben hingibt für seine Teuren.« Unmittelbar danach schrieb er, noch unverständlicher: »Daß ein Soldat seinem Vaterland unverbrüchlich die Treue hält, ist nicht nur die Forderung seines eigenen Blutes und seiner Liebe zu Heimat und Vaterland, sondern auch das klare Gebot Gottes.« Solche Überlegungen blieben Franz Reinisch fremd. Unbedingten Gehorsam konnte von ihm nur einer fordern: Gott. Nichts und niemand sonst war imstande, ihn von seinem entschiedenen Nein abzubringen, – mochte es kosten, was es wollte. Mit dieser Gewissenhaftigkeit verband sich bei ihm die Entschlossenheit, dem Gewissen unter allen Umständen zu folgen, auch wenn es Heldenhaftes forderte: »Überhaupt muß ich gestehen, daß ich ein Mensch bin, der immer aufs Ganze geht.«

Aufs Ganze ging Pater Reinisch auch vor dem Kriegsgericht. Daß er den Hitlergruß nicht erwiderte, war für ihn selbstverständlich. Überraschend mochte es allerdings klingen, daß er sich nicht als einen radikalen Pazifisten ausgab: »Hohes Reichskriegsgericht! Ich achte und schätze die deutsche Wehrmacht, weil wahrhaft religiöse und sittlich hochstehende Persönlichkeiten zu ihr gehören, und weil die deutsche Wehrmacht die Heimat vor feindlichen Angriffen geschützt hat, und weil ich auch noch am ersten bei ihr Recht und Gerechtigkeit erwarte.« Doch von einem Eid auf Hitler wollte Reinisch nichts wissen. Als er seinen Standpunkt im einzelnen begründen wollte, gab ihm der Senatspräsident keine Gele-

genheit dazu. Und erst recht entzog er ihm das Wort, als der Angeklagte konkrete Verstöße der Nationalsozialisten gegen die Kirche
vorbringen wollte. Der Senatspräsident unterbrach ihn mit den
Worten: »Halten Sie hier keine politischen Propagandareden. Im
übrigen sind wir kein Kirchengericht, sondern ein Kriegsgericht.
Wir haben vor Ihnen gar keine Achtung, wo Sie wissen, daß es
heute um den Bolschewismus geht. Sie stellen sich ein, um einen
Vergleich zu gebrauchen, bei einem brennenden Hause, um Ihre
Habseligkeiten zu retten, das andere mag zugrunde gehen. Zehntausende von Ihren Mitbrüdern haben den Treueid geleistet, das ist
eine Kompromittierung Ihres ganzen Standes.« Diese Gedanken
ließen den angeklagen Priester ungerührt. Er behielt die Fassung
und antwortete mit großer Bestimmtheit: »Herr Senatspräsident!
Es geht hier um den katholischen Priester, und das ist das Bedau-
ernswerte der heutigen Regierung, ihre Doppelzüngigkeit: auf der
einen Seite macht sie den katholischen Priester durch die Gestapo
unmöglich, auf der anderen Seite soll der Priester seinen Mann stehen.« Abermals unterbrach der Senatspräsident den Pater, um ihn
mit Vorwürfen und Schimpfworten zu überhäufen. Dann wollte er
von Reinisch endgültig wissen, ob er den Fahneneid leisten werde
oder nicht. Als der Pater erneut zu einer Unterscheidung ansetzte,
brüllte der Präsident los: »Ich verlange ein klares Ja oder Nein. Die
Lauen werden ausgespieen: bist du nicht für mich, so bist du gegen
mich.« Reinisch blieb bei seinem klaren »Nein«, wohl wissend,
daß er mit diesem einen Wort sich selbst das Todesurteil sprechen
würde. Der Staatsanwalt erhob sich und stellte den Antrag auf
Todesstrafe. Reinischs Verteidiger äußerte nur kurz die Hoffnung,
daß der Angeklagte in seiner Zelle sich vielleicht noch eines anderen besinnen könnte. Zum Schluß gestattete der Vorsitzende des
Gerichts dem Pater ein Schlußwort. Dieser wollte die letzte Gelegenheit zu einem Plädoyer für seine Sache nutzen: »Herr Senatspräsident: Ich bitte, hier Geduld zu haben. Ich will keine politische
Propagandarede halten, sondern nur meinen Standpunkt erklären.« Da fuhr ihm der Präsident auch schon ins Wort: »Reinisch,
Sie sind ein stolzer Mensch! Es soll Ihnen auch noch gesagt sein,

161

daß den Geistlichen vom Staate die Gehälter bezahlt werden. Was wird der Papst mit seiner katholischen Kirche machen, wenn die Kirche keine Gehälter mehr vom Staate bekommt? Sie könnte einpacken! Und nun, Reinisch, was haben Sie zu sagen?« Reinisch kurz entschlossen: »Auf Grund dieser Ausführungen erkläre ich: Nein! Ich werde den Treueid nicht leisten!« Daraufhin zog sich das Gericht zur Beratung zurück, um wenig später das Urteil zu fällen: »Im Namen des Führers: Der Sanitätssoldat Franz Reinisch wird wegen Verweigerung des Fahneneides und Zersetzung der Wehrkraft zum Tode verurteilt.« Der Angeklagte habe sich in schwerer Stunde im Kampf gegen den Bolschewismus dem Vaterland entzogen, lautete kurz die Begründung. Mit gefesselten Händen verließ der Todeskandidat am 7. Juli 1942 das Gerichtsgebäude.

Verschiedene Parteien machten sich nun Gedanken, wie man Pater Reinisch vor der sicheren Hinrichtung retten könnte. Ein erster Versuch des Provinzials bei den Eltern des Paters in Innsbruck endete erfolglos. Ihr Sohn wisse sehr genau, was er tue, und er werde es auch verantworten, gaben die Eltern zur Auskunft. Ein zweiter Versuch des Provinzials, über den katholischen Feldbischof Franz Justus Rarkowski in Berlin zum Ziel zu kommen, scheiterte ebenfalls. Der regimetreue Bischof meinte, in dieser Angelegenheit könne gegenwärtig nichts unternommen werden. Und als der Provinzial selbst aus dem bayerischen Friedberg nach Berlin gekommen war, wollte ihn der Pater zuerst überhaupt nicht sprechen. Es kam dann aber doch zu einem Gespräch. Reinisch blieb bei seinem Entschluß. Sein Gewissen erlaubte ihm keinen anderen Weg, auch wenn der ganze Orden es nicht begreifen mochte.

Ein aushilfsweise im Wehrmachtsgefängnis Berlin-Tegel tätiger Kriegspfarrer griff noch zu einem anderen, ganz unverständlichen Mittel: Er verweigerte den zum Tode verurteilten Pater den Empfang der heiligen Kommunion und hoffte, ihm auf diese Weise seinen Ungehorsam gegenüber der Obrigkeit und seine Pflicht zur Eidesleistung am besten begreiflich machen zu können. Doch auch diese geistliche Nötigung fruchtete nichts. Verständnis für Reinisch zeigte in dieser Hinsicht allein der Wehrmachtspfarrer Heinrich Kreutzberg. Schon bei seinem ersten Besuch hatte er dem Pater die geweihte Hostie übergeben, damit er täglich kommunizieren konnte. So tat er es auch jetzt.

Am 11. August 1942 wurde Reinisch ins Zuchthaus Brandenburg verlegt. Außer dem Anstaltspfarrer besuchte ihn der Ortspfarrer. Dieser gab dem Pater zu bedenken, ob sein Gewissen nicht doch im Irrtum sei. Doch über diese Möglichkeit hatte der Todeskandidat schon öfter nachgedacht: »Ich weiß, daß viele Geistliche anders denken als ich; aber sooft ich auch mein Gewissen überprüfe, ich kann zu keinem anderen Urteil kommen. Und gegen mein Gewissen kann und will ich mit Gottes Gnade nicht handeln. Ich kann als Christ und Österreicher einem Mann wie Hitler niemals den Eid der Treue leisten. Denken Sie, was dieser Mann unserer Kirche und was er Österreich angetan hat. Einem solchen Menschen Treue geloben, das kann ich nicht.« Und als der Pfarrer dann daran erinnerte, daß nach dem Apostel Paulus jede Obrigkeit von Gott stamme, wußte Reinisch klar zu unterscheiden: »Es muß auch Menschen geben, die gegen den Mißbrauch der Autorität protestieren; und ich fühle mich berufen zu diesem Protest.«

Am Morgen des 21. August 1942 um 5.03 Uhr machte das Fallbeil dem Leben des 39jährigen Pallottinerpaters Franz Reinisch ein Ende. »Wenn ihr von meinem Tod hört, dann betet oder singt ein Te Deum laudamus und ein Magnificat.« Diese Worte hatte der Pater kurz zuvor seinem Tagebuch anvertraut, das uns als kostbares Vermächtnis erhalten ist.

Ein Jude, der während der Naziherrschaft aus Deutschland emigriert war, wurde von einem Journalisten gefragt, warum er damals vor Hitler geflohen sei. Zu seinem großen Erstaunen vernahm der Interviewer, daß nicht so sehr Hitler selbst das Hauptmotiv für die Flucht gewesen sei: »Nein, nicht vor Hitler bin ich geflohen. Ich fürchtete den Gehorsam der braven und der guten Deutschen. Der Polizeibeamte, der mich in der Nacht aus dem Bett geholt hätte, war gewiß ein treusorgender Familienvater …

Das einzige, was ihn gefährlich machte, war sein Gehorsam ... Nur sein Gehorsam, seine Auffassung von Pflichterfüllung machen ihn so tödlich gefährlich ... Das Böse ist viel zu schwach, um Schaden anzurichten. Erst der Gehorsam der Guten macht das Böse fürchterlich. Und so floh ich nicht vor Hitler, sondern vor dem Gehorsam der Guten.«

Wenn wir des Pallottinerpaters Franz Reinisch gedenken als einzigen Priesters, der Hitler die Gefolgschaft in den Krieg verweigert hat, dann sollen auch jene sechs katholischen Laien nicht vergessen sein, die wie Reinisch den Fahneneid auf Hitler abgelehnt haben und deswegen auch hingerichet worden sind: Michael Lerpscher, ein Bauernsohn aus Wilhams im Allgäu, Alfred Heiß, ebenfalls Sohn eines Bauern aus Triebenreuth in Oberfranken, Joseph Ruf aus Hochberg in Schwaben, Ernst Volkmann aus Bregenz am Bodensee, Richard Reitamer aus Freiburg im Breisgau und, als der bekannteste von allen, Franz Jägerstätter aus St. Radegund in Oberösterreich. Für sie alle gilt das Wort der Geheimen Offenbarung, der letzten Schrift im Neuen Testament: »Hier bewahrheitet sich die Standhaftigkeit und der Glaube der Heiligen.«

Der Leidensweg des Franz Reinisch begann 1942 in der Manteuffel-Kaserne in Bad Kissingen, als er den Fahneneid auf Hitler ablehnte. 1987, fünfundvierzig Jahre später, wurde neben der Tür zur Kapelle der von amerikanischen Soldaten bewohnen Daley-Barracks eine Gedenktafel für Pater Reinisch angebracht.

Seit vielen Jahren läuft in Rom das Seligsprechungsverfahren für den Pallottinerpater Franz Reinisch. Gäbe es einen aktuelleren Heiligen als diesen Märtyrer für seine Gewissenstreue? Die Kanonisierung wäre nicht nur eine Wiedergutmachung für so viel unchristliche Kriegsbegeisterung; mit ihr würde auch offiziell Anerkennung finden, daß Verweigerung des Gehorsams aus Gewissensgründen erste Christen- und Menschenpflicht ist.

Im Gegensatz dazu hat die deutsche Bundesregierung noch 1986 in einer offiziellen Stellungnahme die Auffassung vertreten, daß Verurteilungen wegen Kriegsdienstverweigerung, Fahnenflucht und Zersetzung der Wehrkraft im allgemeinen nicht gegen rechtsstaatliche Grundsätze verstoßen hätten. Das bedeutete, daß auch Pater Franz Reinisch zu Recht verurteilt wurde. Doch fünf Jahre später, am 13. September 1991, hob das Landgericht Schweinfurt das Todesurteil gegen Reinisch auf.

6. Erfolgloser Exorzist: Weihbischof Franz Xaver Eberle

»Auf Dich, Allmächtiger, Herr der Heerscharen, setzen wir unsere ganze Hoffnung. Sei Du unserem Heere Schutz und Hort! Stärke Du seinen Mut und seine Kraft! Segne seine Waffen und gib ihnen den Sieg!« Diese Fürbitte sollte laut *Amtsblatt der Erzdiözese* Bamberg vom 6. August 1914 bei allen Andachtsgottesdiensten gesprochen werden. Weil aber der Kriegsgegner Frankreich ebenso um den Sieg betete, mußte Gott in den Augen der an ihn Glaubenden als der über Sieg und Niederlage entscheidende Herrgott erscheinen. Der Gott der Liebe wurde also blasphemisch als Kriegsgott in Anspruch genommen. So las man es auch auf dem Koppelschloß der Soldaten: »Gott mit uns!« Doch Erzbischof Jacobus Hauck von Bamberg stand mit seiner Kriegstheologie nicht allein. Wie dieser Oberhirte dachten viele der unteren Hirten, Pfarrer und Kapläne, und folglich auch das gläubige Volk.

Die Feldgeistlichen galten, weil nicht in der Pfarrseelsorge tätig, als außerordentliche Seelsorger. Franz Xaver Eberle, Priester des Bistums Augsburg, seit 1912 Professor für Moraltheologie und Sozialethik an der Philosophisch-Theologischen Hochschule Passau, diente im Ersten Weltkrieg zunächst als Geistlicher beim Kriegslazarett 29 des Bayerischen Reservekorps und dann als Pfarrer beim 14. Armeekorps, bis er 1916 zum Domkapitular in seiner Geburtsstadt Augsburg ernannt wurde. In einer Predigt des Armeepfarrers Eberle, überschrieben »An die Gewehre«, heißt es: »Da kam der Krieg. Wie ein Wetterbrausen heulte der Sturm durch die Lande. Mit fürchterlicher Gewalt hat er alles aufgejagt. Es war freier und leichter in unserem Volke geworden. Hohe und Niedere atmeten auf, und wie eine Selbsttäuschung warfen sie ihre Religionslosigkeit und ihre Freireligiosität weg und drängten sich in die Kirchen.« Der Krieg als reinigendes moralisches Gewitter, als Besinnung auf christlichen Glauben und Sitte, als Belebung des religiös-kirchlichen Lebens – mit solchen Motiven und Zielen versuchte Eberle wie viele andere Geistliche eine »religiöse Bewältigung des Kriegsgeschehens«.

Bei einer anderen Gelegenheit pries Eberle, einem fanatischen Kreuzzugsprediger im Mittelalter gleich, die im Krieg gefallenen Soldaten selig: »Verstehst du die Gräbersprache? Das heißt an Soldatengräbern im Kriege: Heil euch, ihr Helden! War euer Leben auf Erden auch kurz, der liebe Herrgott schreibt dazu ›Nicht umsonst gelebt!‹ Vom Vaterland ginget ihr über das Schlachtfeld zur ewigen Heimat. Saat, gesät zum ewigen Leben.«

Noch am Grab von Soldaten ließ Militärpfarrer Eberle mit keiner Silbe anklingen, daß der menschenmordende Krieg gegen Gottes Willen sein könnte. Statt dessen ermunterte er zu heldenhaftem Einsatz: »Kameraden! An diesem offenen Heldengrabe wollen wir es aufs neue schwören: Schwarz das Meer von Eisenpanzern, weiß die Luft von Silberflügeln, rot das Land von Kriegerblut: sei's zum Siege, sei's dem Tod entgegen, stets mit dir auf allen Wegen, deutsche Fahne: schwarz-weiß-rot! Und darüber glänzt: Vexilla regis – des Kreuzes Banner zieht voran.« In der Sprache jener Zeit lautete solches Denken: Der Dank des Vaterlandes ist euch gewiß! Also stimmte auch Armeepfarrer Eberle ein Loblied auf das Soldatentum an: »Dank euch, ihr Brüder, für eure Leiden, eure Wunden, die ihr mit mannhafter soldatischer Stärke ertragen; Dank euch für euer Beispiel, das ihr als katholische Christen, als Soldaten der Fahne des Erlösers gegeben habt. Mit erbauender Rührung, mit sichtbarer Innigkeit haben sie die heiligen Sakramente empfangen. Kameraden! So stirbt der echte Soldat, der seinem Kaiser gibt, was des Kaisers ist, und Gott, was Gottes ist.« Als Jesus auf die Frage hinterlistiger Pharisäer nach der Berechtigung kaiserlicher Steuerforderung antwortete: »Gebt dem Kaiser, was des Kaisers ist, und Gott, was Gottes ist«, dachte er gewiß nicht an den blutigen Tribut, den Menschen auf Befehl des Kaisers im Krieg leisten müßten. Eberle jedoch interpretierte den Ruf zu den Waffen kurzerhand als den Ruf Gottes: »Wir wollen es den toten Brüdern geloben, daß jeder von uns seinen Posten ausfüllt, wohin immer seine Obrigkeit ihn beruft, wollen getreu unsern religiösen und unsern militärisch beruflichen Pflichten nachkommen.« Wer einen noch schlagenderen Beweis für die totale Obrigkeitshörigkeit jener Zeit wünscht, höre die Losung, die Militärpfarrer Eberle bei einer Festrede im Felde zum 70. Geburtstag Seiner Majestät des Königs von Bayern ausgab: »Treue gegen den Führer, dem er sich ergeben hat, bis in den Tod zu halten, hat dem Deutschen von jeher im Blute gelegen. Der Grundgedanke, auf dem unser Staatswesen ruht, und das alle unsere staatlichen Verhältnisse durchdringt, ist der Gedanke der Monarchie ... Im Krieg und Frieden dann der Schwur: Wir wollen treu sein, wie die Väter waren! Wir wollen treu sein in Gesinnung und Tat!«

Eberle zeichnete sich nicht nur als Feldprediger aus. Schon als junger Hofprediger von St. Kajetan in München hatte er in den Jahren 1903-1912 ein anspruchsvolles Publikum um die Kanzel versammelt. Anläßlich seiner Ernennung zum Domkapitular in Augsburg rühmte das bayerische Innenministerium ihn als »eine Zierde der Kanzel in der St. Cajetans-Hofkirche«, als einen Prediger, der hohes Ansehen insbesondere in gebildeten Kreisen der Landeshauptstadt genossen habe.

1927 berief der 85jährige Bischof Maximilian Lingg von Augsburg den seit zehn Jahren als Domkapitular tätigen Franz Xaver Eberle zu seinem Generalvikar. Als Lingg drei Jahre später starb, rechnete man vor allem im Klerus, aber auch in weiten Kreisen der Bevölkerung mit Eberle als Nachfolger. Groß war dann die Enttäuschung, als Pius XI. 1930 nicht Eberle, sondern den Regensburger Domherrn Joseph Kumpfmüller auf den Stuhl des Hl. Ulrich berief. Doch vier Jahre später, 1934, wollte der Papst an Eberle nicht wieder vorübergehen, als ein neuer Weihbischof für das Augsburger Bistum zu ernennen war. Namentlich in Augsburger

NSDAP-Kreisen herrschte jetzt große Zufriedenheit über Eberles Ernennung.

Während Bischof Kumpfmüllers Regierungsstil von nobler Zurückhaltung geprägt blieb, erwies sich sein Weihbischof und Generalvikar Eberle als eine wahre Kämpfernatur, die in erster Linie die Geistlichen der Diözese Augsburg zu spüren bekamen. Wenn allerdings ein Priester mit Partei- oder Staatsbehörden in Konflikt geriet, ging der Generalvikar nicht aufs Ganze, sondern suchte nach einer Kompromißlösung. Und das bedeutete im konkreten Fall meist die Versetzung des beanstandeten Geistlichen.

In den Jahren der NS-Herrschaft war es gewiß auch von Vorteil, daß Franz Xaver Eberle und Karl Wahl freundschaftlich miteinander verkehrten – der eine als Generalvikar, Dompropst und Weihbischof der Diözese Augsburg und damit nach dem Diözesanbischof der einflußreichste Hierarch in diesem Kirchensprengel, der andere in seiner Doppelfunktion als Gauleiter von Augsburg und Regierungspräsident von Schwaben der mächtigste Mann im politischen Sektor. Bei ihren häufigen Begegnungen im Haus der Augsburger Parteileitung ließen sich aktuelle Fragen und Probleme im Gespräch unter vier Augen viel leichter und viel besser erledigen, als wenn dies immer nur von Schreibtisch zu Schreibtisch geschehen wäre.

Weihbischof Eberle nutzte aber nicht nur diesen persönlichen Kontakt zum ersten Mann der NSDAP in Augsburg, er stand darüber hinaus der Geheimen Staatspolizei als V-Mann zur Verfügung: anfangs der Dienststelle der Staatspolizei Augsburg und dann, nachdem diese Behörde mit der Leitstelle in München zusammengelegt worden war, der dortigen Behörde. In Augsburg wie in München war Kriminalinspektor Veh der Beamte, mit dem Eberle nachrichtendienstlich zusammenarbeitete.

Beim Spruchkammerverfahren gegen den Münchener Weihbischof Scharnagl nach dem Krieg bestätigten drei Zeugen, der SS-Sturmbannfüher Alfred Schimmel, die Polizeiassistentin Therese Weigert und die Stenotypistin Emmy Dilger, übereinstimmend, daß Weihbischof Eberle die Gestapo mit Nachrichten, die sich auf das Bistum Augsburg bezogen, beliefert habe. Frau Weigert wußte sogar noch die runde Zahl 5000 als Nummer des V-Mannes Eberle anzugeben. Am 25. Februar 1947 sagte Dilger vor demselben Gremium aus: »Ein Sohn des Veh war beim Kirchenchor. Veh nützte die Bekanntschaft aus, um von dem Weihbischof Eberle das für die Gestapo Wissenswerte zu erfahren.«

Gauleiter und Regierungspräsident Wahl, einem überzeugten Protestanten – seine Frau war katholisch –, lag die friedliche Koexistenz mit den Kirchen beider Konfessionen sehr am Herzen. Seine Regierungspräsidenten- und Lageberichte bieten auch keinerlei Anhaltspunkte für irgendwelche Aversionen oder gar Aggressionen gegen die Institution Kirche. Beschwerden suchte man stets auf gütlichem Weg aus der Welt zu schaffen.

Das Begleitheft *Christus! – nicht Hitler* zu einer 1984 vom Bistum Augsburg durchgeführten Wanderausstellung über das Zeugnis und den Widerstand von Katholiken in der Diözese Augsburg zur Zeit des Nationalsozialismus enthält ganze zwei Sätze über Weihbischof Eberle. Einer davon lautet: »Eberles Kontakte zu hohen Funktionären der NSDAP verhindern, erleichtern oder beenden manche Strafmaßnahmen gegenüber Priestern der Diözese.« Angesichts einer derart rätselhaften Einschätzung der damaligen Lage möchte man fast all jene kirchlichen Würdenträger bedauern, die nicht ebenso enge und intensive Verbindungen mit NS-Stellen unterhielten und deswegen angeblich manches Schlimme nicht verhindern konnten.

Allgemein bekannt ist die Audienz des Münchener Kardinals Faulhaber bei Adolf Hitler am 4. November 1936 in dessen Landhaus auf dem Obersalzberg bei Berchtesgaden. Einem ausführlichen Protokoll aus der Feder des Kardinals verdanken wir die genaue Kenntnis der einzelnen Gesprächspunkte. Daß Hitler sich von dem hohen kirchlichen Würdenträger nicht belehren lassen, sondern eher umgekehrt ihn belehren würde, war von Anfang an nicht anders zu erwarten.

Ein Jahr später, am 6. Dezember 1937, empfing der Führer den Augsburger Weihbischof Eberle in der Reichskanzlei zu Berlin.

Von dieser Begegnung erfuhr die Öffentlichkeit nichts. Der *Völkische Beobachter* erwähnte das Treffen mit keiner Zeile. Auch kirchliche Organe schwiegen sich darüber aus. Lange Zeit hat die von der Bischofskonferenz für kirchliche Archive festgesetzte Sperrfrist von 50 Jahren den Schleier der Geheimhaltung über Personalakten wie die des Augsburger Weihbischofs Eberle gedeckt. Bis heute ist noch nicht restlos aufgeklärt, von wem der Anstoß zu dieser seltsamen Begegnung zwischen Hitler und Eberle ausgegangen ist. Vieles spricht dafür, daß der Augsburger Gauleiter Wahl, ein alter Freund und Kampfgefährte Hitlers, die Rolle des Vermittlers gespielt haben könnte.

Jedenfalls bat Eberle Hitler in einem Brief vom 11. Oktober 1937, worin er ihn mit »Mein Führer« anredete, um einen Empfangstermin. Über die drei Wochen später stattgefundene Unterredung in Berlin gibt es widersprüchliche Berichte. Der Weihbischof sei dem Führer mit dem Brustkreuz in der Hand entgegengetreten, kann man lesen, um ihn mit allem Nachdruck zur Beendigung des Kampfes gegen die Kirche zu bewegen. Bei einem derart dramatischen Auftritt des Bischofs ist anzunehmen, daß das Gespräch, das nach Eberles Angaben eineinhalb Stunden gedauert hat, wohl schon im ersten Augenblick beendet gewesen wäre. Zur Bekenntnisschule äußerte Eberle sich wahrscheinlich überhaupt nicht, weil sie zu diesem Zeitpunkt schon verloren war. Das Hauptthema der Unterredung dürfte die Frage einer deutschen Nationalkirche gewesen sein. Nur Eingeweihte wußten von Hitlers Plänen für eine romfreie deutsche Nationalkirche, an deren Spitze eventuell der Augsburger Weihbischof Eberle als Gegenpapst stehen sollte. Auch wenn Eberles nationale Gesinnung nicht zu bestreiten ist, so gibt es andererseits aber auch keinen Zweifel an seiner loyalen Stellung zum Papst in Rom. Wie der Weihbischof erst mehrere Jahre nach dieser Aussprache in der Reichskanzlei verriet, suchte er Hitler damals mit Beispielen aus der Geschichte der Häresien und Schismen davon zu überzeugen, daß die Gründung einer neuen Kirche in jedem Fall eine unheilvolle Angelegenheit wäre, und zwar nicht nur für die römisch-katholische Kirche, sondern

170

ebenso sehr für Hitler selbst und seine Sendung. Welch furchtbare Strafe er, Eberle, als Bischof von Gott befürchten müßte, davon wollte er schon gleich gar nicht sprechen. Entscheidend blieb für Eberle der große Schaden, den ein Schisma über Millionen Katholiken bringen, und die schwere Verantwortung, die Hitler mit einem solchen Schritt weg von Rom auf sich laden würde. Ausführlich kam dann die allgemeine Lage der Kirche im nationalsozialistischen Staat zur Sprache. Hier hatte der Prälat aus Augsburg an Hitler diesen einen großen Wunsch: »Krönen Sie Ihr Werk, indem sie die Freiheit der Religion wiederherstellen!« Exzellenz Eberle gereichte es zu wahrer Genugtuung, aus dem Mund des »Führers« zu hören, wie sehr diesem doch an einem friedlichen Auskommen mit der Kirche gelegen sei. Zum Beweis dafür erinnerte Hitler an seine Verordnung, daß die in der Presse groß aufgemachten Sittlichkeitsprozesse gegen Geistliche nicht öffentlich fortgesetzt werden sollten. Der »Führer« führte jedoch speziell Klage darüber, daß die Denkschriften und Hirtenbriefe zuallererst in ausländischen Zeitungen bekannt würden, und forderte energisch, daß die damit verbundene Hetze des Auslands unbedingt aufhören müsse. Wütend äußerte er sich dabei über den Jesuiten Friedrich Muckermann, »diesen Muckermann«, der in Österreich mit Unterstützung von Kardinal Innitzer Vorträge halte, in denen die Kirchenpolitik des Deutschen Reiches kritisiert werde. Befriedigt und erleichtert zugleich schied Weihbischof Eberle von Hitler, der ihm zugesichert hatte, er dürfe jederzeit wiederkommen, wenn es Grund zu einem Gedankenaustausch gebe.

Auch der Augsburger Gauleiter Wahl weilte an jenem Tag in Berlin. Vermutlich waren er und Eberle gemeinsam in die Reichshauptstadt gereist. Beim Mittagessen soll Hitler dem Gauleiter auf die Schulter geklopft und gesagt haben: »Wahl, Ihr Weihbischof ist der sympathischste Priester, der mir je begegnet ist.«

Wenige Tage nach seiner Rückkehr aus Berlin erstattete Eberle den drei deutschen Kardinälen Bertram, Faulhaber und Schulte sowie dem Kardinalstaatssekretär Pacelli in Rom einen kurzen

Bericht über seine eigenmächtige »Mission« bei Hitler: »In einer einstündigen Aussprache hatte ich Gelegenheit, in aller Offenheit und mit allem Freimut die Belange der katholischen Kirche zu vertreten. Wenn Eminenz es wünschen, bin ich bereit, mündlich Bericht zu erstatten. Der Schluß der Unterredung war, daß der Führer erklärte, er sei nach wie vor zum Frieden mit der Kirche bereit, aber es müßte auch von Seiten der Kirche alles geschehen, was dem Frieden diene.«

Tatsächlich lud Kardinal Faulhaber den Weihbischof zu einem Gespräch nach München ein, das am 22. Dezember 1937 von 10.30 Uhr bis 11.30 Uhr im Erzbischöflichen Palais stattfand. Viel Neues konnte der Kardinal allerdings nicht erfahren. Mit Erstaunen dürfte er vernommen haben, daß Hitler bei dieser Begegnung behauptete: »Wir haben im Vatikan nur einen Kardinal, der die Deutschen versteht. Das ist leider nicht Pacelli. Es ist Pizzardo.«

Hitler machte sich nach Faulhabers Aufzeichnungen über die Unterredung zwischen Eberle und Hitler ein falsches Bild von der Kirche, weil er meine, die Kirche sei »ein natürlich gewordenes Gebilde wie ein Staat«. Der Weihbischof stimmte in dieser Hinsicht mit dem Kardinal überein und meinte weiter, niemand wisse, was Hitler sich unter der Vorsehung vorstelle. Nichts Gutes ahnend fragte sich Eberle: »Ob wir vor dem Bolschewismus bewahrt wurden oder jetzt erst recht hineingeraten, wer kann das sagen?«

Erzbischof Faulhaber war über Eberles Unternehmen ohne offiziellen Auftrag, aber wahrscheinlich mit Billigung seines Ordinarius Kumpfmüller, ziemlich verärgert. Doch er zeigte dem enthusiastischen Weihbischof seine Abneigung nicht offen. Nur in einem Brief an Kardinal Bertram, den Vorsitzenden der Bischofskonferenz, bemerkte er voller Skepsis: »Ob der Besuch selber beim allgemeinen laudamus Te des Gloria stecken blieb und, den Fuldaern (Fuldenses) vorauseilend, Vorwerke preisgab, ist nur meine Ahnung.«

Kardinalstaatssekretär Pacelli wollte die Dinge etwas genauer wissen und ersuchte darum den Augsburger Auxiliarbischof Eberle um einen detaillierten Rechenschaftsbericht, den dieser mit einem Schreiben vom 14. Januar 1938 erstattete. Jetzt erfuhr Pacelli als Hitlers Meinung, daß Staat und Kirche nicht nebeneinander bestehen könnten, sondern entweder miteinander oder gegeneinander sein müßten. Dies war eine klare Sprache. Trotzdem machte der Optimist Eberle den Vorschlag, die Kirche sollte den gegenseitigen Kampf beenden; denn »bei dem Friedenswillen des Führers dürfte dies auf der einen Seite als denkbar erscheinen«. Daran schloß er ein Bekenntnis, das seine politische und kirchliche Mentalität gleichermaßen charakterisierte: »Ich habe nur eine fanatische Liebe zu meiner Kirche und eine ebenso fanatische Liebe zu meinem deutschen Vaterland … Ich diene meiner Kirche bis zum letzten Atemzug, treu und treu auch meinem deutschen Vaterlande.« Treue zur Kirche und Treue zum deutschen Volk gehörten für Eberle untrennbar zusammen. Der nazistischen Devise »Ein Volk, ein Reich, ein Führer« entsprach bei ihm die hierarchische Formel »eine Kirche, ein Reich Gottes, ein Papst«. Dabei stand Eberle aber nicht eine romfreie Nationalkirche vor Augen, wie sie die Los-von-Rom-Bewegung als höchstes Ziel verfolgte, sondern er dachte an die katholische Kirche mit dem Papst als Oberhaupt.

Kardinal Faulhaber und Kardinal Pacelli, die seit Jahren einen regen Gedankenaustausch pflegten, träumten zu diesem Zeitpunkt längst nicht mehr von einer Verständigung oder gar Zusammenarbeit mit dem NS-Regime. In einem Brief Faulhabers vom 17. Februar 1938 konnte Pacelli lesen, wie nüchtern der Kardinal die kirchliche Situation einschätzte: »Friedensworte haben wir viele gehört, wir müssen Friedenstaten erwarten. (Das sagte ich schon Eberle). Mit allgemeinen Redensarten, zuerst müsse die Gesamtatmosphäre entgiftet werden, ist der Sache nicht gedient. Es müssen konkrete Punkte zur Sprache kommen.«

In der Nacht zum 12. März 1938 ließ Hitler deutsche Truppen in Österreich einmarschieren und vollzog so den »Anschluß« seines Heimatlandes an das Deutsche Reich, das jetzt zum Großdeutschen Reich geworden war. Mit der ebenso berühmten wie berüchtigten Erklärung vom 18. März 1938 gaben die österreichischen Bischöfe ihre Zustimmung zu diesem Gewaltakt. Nicht zufrieden damit, erwarteten die neuen Machthaber auch noch ein klares Votum für den »Anschluß« Österreichs bei der Volksabstimmung. Selbst diesem Ersuchen kamen die Bischöfe nach: »Am Tag der Volksabstimmung ist es für uns Bischöfe selbstverständliche Pflicht, uns als Deutsche zum Deutschen Reich zu bekennen, und wir erwarten auch von allen gläubigen Christen, daß sie wissen, was sie ihrem Volk schuldig sind.«

Ebenfalls am 18. März 1938, drei Monate nach seinem Berliner Treffen, informierte Eberle den »Führer« über seine Bemühungen im Episkopat. In einem Brief beteuerte er, wie sehr er sich für eine Verbesserung des Verhältnisses zwischen Kirche und Staat eingesetzt habe, aber leider ohne Erfolg. Weil der Bischof sich trotzdem nicht von dem Ziel einer Kooperation zwischen Kirche und Staat abbringen lassen wollte, bekannte er Hitler voller Ergebenheit: »Ich liebe mein Vaterland glühend und stelle mich meinem Führer jederzeit zur Verfügung. Es ist mir eine herzliche Freude, daß es mir am 6. 12. 1937 vergönnt war, Aug in Aug mit dem Mann zu stehen, dem das größer gewordene Deutschland so viel verdankt. Nehmen Sie, mein Führer, die Versicherung meiner größten Verehrung, in der ich mich nenne Herrn Reichskanzler ergebenster Dr. Franz Xaver Eberle, Weihbischof von Augsburg.«

Eine letzte uns bekannte Aktion vor der Volksabstimmung startete Eberle am 10. April 1938 mit einem Rundbrief an alle bayerischen Bischöfe. Darin äußerte er den dringenden Wunsch, daß die Bischöfe ihren Gläubigen von der Kanzel herab ein freudiges Ja empfehlen. Er hielt es für zweckdienlich, wenn die Kirchenführung bereit wäre, diese günstige Gelegenheit zur Entspannung zwischen Kirche und Staat zu nützen. Aus einem ungewöhnlich großen Nationalstolz heraus schrieb Eberle: »Wann könnten die Bischöfe leichter und freudiger zu einem ›Ja‹ einladen, als wo es sich um eine vaterländische Tat größten Formats handelt, um unser größer gewordenes Deutschland.«

Welch tiefe Kluft unter den Bischöfen, namentlich zwischen dem Münchener Kardinal Faulhaber und dem Bamberger Erzbischof Hauck auf der einen und dem Augsburger Weihbischof Eberle auf der anderen Seite, tatsächlich bestand, bezeugen briefliche Äußerungen der beiden Kirchenfürsten an den Weihbischof in Augsburg. Erzbischof Hauck gestand Eberle am 9. April 1938 lapidar: »Die Tatsachen haben meinen früheren Optimismus total zerschlagen.« Und Erzbischof Faulhaber versicherte Eberle zwei Tage später: »Letzten Endes geht es doch um die Vernichtung des Christentums und der Kirche im deutschen Volksleben.« Die Entwicklung in den folgenden Jahren sollte den um die Zukunft der Kirche besorgten Kirchenführern nur allzu recht geben. Dennoch fehlte es nicht an Hierarchen, die eine Auseinandersetzung auf Biegen und Brechen, wozu vor allen anderen der Berliner Bischof Konrad Preysing entschlossen war, vermeiden wollten.

Kardinal Faulhaber hielt die auch im Zusammenhang mit Eberles Empfang in der Reichskanlei diskutierte Frage einer deutschen Nationalkirche später für eine noch bedrohlichere Gefahr. Als er nach dem Tod Pius' XI. im März 1939 zur Wahl eines neuen Papstes in Rom weilte, verfaßte er eine Denkschrift zum Frieden zwischen Kirche und Staat im Deutschen Reich. Unter Punkt VII richtete er sein besonderes Augenmerk auf Bestrebungen zur Gründung einer Nationalkirche: »Ich weiß aus sicherer Quelle, daß man staatlicherseits zunächst einen Primas für Deutschland fordern will ... im Sinne von Wessenberg als eine großteils von Rom unabhängige höchste Kirchenstelle auf deutschem Boden. Es wird die Zeit bald kommen, in der die deutschen Bischöfe in einem Hirtenbrief den Gedanken einer Nationalkirche zurückweisen müssen.« Ein anderer Punkt betraf seinen eigenen kirchenpolitischen Kurs gegenüber Regierung und Partei. In Kreisen der NSDAP gelte »der Faulhaber« wegen seiner Predigten als »Hindernis des kirchlich-staatlichen Friedens«. Dies alles könnte anders und besser sein, sei ihm zu Ohren gekommen, wenn Weihbischof Eberle Erzbischof in München wäre. Zu dieser Überlegung notierte er selbstkritisch: »Erzbischof Faulhaber erklärt sich bereit, jeden Tag zu resignieren und in einem Kloster biblische Predigten druckfertig zu machen, wenn sein Rücktritt dem Frieden in Deutschland dienen kann. Irgend ein Opfer wird die Partei fordern. Ich bin bereit, der Jonas zu sein, wenn dann der Sturm sich wirklich beruhigt.« Ob Faulhaber dieses Angebot an die oberste Kirchenleitung in Rom wirklich ernst gemeint hat? Sicher wäre ein solcher Schritt von keinem seiner Kollegen in der Bischofskonferenz gebilligt worden, da er eine offensichtliche Kapitulation des deutschen Episkopats bedeutet hätte. Der neugewählte Papst Pius XII., der schon als Kardinal Pacelli die Geschicke der Kirche in Deutschland maßgebend mitbestimmt hatte, meinte zu dem Ansinnen des Münchener Oberhirten in aller Kürze, er müßte sich vor der ganzen Welt schämen, wenn er diesen Vorschlag in die Tat umsetzen wollte.

Es war dies auch das letzte Mal, daß der Augsburger Weihbischof im Rahmen der großen Kirchenpolitik von sich reden machte. Fortan beschränkte er sein Wirken nur noch auf das Bistum Augsburg. Die Kontakte mit dem Gauleiter und Regierungspräsidenten Wahl hielt er weiterhin aufrecht. 1942 jedoch verzichtete Eberle auf das Doppelamt des Generalvikars und Weihbischofs aus – wie es offiziell hieß – gesundheitlichen Gründen. Entscheidend für seine Resignation dürfte aber gewesen sein, daß er wegen seiner engen Beziehungen zu nazistischen Führern und Behörden immer mehr ins Zwielicht geraten war.

Als der teuflische Spuk des Hitlerregimes im Mai 1945 vorüber war und die Entnazifizierung durchgeführt wurde, mußte auch der entpflichtete Weihbischof Eberle über sein Tun und Lassen in jenen zwölf gefahrvollen Jahren Rede und Antwort stehen. In einem auf Anregung von Erzbischof Faulhaber an alle Geistlichen verschickten Fragebogen sollte auch er seine Erlebnisse im Dritten Reich für spätere Zeiten dokumentieren. Doch Eberle schickte den Fragebogen mit der lakonischen Bemerkung »nicht betroffen« unausgefüllt zurück. Betroffen aber war der Weihbischof sicherlich. Deshalb mußte er sich auch vor der Spruchkammer verantworten. Erst nach Jahren, 1948, als die Entnazifizierungsverfahren kaum mehr als eine Farce darstellten, erreichte ihn der Freispruch. Damit war ein verhängnisvoller Abschnitt seines Lebens wenigstens nach außen hin abgeschlossen.

In den ihm noch verbleibenden Jahren bis zu seinem Tod am 18. November 1951 zog sich der einst so leutselige Domkapitular, gestrenge Generalvikar und selbstherrliche Weihbischof Franz Xaver Eberle fast ganz aus der Öffentlichkeit zurück. Ein willkommenes Refugium bot ihm sein Landhaus in Murnau. Dort erzählte er im Kreis von Vertrauten gelegentlich auch von seiner Begegnung mit Hitler in Berlin. Während seines ganzen Lebens habe er, so konnten die erstaunten Zuhörer vernehmen, kaum inniger gebetet als damals auf der Fahrt in die Reichshauptstadt. Und mit einer seltsamen Mischung aus Frömmigkeit und Humor beendete er seinen kuriosen Bericht: »Dies dürft ihr mir glauben. Als ich Hitler verließ, war mir wie nach einer Teufelsaustreibung zumute. Nur ist es mir nicht gelungen, ihn von seinem Dämon zu befreien.«

7. Querdenker im Episkopat: Bischof Konrad Graf Preysing

»Der Graf Preysing ist ein absolutes Rabenaas. Die größten Rabenaase sind die, die zuerst in der demütigen Maske daherkommen. Da muß man sagen: Bestie! Ein pfäffischer Inquisitor ist dagegen eine natürliche Sache. Die Gemeinheit kommt mit der Heuchelei!« Diese Schmähworte Adolf Hitlers, gesprochen am 11. August 1942 bei einem Abendessen mit Reichsminister Speer und General Reinecke im Führerhauptquartier, galten dem katholischen Bischof von Berlin, Konrad Graf von Preysing. Weil Preysing sich vom Führer nicht blenden ließ, der viele »deutsche Volksgenossen«, wie er sein Volk nannte, zu hypnotisieren vermochte, wurde ihm Hitlers Ablehnung und Haß zuteil.

An einem bewaldeten Hang der Isar, vierzig Kilometer von München entfernt, liegt das Schloß Kronwinkl, dessen wehrhafter Turm schon aus weiter Ferne sichtbar ist. Hier, auf dem uralten

Stammsitz der Familie Preysing, die seit 1922 den erweiterten Namen Preysing-Lichtenegg-Moos trägt, wurde Konrad Preysing 1880 als viertes von elf Kindern geboren. Nach dem Abitur in Landshut studierte er Rechtswissenschaften an den Universitäten München und Würzburg. Das Praktikum absolvierte der junge Jurist im bayerischen Staatsministerium des Äußeren. Danach trat er als Legationssekretär in den Dienst der bayerischen Gesandtschaft beim Quirinal in Rom. Eine glänzende Diplomatenkarriere schien vor ihm zu liegen. Doch zum Erstaunen seiner Familie und seiner Verwandten entschloß sich Konrad Preysing für das Priestertum, wie schon zwei seiner Brüder. Nach vier Jahren beendete er das Theologiestudium in Innsbruck mit der Promotion zum Doktor der Theologie. Seine erste hl. Messe feierte der 32jährige Graf im väterlichen Schloß, die Primizpredigt hielt sein Bruder Albert, der schon Pfarrer von Herz Jesu in München war.

Der Münchener Erzbischof Bettinger berief den Neupriester Preysing zu seinem Privatsekretär. Nach Bettingers Tod im Jahre 1917 wirkte Konrad von Preysing als hauptamtlicher Prediger, zuerst in St. Paul, dann an der Domkirche in München. Während dieser Zeit entwickelte sich die Bekanntschaft mit dem bayerischen Nuntius Pacelli, die vermutlich auf Preysings Aufenthalt in Rom zurückging, zu einer engen Freundschaft. Sie trug in späteren Jahren besondere Früchte. Wahrscheinlich hatte Pacelli entscheidenden Anteil daran, daß Papst Pius XI. den Grafen Preysing, der seit vier Jahren dem Münchener Domkapitel angehörte, 1932 zum Bischof von Eichstätt ernannte.

Wenige Monate später ging die Weimarer Republik zu Ende. Mit dem nationalsozialistischen Reichskanzler Adolf Hitler begann eine neue Zeit, begann das dritte Deutsche Reich, das für Bischof Preysing, zuerst in Eichstätt und dann in Berlin, zu einer dauernden Herausforderung wurde. Schon als Oberhirte in Eichstätt, dem kleinsten Bistum in Deutschland, witterte Preysing wie kaum einer seiner Amtskollegen die Gefahren für Kirche und Vaterland, die mit der jetzt zur Staatspartei gewordenen NSDAP verbunden waren. Weil das Programm der Hitler-Partei unverän-

dert weiter galt, konnte er Hitlers überraschend großes Entgegenkommen in Sachen Religion und Kirche nur als lügnerische Taktik
betrachten. In diesem Sinn äußerte sich Preysing bereits Ende Mai
1933 bei der ersten gemeinsamen Konferenz der katholischen
Bischöfe in Fulda. Für die Beratung über einen Hirtenbrief, der
alle Katholiken über die veränderte kirchenpolitische Lage aufklä-
ren sollte, schrieb er in einer schriftlichen Stellungnahme: »Ich
bitte, in das Hirtenwort (wie auch in andere Kundgebungen) kein
Bekenntnis zur ›neuen Ordnung‹, zum ›neuen Staat‹ aufzunehmen.« Der Staat werde, lautete seine Begründung, von seinen
Schöpfern mit der nationalsozialistischen Partei gleichgesetzt.
Deshalb beruhe der Staat selbst auf Grundlagen, die mit dem
Glauben der Kirche unvereinbar seien. Um es nun nicht bei dieser
pauschalen Verurteilung zu belassen, machte der Eichstätter
Bischof in einem zweiten Punkt auf die dem christlichen Glauben
widersprechenden Irrtümer des Nationalsozialismus aufmerksam:
»Ich bitte, in das Hirtenwort grundsätzliche dogmatische und
ethische Ausführungen einzufügen, die eine Verwerfung der Irrtü-
mer in dogmatischer und ethischer Beziehung enthalten, die der
Grund für die Verurteilung des Nationalsozialismus in den letzten
Jahren waren.« Beim Lesen der einzelnen Gründe für diese Bitte,
die Preysing freilich als Forderung verstanden wissen wollte,
konnte man den Juristen ebenso wie den Seelsorger heraushören.
Auf der einen Seite hielt er es für notwendig, daß eine genaue
Grenzlinie zwischen dem Glauben der Kirche und der nationalsozialistischen Ideologie gezogen werde. Nicht minder wichtig
erschien es ihm andererseits, die Mitglieder der Kirche zur Gewissensentscheidung pro oder contra aufzurufen: »Wir sind es dem
katholischen Volke schuldig, ihm die Augen zu öffnen über die
Gefahren für Glaube und Sitte, die sich aus der nationalsozialistischen Weltanschauung ergeben. Wir müssen den Nationalsozialisten, die katholisch bleiben wollen, einen Prüfstein geben, an dem
sie wahr und falsch an der neuen Bewegung unterscheiden können.« Weil der Bischof harte Auseinandersetzungen zwischen Kirche und Regierung voraussah, hielt er eine eindeutige Positionsbe-

stimmung für unerläßlich: »Wir müssen uns bei einem wahrscheinlich kommenden Konflikt auf diesen Hirtenbrief berufen können. Wir können dadurch auch zu so vielfachen Verstößen gegen das Sittengesetz Distanz halten.«

Schon bei dieser ersten Gelegenheit zeigte sich, daß der Eichstätter Ordinarius, mit 52 Jahren das zweitjüngste Konferenzmitglied, ohne Unterstützung blieb. Kein anderer Bischof war in dieser entscheidenden Stunde zu einer eindeutigen Kursangabe, geschweige denn zu einer Absage an die neue Regierung bereit. Wenn dem im Juni 1933 beim Sonntagsgottesdienst verlesenen Hirtenwort die von Preysing gewünschte Klarheit und Entschiedenheit fehlte, lag es vor allem daran, daß der Freiburger Erzbischof Conrad Gröber, in der Anfangsphase ein begeisterter Sympathisant der neuen Bewegung, mit der Abfassung des endgültigen Textes beauftragt war. So war also zu lesen: »Wenn wir unsere Zeit mit der vergangenen vergleichen, so finden wir vor allem, daß sich das deutsche Volk noch mehr als bisher auf sein eigenes Wesen besinnt, um dessen Werte und Kräfte zu betonen. Wir deutschen Bischöfe sind weit davon entfernt, dieses nationale Erwachen zu unterschätzen oder gar zu verhindern.« Statt klare Worte deutlicher Differenzierung und Distanzierung vernahmen die Gläubigen unverhohlene Aufrufe zu Verständigung und Zusammenarbeit mit dem neuen Reich, das auch für die Kirche eine neue, glücklichere Zeit bringen würde: »Wir deutschen Katholiken brauchen keine Neueinstellung dem Volke und Vaterland gegenüber, sondern setzen höchstens bewußter und betonter fort, was wir bisher schon als unsere natürliche und christliche Pflicht erkannten und erfüllten.« Entsprechend der nationalsozialistischen Parole »Ein Volk, ein Reich, ein Führer« sollte der einzelne hinter dem großen Anliegen der Volksgemeinschaft zurücktreten. Im Hirtenbrief hörte sich dies so an: »Nur wenn der Einzelne sich als ein Glied eines Organismus betrachtet und das Allgemeinwohl über das Einzelwohl stellt, wird sein Leben wieder ein demütiges Gehorchen und freudiges Dienen, wie es der christliche Glaube verlangt.« Auf dieser Grundlage ließ sich dann auch nahtlos ein

Bekenntnis zur staatlichen Autorität anfügen: »Es fällt deswegen uns Katholiken auch keineswegs schwer, die neue starke Betonung der Autorität im deutschen Staatswesen zu würdigen und uns mit jener Bereitschaft ihr zu unterwerfen, die sich nicht nur als eine natürliche Tugend, sondern wiederum als eine übernatürliche kennzeichnet, weil wir in jeder menschlichen Obrigkeit einen Abglanz der göttlichen Herrschaft und eine Teilnahme an der ewigen Autorität Gottes erblicken.« Eine bessere Legitimation konnten sich die neuen Machthaber, die den Namen Gottes und die Anrufung der Vorsehung geschickt als Deckmantel für ihre autoritären Absichten und Machenschaften zu gebrauchen wußten, nicht wünschen. Wenn in dem Hirtenbrief auch manche Warnungen und sogar Beschwerden anklangen, wurden sie doch durch das allgemeine Treuebekenntnis zum neuen Staat entkräftet und damit um ihre Wirkung gebracht. Nicht genug damit, gaben die Bischöfe im Schlußabschnitt überdeutlich zu erkennen, daß sie keine ernsteren Vorbehalte machen, sondern ein uneingeschränktes Ja aussprechen wollten: »Wenn wir deutschen Bischöfe die aufgezählten Forderungen erheben, so liegt darin nicht etwa ein versteckter Vorbehalt dem neuen Staat gegenüber ... Ein abwartendes Beiseitestehen oder gar eine Feindseligkeit der Kirche dem Staate gegenüber müßte Kirche und Staat verhängnisvoll treffen.« Zuletzt verliehen sie noch der Hoffnung Ausdruck, daß die Verantwortlichen in Partei und Regierung alle kirchenfeindlichen Pläne und Aktionen verhindern könnten: »Wir vertrauen, daß es der Umsicht und Tatkraft der deutschen Führer gelingt, alle jene Funken und glimmenden Kohlen zu ersticken, die man da und dort zu furchtbaren Bränden gegen die katholische Kirche anfachen möchte.« Prälat Walter Adolph, ein enger Vertrauter des Berliner Bischofs Preysing, konnte sich diese anfängliche Vertrauensseligkeit, die Vorschußlorbeeren an die Hitler-Regierung zur Folge hatte, nur »mit der sprichwörtlichen Instinktlosigkeit des deutschen Katholizismus« erklären. Dies notierte er im März 1937, als die antikirchlichen Schikanen und Diffamierungskampagnen des Regimes einen Höhepunkt erreichten und Papst Pius XI. die Enzyklika

»Mit brennender Sorge« als ersten und einzigen Protest in die Öffentlichkeit ergehen ließ.

Auch wenn Preysing nicht der einzige Bischof war, der deutlich vorhersah, daß Hitler und seine NSDAP ein gefährliches staatspolitisches Experiment darstellten, so fand sich doch keiner bereit, der Preysings Konzept einer entschiedenen Konfrontation unterstützt und schon am Anfang unangenehme Konflikte riskiert hätte. Verwunderlich bleibt freilich, daß der hellsichtige Preysing den für ihn im Grunde unannehmbaren Hirtenbrief durch seine Pfarrer verlesen ließ. Ein Nein hätte zwar den frühen Ausbruch aus der geschlossenen Phalanx der Bischöfe bedeutet, aber viele Katholiken über die kleine Diözese Eichstätt hinaus aufhorchen lassen.

Seit April 1933 wurde in Rom zwischen der Reichsregierung und dem Vatikan über ein Konkordat verhandelt. Ein derartiger feierlich geschlossener Vertrag mußte den Spitzen der NS-Regierung äußerst willkommen sein, weil sich in ihm gleichzeitig eine Anerkennung des neuen Staates vor aller Welt dokumentieren ließ. Doch eben deshalb wies Preysing in einem Brief an den Kardinalstaatssekretär Pacelli vom 3. Juli 1933 darauf hin, daß für einen solchen Schritt in Deutschland jede Rechtsgrundlage fehle. Außerdem bezeichnete er die von Hitler geforderte Entpolitisierung des Klerus als unannehmbar, weil Kirche und Politik nicht zu trennen seien. Nach der Unterzeichnung des Konkordats am 20. Juli 1933 waren die Meinungen über Nutzen und Schaden des Vertragswerkes beim Klerus und beim Kirchenvolk geteilt. Der Bamberger Metropolit Jacobus von Hauck ordnete für alle Pfarrgottesdienste am 17. September ein »Te Deum« an »zum Dank an Gott für den Abschluß des Reichskonkordats und zur Erflehung des göttlichen Segens für das glückliche Gelingen des Friedenswerkes, in dem sich Staat und Kirche einträchtigem Zusammenwirken gefunden haben«.

Erinnerungen an vergangene Epochen wurden wach, in denen Monarchen und Kirchenfürsten gemeinsame Politik gemacht hatten, und Hoffnungen, die Kirche könnte zu jenen idealen Zeiten zurückkehren. Bischof Preysing aber war über solche Lobsprüche und besonders über den amtlich verordneten Ambrosianischen Lobgesang des Bamberger Erzbischofs empört. Geschah doch alles in einem Augenblick, da die nationalsozialistischen Verbrechen an politischen Gegnern und die Angriffe auf Kirche und Glauben sich häuften. Nur blinde Optimisten vermochten sich in der Hoffnung zu wiegen, daß nicht die radikalen, sondern die gemäßigten Nationalsozialisten am Ende die Oberhand gewinnen würden. Preysing jedoch gab sich keinen Illusionen hin. Mit kühler Nüchternheit konstatierte er: »Wir sind in die Hände von Verbrechern geraten.« Immer mehr quälte ihn die Frage, wie lange er den hauptsächlich von den Kardinälen Bertram in Breslau und Faulhaber in München gesteuerten Kurs mitverantworten könnte. Er sah nicht nur voraus, daß es zum offenen Bruch kommen mußte, sondern war auch bereit zum öffentlichen Konflikt. In einem Gespräch Ende Mai 1933 mit Prälat Ludwig Kaas, dem ehemaligen Vorsitzenden der katholischen Zentrumspartei, der sich in den Vatikan abgesetzt hatte, meinte Preysing bedeutungsvoll: »Einmal müssen wir bestimmt abspringen, es wird nur darauf ankommen, den richtigen Zeitpunkt zu wählen.« Die Lage wurde für ihn noch schwieriger, als ihn 1935 der Ruf des Papstes auf das Bistum Berlin erreichte und er von seinem Vorgänger auch noch das schwierige Referat für Pressefragen in der Deutschen Bischofskonferenz übernahm.

Preysing gehörte zu den fünf Bischöfen, die Pius XI. im Dezember 1936 in den Vatikan rief, um mit ihnen das weitere Vorgehen gegen die nationalsozialistische Verfolgung der Kirche zu beraten. Das Ergebnis der ausführlichen Besprechungen mit dem kranken Papst fand seinen Niederschlag in der von Kardinal Faulhaber konzipierten und von Kardinal Pacelli redigierten Enzyklika »Mit brennender Sorge«, deren Text in die Hände der Pfarrgeistlichkeit kam, ohne daß auch nur eine Polizeistelle zuvor Kenntnis davon erlangt hatte. Aus Rache für diese Instruktion an die katholische Bevölkerung starteten Nazibehörden nun zahlreiche Devisen- und Sittlichkeitsprozesse gegen Priester und

Ordensleute. Wie nicht anders zu erwarten, stellte sich der Berliner Bischof mutig vor seine zu Unrecht beschuldigten Priester.

Das päpstliche Rundschreiben hätte, möchte man heute meinen, den Episkopat veranlassen sollen, seine bis dahin geübte defensive Haltung aufzugeben und zum Angriff überzugehen, damit die Dinge sich nicht noch mehr zum Schlimmeren entwickeln konnten. Erzbischof Bertram, mit fast 80 Jahren immer noch Vorsitzender der Bischofskonferenz, hielt jedoch an seiner Eingabenpolitik und auch an seiner Vermittlungstaktik unverändert fest. Deshalb entschloß sich der Berliner Bischof Preysing zu einem verzweifelten Alleingang. In einem Brief vom 18. Oktober 1937 an Bertram nannte er den Hauptgrund für sein Nicht-mehr-anders-Können: »Ich halte es für aussichtslos, wenn nicht für verhängnisvoll, Friedensverhandlungen zu führen, wenn kein Waffenstillstand vom Gegner gewährt wird. Die Kirche ist in ihrem Abwehrkampf gelähmt. Der Staat führt den Vernichtungskampf weiter.« Nach seiner Überzeugung mangelte es den Bischöfen an Entschlossenheit zur Verteidigung, obwohl doch »Angriff die beste Verteidigung« wäre. Seine Bischofskollegen rieten weiterhin zum Stillhalten, zum Nachgeben, zum Zurückweichen, um nicht alles aufs Spiel zu setzen. Für den mit wachsender Besorgnis in die Zukunft blickenden Berliner Bischof aber war jetzt die Grenze des Abwartens und auch der Solidarität erreicht. Jedes weitere Kooperieren, und sei es nur in Form von Schweigen und Dulden, hielt er für unverantwortlich.

Mit seinem Brief vom 18. Oktober 1937 an Kardinal Bertram ließ Preysing ein von Walter Adolph, seinem geistlichen Pressereferenten und engsten politischen Berater, verfaßtes Memorandum überreichen, das genauen Aufschluß gibt über den von ihm beabsichtigten Widerstand gegen die unaufhörlichen Beschränkungen der Kirche. Für Preysing stand außer Zweifel, daß die Partei sich mit der politischen Macht nicht begnügen, sondern auch die Seelen und das geistige Leben unterjochen wollte. Um den systematischen Feldzug gegen die Kirche aufzuhalten oder wenigstens zu verringern, müsse die Kirchenleitung endlich ihre Macht beweisen, auch wenn »dann der radikalste Flügel der Partei unter Führung der SS auf jeden Fall den Vernichtungskampf gegen die Kirche bis zum Ende treibt. Aber auch in diesem Fall ist es vorzuziehen, für die Freiheit der Kirche unter Widerstand bis zum letzten zu unterliegen, als mit entehrenden und im Grunde lächerlichen Verhandlungen der Partei ihre Arbeit noch zu erleichtern.« Bischof Preysing war also spätestens im Jahre 1937 zum Entscheidungskampf auf Leben und Tod der Kirche entschlossen. Wer weiß, vielleicht wäre es zu dieser Zeit, gestützt auf die kirchentreuen Katholiken, noch möglich gewesen, die einzelnen Regierungs- und Parteibehörden zu einem gemäßigteren Vorgehen gegen die Kirche zu bewegen.

Öffentlichkeit und Massenreaktion hießen die beiden Hauptpfeiler, auf denen Bischof Preysing sein Fünf-Punkte-Programm für den Entscheidungskampf gegen das Hitler-Regime aufbaute: »1. Keinerlei Verhandlungen mit dem Feind, bis er nicht zu einem ehrlichen und tatsächlich durchgeführten Waffenstillstand bereit ist. 2. Endlich Abstand nehmen von der Als-ob-Politik und die geistigen Kräfte und tatsächlichen Vorgänge beim richtigen Namen nennen. 3. Die Sprache und Gedankenführung in den Schreiben des Episkopats an die Reichsregierung muß sich von den bisher beobachteten Regeln feinster Diplomatie abwenden und nach der Devise ›Angriff ist die beste Verteidigung‹ auf eine dem nationalsozialistischen geistigen Empfinden verständliche Form abgestellt werden. 4. Alle wichtigen kirchenpolitischen Schreiben an die Reichsregierung sind nach einer bestimmten Frist dem Klerus zur Kenntnis zu bringen. Damit erreichen sie einen auch heute noch wirksamen Grad der Publizität. 5. Das katholische Volk ist durch kurze aktuelle und den Kirchenkampf in seinen wahren Motiven und Vorgängen aufzeigende Hirtenbriefe aufzuklären.« Doch auch dieser erneute Vorstoß des Berliner Bischofs scheiterte zuerst wieder an dem Konferenzvorsitzenden Bertram. Wie recht Preysing mit seiner Diagnose und dem aufgezeigten Aktionsplan hatte, bewies wenige Monate später Bischof Buchberger von Regensburg. Jetzt wollte auch er Bertram umstimmen, da ein Fortschreiten auf dem bisherigen Weg das Schlimmste für die Kirche befürchten lasse: »Wenn es noch ein Jahr so fortgeht, wie in der letzten Zeit, dann haben wir nicht mehr viel zu verlieren.« Doch auch der von Buchberger gewünschte »Warnungsruf von erschütterndem Ernst« blieb aus. Der Grund dafür war immer wieder die Uneinigkeit unter den Bischöfen.

Bischof Preysing versäumte nicht, wenigstens die Katholiken seiner Diözese über den Ernst der Situation zu unterrichten. Kein anderer Bischof richtete so scharfe Protestschreiben an Regierungs- und Parteistellen, mochte es sich um die Zerstörung der Konfessionsschule, um die Schließung von Klöstern, um die Beeinträchtigung des Religionsunterrichts oder um die Entfernung von Kreuzen in den Klassenzimmern handeln. In der Sonntagsmesse am 4. Dezember 1937 ließ Preysing einen Brief verlesen, in dem es lapidar hieß: »Man kennzeichnet nur die wahre Lage der offenbarungsgläubigen Christen in unserem Vaterlande, wenn man feststellt: der gläubige Katholik steht in Deutschland unter Ausnahmerecht. Er muß Spott und Hohn, Unfreiheit und Bedrängnis für seinen Glauben dulden, ohne sich verteidigen zu können, während die Kirchenfeinde Freiheit des Wortes, des Angriffes und des Spottes genießen … Der wahre Christ wird aber niemals seine Zustimmung zu einer Diktatur über die Gewissen geben.«

Ungewöhnlich groß war Preysings Ärger über das Gratulationsschreiben, das Kardinal Bertram im Namen aller Bischöfe, aber ohne jede Absprache mit ihnen, zu Hitlers 51. Geburtstag am 20. April 1940 verfaßte. Der 81jährige Kirchenfürst pries darin das erfolgreiche Wirken in den letzten Jahren, bat Hitler, dem deutschen Volk den christlichen Charaker zu erhalten, und versicherte abschließend, daß das Streben der Kirche nicht im Widerspruch stehe zum Programm der nationalsozialistischen Partei. Der so gerühmte »Führer« griff in seinem Dankesschreiben den ihn am meisten erfreuenden Punkt heraus und konstatierte befriedigt, wenn auch nicht ohne Ironie: »Mit besonderer Genugtuung erfüllt mich Ihre Überzeugung, daß das Streben der katholischen Kirche, dem deutschen Volk den christlichen Charakter zu erhalten, mit dem Programm der NSDAP nicht im Widerspruch stehe.«

Preysing unterrichtete Pius XII. über mögliche Folgerungen, die sich für ihn aus dem unwürdigen Schreiben des Konferenzvorsitzenden ergaben: öffentlicher Austritt aus der Fuldaer Bischofskonferenz, Entzug seines Mandats für den Vorsitzenden Bertram oder Resignation auf das Bistum Berlin. Daß Preysing dann doch auf dem Posten in der Reichshauptstadt blieb, war einzig dem Papst zu verdanken, der auf den mutigen Mahner in Berlin keinesfalls verzichten wollte. Ein Signal aber setzte Bischof Preysing doch, indem er das Pressereferat der Bischofskonferenz niederlegte »wegen der tiefgreifenden Verschiedenheiten in grundsätzlicher und praktischer Hinsicht«.

Preysings pastorale Bemühungen endeten nicht beim Wohl und Wehe der Kirche. Bald nach Erlaß der Nürnberger Rassengesetze im Jahre 1935 gründete er für jüdische Christen das »Hilfswerk beim Bischöflichen Ordinariat«. Und nachdem dessen Vorsitzender, Dompropst Bernhard Lichtenberg, 1941 von der Gestapo verhaftet worden war, weil er in der Bischofskirche St. Hedwig für die verfolgten Juden öffentlich zu beten gewagt hatte, nahm Preysing die Leitung des Hilfswerkes selbst in die Hand, um weitere Übergriffe der Nationalsozialisten zu verhindern: »Ich riskiere jetzt keinen meiner Domherren mehr, sondern übernehme die Leitung des Hilfswerkes persönlich: Nun soll man, wenn man weiter verhaften will, mich verhaften.«

Auf die Vorbereitung eines Gesetzes über die Zwangsscheidung aller »rassischen« Mischehen reagierte Preysing mit Androhung eines gemeinsamen Hirtenbriefes und erreichte tatsächlich, daß jenes Gesetz nicht in Kraft trat. Unbekannt blieb damals, daß Oberregierungsrat Hans Globke, der als zuständiger Referent im Reichsinnenministerium mit Staatssekretär Wilhelm Stuckart einen strengen Kommentar zu den Gesetzen gegen die Juden verfaßt hatte, mit dem Bischöflichen Ordinariat Berlin in engem Kontakt stand. Preysing bezeugt in einem Gutachten über Globke, den Konrad Adenauer 1953 als Staatssekretär in das Bundeskanzleramt berief: »Es ist wohl in erster Linie seiner klugen und mutigen Zusammenarbeit zu verdanken, daß zwei Gesetzentwürfe, die die Zwangsscheidung aller rassischen Mischehen bezweckten, durch die drohende Haltung des deutschen Episkopats keine Gesetzeskraft erhielten.«

Bischof Preysing lag nicht nur die Wahrung kirchlicher Interessen am Herzen, er setzte sich ebenso entschieden für die Rechte aller Menschen ein. Wenn er am 13. Dezember 1942 einen Hirtenbrief über die Rechte der Menschen verlesen ließ, hatte ihn dazu vor allem das schlimme Schicksal der wegen ihrer »nichtarischen« Abstammung gehaßten und verfolgten Menschen veranlaßt: »Wer immer Menschenantlitz trägt, hat Rechte, die ihm keine irdische Gewalt nehmen darf ... All die Urrechte, die der Mensch hat, das Recht auf Leben, auf Unversehrtheit, auf Freiheit, auf Eigentum, auf eine Ehe, deren Bestand nicht von staatlicher Willkür abhängt, können und dürfen auch dem nicht abgesprochen werden, der nicht unseres Blutes ist oder nicht unsere Sprache spricht ... Wir müssen uns klar darüber bleiben, daß ein Versagen solcher Rechte oder gar ein grausames Vorgehen gegen unsere Mitmenschen ein Unrecht am fremden, aber auch am eigenen Volke ist. Wenn einmal, so gilt hier der Satz: ›Das eben ist der Fluch der bösen Tat, daß sie fortzeugend Böses muß gebären.‹« Dieses unmißverständliche Wort des Berliner Bischofs erregte weit über sein Bistum hinaus Aufsehen, da es vom Londoner Rundfunk gesendet und im amerikanischen Repräsentantenhaus verlesen worden war.

Bischof Preysing stand auch mit Mitgliedern des politischen Widerstands wie Helmuth von Moltke, Graf Yorck von Wartenberg, Carl Goerdeler und Claus Schenk von Stauffenberg in Verbindung. Obwohl er selbst keinen Anteil am Attentat des 20. Juli 1944 hatte, rechnete er doch nach dem Scheitern dieses letzten Anschlags auf das Leben des »Führers« mit seiner Verhaftung.

Wer die vielfältigen Aktivitäten des Berliner Bischofs in jenen gefahrvollen Jahren des Dritten Reiches heute betrachtet, ist leicht versucht zu meinen, Preysing sei eine Kämpfernatur gewesen. In Wirklichkeit verhielt es sich aber anders. Seinem Vetter, dem Münsteraner Bischof August Graf von Galen, dessen schonungslose Predigten gegen die Euthanasiemorde heute noch unvergessen sind, gestand Preysing: »Ich habe die Natur einer Rehgeiß. Mir liegt der Kampf nicht.« Als Galen ihn dann auf die scharfen Briefe an Partei und Regierung hinwies, antwortete Preysing wie zur Entschuldigung: »Schließlich schlägt auch die Rehgeiß aus, wenn sie in die Enge getrieben wird.«

In die Enge getrieben fühlte sich Bischof Preysing von Anfang an und von Jahr zu Jahr immer mehr. Dabei schmerzten ihn die Angriffe von seiten der Nationalsozialisten weniger als das Unverständnis seiner Amtskollegen. Doch er war sich auch der Unzulänglichkeit allen menschlichen Handelns bewußt. Preysing wußte nur zu genau: Schuldig wird man nicht nur durch das, was man tut, sondern vielleicht noch mehr durch das, was man zu tun versäumt.

8. Vorkämpfer für Frieden und Ökumene: Priester Max Josef Metzger

Von Friedrich Nietzsche stammt die Lebensweisheit: »Wenn du ein ruhiges Leben wünschst, dann bleibe bei der Herde!« Max Josef Metzger hatte kein ruhiges Leben, eben weil er nicht bei der Herde blieb – bei der kirchlichen Herde im engeren Sinn. Als Priester unterschied er sich von den meisten seiner Mitbrüder. Keiner wußte und fühlte dies deutlicher als er selbst: »Ich bin katholischer Priester und bin es mit Leib und Seele. Meine geistige Einstellung entspricht freilich nicht dem Vorstellungsbild, das man sich vielfach von einem Geistlichen macht. Kultbeamtentum, Weltabgewandtheit, Lebensferne, Geistesenge, Legalismus und Traditionalismus liegen mir so fern wie nur eben möglich. Ich bin ein Mann von selbständigem Urteil und aktivem Interesse an allem Weltgeschehen. Meine religiöse Haltung ist ganz bestimmt durch den Reich-Gottes-Gedanken, durch das Ethos des Evangeliums, mit dem ich in meinem persönlichen Leben ernstzumachen suchte und das ich Zeit meines Lebens den Einzelnen wie der Gesellschaft gegenüber vertrat ... Obwohl durchaus ein kirchentreuer Priester und als solcher auch anerkannt, habe ich auch innerhalb der Kirche eine gewisse selbständige geistige Linie vertreten, indem ich allem Zelotentum, allem Pharisäismus und allem politischen Machtstreben entgegen trat und auf eine wesenhaft religiöse, den Idealen des Urchristentums entsprechende Haltung hinarbeitete.« So charakterisierte er sich selbst in einem Brief vom 1. Oktober 1943 aus dem Gefängnis Berlin-Plötzensee an den Untersuchungsrichter und Oberreichsanwalt beim Volksgerichtshof. Und als Todeskandidat im Zuchthaus Brandenburg verfaßte er folgende autobiographische Verse:

»›Normal‹ zu sein gilt mir wie eine Schande!
Als Mensch ›genormt‹ – der Ekel kommt mich an!
Mit eigenem Namen mich der Schöpfer nannte,
da er mich rief auf meines Lebens Bahn.

Nicht eine Zahl, ein Glied der großen Herde,
ein Eigenmensch mit eigenem Gesetz.
So ziemt's dem köstlichen Geschöpf der Erde!
So schuf er einmal mich, so blieb ich stets.

Es scheint, es muß ja wohl auch Masse geben;
nicht jeder bracht' ins Leben ein Gesicht!
In Rudeln weichen, nennt man auch ein ›Leben‹;
wem's so gefällt! – ich neid es ihnen nicht.

Ich hass' die ausgetretenen Massenwege,
Gewohnheit, Stille macht mich nicht zum Knecht.
Ich laß dem Sonderling sein Geistgehege –
der Gottesgeist verbüßt mir Pflicht und Recht.«

Mit einem solchen Lebensprogramm mußte sich der Priester Max Metzger in der Tat von der Mehrzahl des Klerus unterscheiden.

Deshalb auch trat in seinem Leben das »wir«, das ihm sein Berufsstand abgefordert hat, immer wieder zurück vor dem »ich«, freilich mit der Folge, daß er leicht als Einzelgänger, als Sonderling, als Elitejäger abgestempelt werden konnte. In den Augen seiner Mitmenschen, vornehmlich seiner kirchlichen Vorgesetzten, galt Metzger wegen seiner spezifischen Andersartigkeit, die jedem tieferblickenden Beurteiler als eine Auszeichnung hätte erscheinen müssen, als ein Idealist, ja, als ein Utopist, als ein Wolkensegler, als ein Hyperphilanthrop, als ein Mensch, dem die Welt und alle Wirklichkeit fremd blieb. Nichts wäre jedoch verfehlter, als so von Metzger zu denken.

Die hier offensichtliche Differenz reicht viel tiefer. Es gilt nämlich, was die Jüdin Simone Weil einmal so umschrieben hat: »Es ist um die Intelligenz geschehen, sobald der Ausdruck des Denkens explizit oder implizit von dem kleinen Wort ›wir‹ begleitet wird.« Nicht Stolz oder Überheblichkeit hieß bei Metzger das unterscheidende Kriterium, sondern Qualität, genauer: Qualität in der Spiritualität.

Schon dem jungen Max Josef war anzumerken, daß er seinen Weg, wohin er auch führen mochte, konseqent gehen werde, d.h. ohne Rücksicht darauf, ob Vor- oder Nachteile zu erwarten standen. Bis zur letzten Konsequenz sogar, und zwar in dem Sinn, wie ihn der englische Lordkanzler Thomas More im Konflikt mit König Heinrich VIII. erklärt hat: »Mein Kopf steht Eurer Majestät zur Verfügung, mein Gewissen nicht.« Metzgers aufrechte Haltung, sein kompromißloses Eintreten für das als richtig Erkannte, aber auch sein tiefer Schmerz über so viel Opportunismus und Feigheit um ihn herum sprechen aus den Zeilen, die er in der Todeszelle gedichtet hat:

»Ich muß gestehn, ich hab' sie nie gelernt,
die Kunst, das Krumme – krumm zu lassen!
Ich konnt' im ganzen Leben nicht erfassen,
daß man bei Notstand höflich sich entfernt ...

Ich fürchte fast, es scheitert am Gewissen –
Ihm hab' ich allzeit Treue halten müssen:
wer sich dafür nicht wagt, der ist kein Mann!

Geht euren Weg – ich seh' euch ohne Neid –
ihr klugen Selbstversorger all, ihr Weisen!
Ich geh den meinen – mögt ihr Narr mich heißen:
mich tröstet meiner Seele Seligkeit!«

Wir stehen hier an Metzgers heimlicher Lebensquelle, die da heißt:
Gott und das Gewissen. In die Wiege war ihm solches Anderssein
nicht gelegt. Erst eine nüchterne Sicht der wirklichen Verhältnisse
im Zusammenleben der Menschen brachte ihn zum Umdenken
und zum Umkehren. Im Oktober 1915 folgte Metzger einer Einladung des Theologieprofessors Johannes Ude nach Graz, um in
der Abstinenzbewegung mitzuarbeiten. Hinzu kam bald sein nim-
mermüder Einsatz für den Frieden unter den Völkern. Die Kirchenführer der damaligen Zeit hatten aber kaum Verständnis für
diese Mission. Ungerechte Kritik und wachsender Widerstand
zwangen Metzger im Jahr 1928, mit einigen Mitgliedern seiner neu
gegründeten Christkönigsgesellschaft Graz zu verlassen und nach
Meitingen (Bayern) überzusiedeln, wo er im Namen des Augsburger Caritasverbandes eine Heilstätte für Trinker einrichtete. Erst
viel später, im Jahr 1969, lange nach seinem Tod, fand die Christkönigsgesellschaft als weibliches Säkularinstitut päpstliche Anerkennung.

Seit Max Metzger sich in Meitingen niedergelassen hatte,
bestimmte die Notwendigkeit einer allgemeinen Kirchenreform
immer mehr sein Denken und Tun. Darum auch pflegte er die
noch zarten Anfänge der liturgischen Bewegung wie auch der
Bibelbewegung und rief mannigfache apostolische Aktivitäten ins
Leben. Zusammen mit der Friedensarbeit, die er zu keinem Zeitpunkt ganz aufgab, blieb vor allem die Versöhnung der Christen
das beherrschende Anliegen seines Herzens. So kam es im Winter
1938/39 zur Gründung der Bruderschaft »Una Sancta«, einer

lockeren Vereinigung von Christen verschiedener Konfessionen. In beiden Belangen war er der offiziellen Kirche seiner Zeit weit voraus. Dies wußte es selbst gut genug: »Sahen mich viele als einen verstiegenen Idealisten an, so sagten meine Freunde von mir, mein Unglück bestehe darin, daß ich jeweils Erkenntnisse und Wahrheiten Jahre oder Jahrzehnte früher vertreten habe, als sie verstanden werden können.«

Metzger als Pazifist

Die katholische Kirche betrachtete den Ersten Weltkrieg als einen »gerechten Krieg«. Keiner hat dies unmißverständlicher ausgesprochen als der Speyrer Bischof Michael Faulhaber, seit 1917 Erzbischof von München-Freising. Mit dem Amt des Bischofs verband Faulhaber das des Feldpropstes, d.h. des obersten Militärgeistlichen. Doch nichts Geistliches war zu vernehmen, wenn er das Kriegsgeschehen mit den Worten rechtfertigte: »Die Londoner Nebelschwaden werden auf die Dauer die geschichtliche Wahrheit nicht verschleiern. Das deutsche Heer ist mit stahlblanken Schilden ausgezogen. Nach meiner Überzeugung wird dieser Feldzug in der Kriegsethik für uns das Schulbeispiel eines gerechten Krieges werden.«

Friedensinitiativen fanden wenig Gehör, auch wenn sie von Papst Benedikt XV. ausgingen. Metzger war schon als Theologiestudent Mitglied der Deutschen Friedensgesellschaft. Dennoch meldete er sich als Priester der Erzdiözese Freiburg im Breisgau freiwillig an die Front, mußte aber schon im Sommer 1915 wegen schwerer Erkrankung als Divisionspfarrer ausscheiden. Doch diese wenigen Monate hatten genügt, um ihm die Augen für so viel Unmenschlichkeiten zu öffnen. 30 Jahre später bekannte er als Angeklagter vor dem Volksgerichtshof in Berlin: »Ich habe im Krieg die Not, das Elend und den Schrecken kennengelernt, daß es für mich keine vornehmere Aufgabe gab, als für die Völkerverständigung und den Frieden zu arbeiten.« Damit stand für ihn als Hauptaufgabe seines Lebens fest: der Weltfriede.

Seine sozial-karitative Einstellung hieß Metzger dem Ruf des Grazer Theologieprofessors Johannes Ude zur Mitarbeit in der Abstinenzbewegung folgen. So ist er schon im Oktober 1915 in Graz als Generalsekretär des »Katholischen Kreuzbündnisses gegen Alkoholismus für Österreich« tätig. Inmitten des Krieges bauten Ude und Metzger die »Zentralstelle der Volkserziehung zur Lebens- und Gesellschaftserneuerung auf katholischer Grundlage« auf, die, 1917 zum »Weltfriedensbund vom Weißen Kreuz« erweitert, weitere zwei Jahre später im »Friedensbund Deutscher Katholiken« aufging. Dieser wieder schloß sich der »Katholischen Internationalen« an, bei deren Gründung Metzger wieder maßgebend beteiligt war. Graz darf sich also rühmen, Ausgangspunkt der katholischen Friedensbewegung im gesamten deutschen Sprachraum gewesen zu sein. Die erste Massenkundgebung für den Frieden fand an Pfingsten 1917 – inmitten des 1. Weltkrieges – in Graz statt. Die beiden Redner, Ude und Metzger, wurden stürmisch begrüßt. Ude sprach über »Erziehung zum Völkerfrieden« und der 30jährige Priester Metzger über »Waffenstillstand oder Völkerfriede«.

Völkerverständigung und Völkerversöhnung blieben fortan Metzgers große Sorge, die er Mitte 1917 in einem Friedensprogramm, das er Nuntius Pacelli persönlich und Papst Benedikt XV. zur Kenntnis bringen konnte, in zwölf Punkten konkretisierte: Beendigung des nutzlosen Blutvergießens, dauerhafter Weltfriede, Abrüstung, Kampf gegen Rassismus und Nationalismus, Überwindung des Klassenkampfes durch Nächstenliebe und Gerechtigkeit, Erziehung der Jugend zu sozialer Verantwortung, Erfüllung der göttlichen Gebote und Verwirklichung der christlichen Grundsätze im öffentlichen Leben. An konkreten Maßnahmen verlangte er die Gründung eines Weltkulturbundes für Frieden und Völkerverständigung. Umstritten selbst im katholischen Lager blieben die meisten seiner Publikationen, vor allem die Schrift *Klassenkampf oder Völkerfriede*, worin er eine umfassende Gesellschaftsreform vorlegt.

Eine politische Wende führte der Zentrumspolitiker Matthias Erzberger mit seiner berühmt gewordenen »Friedensrede« vom 6. Juli 1917 herbei. Nur drei Wochen später wandte sich Papst Benedikt XV. mit einem Friedensmemorandum an die vier Oberhäupter der kriegführenden Staaten. Dies hinderte jedoch den Kölner Kardinal Hartmann noch Anfang 1918 nicht, das Kriegsgeschehen als »Gottes Zulassung und gerechte Fügung« hinzustellen. Und wie wenig die Bischöfe noch zu Beginn des Zweiten Weltkriegs von diesem Denken abgewichen sind, beweist der Münsteraner Bischof Clemens August Graf von Galen, wenn er am 20. April 1940, nach dem mißlungenen Angriff auf England und kurz vor dem Rußlandfeldzug, argumentiert: »Gott hat es zugelassen, daß das Vergeltungsschwert gegen England in unsere Hand gelegt wurde. Wir sind die Vollzieher seines gerechten göttlichen Willens.« Noch schlimmer klingt es im Fastenhirtenbrief von 1944; denn hier vergleicht er den Tod des gläubigen Soldaten mit dem Martertod, »der dem Blutzeugen Christi sogleich den Eintritt in die ewige Seligkeit« öffnet.

Matthias Erzberger hingegen und auch einige Geistliche verstanden das Anliegen des Papstes; sie stellten die traditionelle Kriegstheologie in Frage und erinnerten statt dessen an die Weisungen der Bergpredigt Jesu. Nicht mehr weit entfernt war jetzt die Geburtsstunde des »Friedensbundes Deutscher Katholiken«, zu dessen Initiatoren wiederum Max Metzger gehörte. Ende 1917 hielt Metzger bei der Friedensversammlung in Wien eine Rede zum Thema »Neuaufbau Europas im Lichte des Papstprogramms«. Hier plädierte er für einen unbedingten Pazifismus und verwies dafür auf den Hl. Franz von Assisi als vorbildlichen Friedensboten.

In den Richtlinien des Friedensbundes von 1924 heißt es: »Der ›Friedensbund Deutscher Katholiken‹ will nach den katholischen Grundsätzen der Bruderliebe und der Gerechtigkeit, wie sie in den Friedenskundgebungen der letzten Päpste klar niedergelegt sind, den Gedanken des christlichen Friedens und der Völkerversöhnung zunächst unter den Glaubensgenossen verbreiten und an seiner Verwirklichung mitarbeiten.« Jede doppelte Moral wird abgelehnt: »Das wahre Wohl des Vaterlandes verlangt Befolgung der christlichen Grundsätze auch in den Beziehungen der Staaten untereinander.«

Eine radikal-pazifistische Haltung vertrat Metzger Pfingsten 1929 vor der »Internationalen der Kriegsdienstgegner« in Den Haag. Er bezeichnete den Krieg als ein Schauspiel, bei dem der Teufel selbst Regie führe, Finanzmagnaten des internationalen Großkapitals als Drahtzieher wirkten und Politiker und Diplomaten die Schauspieler und Marionetten darstellten. Demgegenüber entwickelte er sein Friedenskonzept: »Eine weitausgreifende Friedenspolitik muß dahin arbeiten, daß immer mehr Einzelmenschen und – das ist das Entscheidende – schließlich vor allem die großen Arbeiterparteien für diese Erkenntnis gewonnen werden, … jede Erzeugung und jeden Transport von Kriegsmaterial von vornherein mit allen Mitteln zu vereiteln. Die Unmöglichkeit des Aufrüstens hat von selbst die Unmöglichkeit des Krieges zur Folge.« Kein Wunder, daß nicht bloß die katholische Presse in den Niederlanden mit Empörung reagierte, auch Metzgers bischöfliche Behörde in Freiburg mißbilligte sein Auftreten.

Wie wenig positive Resonanz Metzger von Anfang an selbst in den Reihen der Kirche fand, bekundet der katholische Journalist Alphons Nobel in einem Aufsatz, den er 1921 unter dem Titel »Pariser Tagebuch« in der Zeitschrift *Hochland* publizierte. Darin lesen wir: »In diesen Tagen spricht hier ein Dr. Metzger aus Graz recht viel. Er will etwas wie eine Katholische Internationale organisieren. In seiner Heimat ist Dr. Metzger ein Außenseiter. Jede größere Gruppe hütet sich, mit seinen Bestrebungen gemeinsame Sache zu machen. Ich habe den Eindruck, seine Katholische Internationale soll das Gegenstück zur Sozialistischen werden. Aber haben wir diese Internationale nicht in der idealsten Form in der Kirche verwirklicht?« Mißtrauen also von katholischer Seite.

Doch der energische Metzger ließ sich nicht entmutigen, ging es ihm doch nicht nur um ein friedliches Zusammenleben, sondern um eine allgemeine Erneuerung der Kirche: »Das Weiße Kreuz will in erster Linie sein eine innere Bewegung zur persönlichen Erneuerung der einzelnen Katholiken in urchristlicher Gesinnung und erstrebt aus diesem Geist heraus die folgerichtige Anwendung der urchristlichen und urkatholischen Grundsätze auf allen Lebensgebieten und dadurch die Lösung aller Fragen des Einzellebens wie des gesellschaftlichen Zusammenlebens im Geiste wahrer christlicher Liebe.« Ein Programm, das zu allen Zeiten seine Gültigkeit hat.

Mit dem Dritten Reich war auch schnell das Ende des Friedensbundes deutscher Katholiken gekommen. Zwei Promotoren in der Redaktion der *Rhein-Mainischen Volkszeitung*, Heinrich Scharp und Walter Dirks, wurden wegen ihrer offenen Unterstützung des Friedensbundes verhaftet. Dasselbe Los war dem Vorsitzenden des Bundes, dem Dominikaner Franziskus Maria Stratmann, und dem Generalsekretär Paul Lenz beschieden.

Auch wenn Metzger im verhängnisvollen Jahr 1933 einen Augenblick lang an eine »weitgehende Zusammenarbeit mit dem neuen Deutschland« dachte, ließ er doch jederzeit die Grenze erkennen, über die hinaus es für den christlichen Glauben keinerlei Kompromiß geben durfte. Im Januar-Heft 1934 der von ihm gegründeten und herausgegebenen Zeitschrift *Christkönigsboten* erklärte er unmißverständlich: »Die Kirche muß sich zur Wehr setzen, wo man die Macht zum Götzen erhebt, wo man den Frieden zwischen den Völkern durch rohe Gewaltpolitik gefährdet, wo man den Staat zur Quelle allen Rechts macht und fremde Rechte nur insoweit gelten läßt, als sie dem eigenen Volke keine Opfer zumuten.« Gleichzeitig sprach er die Befürchtung aus, »der ›Sozialismus‹ der NSDAP sei nur eine Tarnung für soziale Reaktion, die im Dienst des Kapitalismus die Interessen des Volkes opfert.« Und in einem Memorandum an die Adresse des Papstes, verfaßt im Advent 1939, führte Metzger die Wirkungslosigkeit der Christenheit gegenüber Hitlers Kriegsrausch auf die Uneinigkeit der christlichen Kirchen zurück.

Michael Lerpscher und Maurus Ruf, zwei deutsche Brüder der Christkönigsgesellschaft, blieben in Graz, auch nachdem die

Nationalsozialisten Österreich in das sogenannte Großdeutsche Reich »heimgeholt« hatten. Kein deutscher und auch kein österreichischer Bischof verurteilte Hitlers Angriffskriege. Im Gegenteil, sie alle ermunterten ausdrücklich zum Kampf gegen den gottlosen Bolschewismus. Als Lerpscher, ein radikaler Pazifist auf dem Boden des Neuen Testaments, Fürstbischof Ferdinand Pawlikowski von Graz-Seckau, der zugleich als Militärbischof fungierte, seine Einberufung zur Wehrmacht als einen schweren Gewissenskonflikt begreiflich zu machen suchte, zeigte der Oberhirte keinerlei Verständnis für negative Kritik am Kriegsdienst; er drängte den Fragenden vielmehr, der Einberufung zum Militärdienst unbedingt Folge zu leisten. Doch Lerpscher verweigerte den Gehorsam ebenso wie Ruf und wurde deshalb wegen Zersetzung der Wehrkraft am 5. September 1940 im Zuchthaus Brandenburg-Görden enthauptet. Ruf ging zwar zum Militär, verweigerte aber den Waffendienst und kam deshalb im Mai 1940 als Häftling nach Graz zurück. Aus dem Grazer Untersuchungsgefängnis schrieb er an seinen Vater, der ihn umzustimmen versucht hatte: »Ich weiß, lieber Vater, daß du meine Handlungsweise mißbilligst, und daß ich Dir dadurch Herzeleid bereite, und du darfst versichert sein, auch mir tut es leid, Dir diesen Schmerz zu bereiten. Doch aus diesem Grund, gegen meine Überzeugung, zu handeln, das darf ich nicht; wenn es sich um den Willen Gottes handelt, muß auch das Liebste zurücktreten, wenn es auch noch so weh tut.« Vier Wochen nach Lerpscher, am 10. Oktober 1940, wurde auch Ruf, der in den Weihnachtsferien des Vorjahres in Meitingen die ewigen Gelübde abgelegt hatte, in Brandenburg-Görden durch das Fallbeil hingerichtet.

Max Metzger wollte seine vielfältigen internationalen Kontakte im Jahre 1944, als der Krieg für Deutschland offensichtlich verloren schien, dazu nutzen, die Stimme des anderen, des nichtnazistischen Deutschlands laut werden zu lassen, damit nach dem Untergang ein erträglicher Neuanfang einsetzen könnte und nicht wieder, wie 1918, das Ende des Kriegs schon den Keim eines neuen in sich schlösse. In einem Memorandum unterbreitete er konkrete

Friedensvorschläge, die eine bedingungslose Kapitulation abwenden sollten. Unglücklicherweise vertraute Metzger dieses Dokument der aus Schweden stammenden Dagmar Imgart an, die er seit Jahren als Interessentin für die Una Sancta kannte. Doch statt dieses Papier vertraulich Erzbischof Eidem von Uppsala zuzuleiten, verständigte sie, die für die Gestapo arbeitete, ihre Auftraggeber. So landete das Memorandum in den Händen der Gestapo, führte zu Metzgers Verhaftung, zu seinem Todesurteil wegen »Vorbereitung zum Hochverrat« und am 17. April 1944 zu seiner Enthauptung im Zuchthaus Brandenburg-Görden. Der für Metzger zuständige Erzbischof Conrad Gröber von Freiburg hatte zwar ein Gnadengesuch eingereicht, distanzierte sich darin aber von dem Metzger zur Last gelegten Verbrechen mit den Worten: »Ich bedaure aufs allertiefste das Verbrechen, dessen er sich schuldig gemacht hat.« Um die Vollstreckung des Todesurteils zu verhüten, empfahl er dem Reichsjustizminister den Einsatz des Schuldigen an der Front: »Ich halte ihn für fähig, sein Verbrechen durch den heldenhaftesten Tod an der Front zu sühnen.« Wenn der Erzbischof mit dieser Taktik das Leben seines Priesters retten wollte, war es dennoch ein unmenschliches Ansinnen. Am selben Tag ließ Gröber den Nuntius Orsenigo brieflich wissen: »Ich verurteile sein politisches Verbrechen, aber ich habe ein großes Mitleid mit ihm … Es handelt sich um ein Priesterleben, das sich verirrte, aber nicht aus sittlicher Schlechtigkeit, sondern aus unbegreiflicher Torheit.« Eine an die Geistlichkeit gerichtete Erklärung zum Fall Metzger vom 12. November 1943 nutzte der Erzbischof zu der eindringlichen Lehre, »daß wir alles und jedes, was dem Vaterland in seiner schweren Zeit und damit auch uns selber irgendwie schaden könnte, peinlichst unterlassen, die ungeheuren Opfer und Erfolge unserer Soldaten im Felde dankbar und fürbittend würdigen, den Mut unserer Gläubigen in der Heimat stärken, die von schweren Verlusten Getroffenen christlich aufrichten, an das furchtbare Unglück eines verlorenen Krieges mit bolschewistischen Folgen denken und Tag für Tag Gott bitten, daß er, der Lenker der Geschicke aller Völker, unsere Heimat schütze und mit einem ehrenvollen, inneren und äußeren Frieden segne.«

Torheit wäre es für Gröber sicher auch gewesen, wenn er erfahren hätte, was Metzger im kleinen Kreis nach einer Rede Hitlers im Jahr 1933 geäußert hat: »Das ist ein ausgesprochener geisteskranker Hysteriker oder ein Rohling schlimmster Art.« Er würde keine Bedenken tragen, fügte er hinzu, »ihn zu erschießen, um dadurch Tausenden von Menschen, die um seinetwillen das Leben lassen müssen, davor zu bewahren. Auch wenn ich selbst dabei zerrissen würde.«

Metzger als ökumenischer Theologe

Heute wissen wir, daß Max Metzger auf katholischer Seite zu den Pionieren der ökumenischen Bewegung gezählt werden muß. Die Einheit aller Christen war ihm schon in jungen Jahren ein Hauptanliegen, und dies nicht zuletzt um des Weltfriedens willen. Und sie blieb seine Sorge bis zum Tod. Mit »Paulus in vinculis« unterzeichnete er sein Gedicht »Una Sancta«:

»Ihr Christen! Habt ihr auf das Wort vergessen,
das zu euch sprach der HERR zum letzten End'?
Verachtet ihr im Eigensinn vermessen,
das Er euch ließ: Sein heil'ges Testament?
...
Ihr lest: ›Ein Herr! Ein Glaube! Eine Taufe!‹
In euren Kirchen predigt ihr die Schrift,
doch eurer Gottesmänner Wortgeraufe
als Ärgernis das Ohr der Heiden trifft.
...
Ich staun': ihr findet noch zum Zanken Muße
am Tag des Gotteszorns und des Gerichts!
›Metanoia!‹ Der Meist ruft: ›Tut Buße!‹
Seht ihr die blut'gen Himmelszeichen nicht?«

Beim 1. Internationalen Kongreß des Versöhnungsbundes 1923 in Nyborg, an dem er und Prof. Hermann Hoffmann (Breslau) als die beiden einzigen katholischen Theologen teilnahmen, dürfte ihm restlos klar geworden sein, wie der Friede unter den Konfessionen und der Friede zwischen den Völkern Europas auf Gedeih und Verderb miteinander zusammenhingen. Tatsächlich brachte er hier die erste interkonfessionelle Erklärung der ungefähr 50 anwesenden Theologen über Kirche und Krieg zustande. Im folgenden Jahr schon kam es in Graz auf Metzgers Einladung zu zwei öffentlichen Abendveranstaltungen mit dem Thema »Die Protestanten und wir«. 1927 begegnen uns Metzger und Hoffmann als die katholischen Vertreter bei der Weltkirchenrats-Konferenz »Faith and Order« in Lausanne. Nach anfänglichem Verbot hatte ihnen der Lausanner Bischof die Teilnahme doch erlaubt.

Im Winter 1938/39 gründete Metzger in Meitingen die ökumenische Bruderschaft »Una Sancta.« Spätestens jetzt stand für ihn fest, daß die Einheit der Christen aufgrund desselben Credo schon »eine unbezweifelbare Realität« darstelle, freilich noch weiter vertieft werden könne. Anläßlich der Weltgebetsoktav für die Einheit der Christen im Januar 1939 ließ er Gebetstexte zu Tausenden verteilen. Die Pfarrer sollten diese Texte nach der Predigt mit ihren Gläubigen beten. Zu Pfingsten 1939 lud Metzger mit einer Postwurfsendung alle evangelischen Pfarrer, die er nach katholischer Manier als »Mitbrüder« anredete, zu gemeinsamen Gesprächen ein. Tatsächlich wurden in den folgenden Jahren in Meitingen und an anderen Orten fruchtbare ökumenische Gespräche und Tagungen durchgeführt.

Wenige Wochen nach Ausbruch des Zweiten Weltkriegs wandte sich der zum zweiten Mal verhaftete Priester Metzger von der Gefängniszelle in Augsburg aus mit einem längeren Schreiben an Papst Pius XII., um ihn für die Einberufung eines Unionskonzils der getrennten Kirchen zu gewinnen. Als erster Schritt sollte der Papst zwölf kirchliche Persönlichkeiten seines Vertrauens benennen, die sich mit ebenso vielen »führenden Vertretern der getrennten kirchlichen Gemeinschaften« zu einem vertrauten Gespräch treffen, am besten in Assisi, »wo der Geist des von allen Christen ohne Unterschied verehrten Poverello eine Atmosphäre des Friedens und der Versöhnung begünstigen würde«. Diese Idee ist zwei Jahrzehnte später Wirklichkeit geworden, als Papst Johannes XXIII. ein ökumenisches Konzil einberief, und nochmals 1986, als sich auf Einladung Papst Johannes Pauls II. Vertreter aller Religionen in Assisi zu einem Gebetstreffen versammelten.

Hatte sich Metzger die Einheit anfangs noch als Ergebnis der Rückkehr aller nichtkatholischen Kirchen zur römisch-katholischen Kirche vorgestellt, so entwickelte sich sein Konzept von der einen Kirche im Laufe der Jahre zu einer Einheit voller Spannungen. Als besonders schmerzlich empfand er, daß die gespaltene Christenheit den Heiden vielfach zum Gespött geworden sei. Doch ohne erst lange nach der historischen Schuld einer einzigen Seite zu suchen, hielt Metzger alle für schuldig, die weiterhin die Hände in den Schoß legten, statt alles zu tun, um die Spaltung so bald wie möglich aus der Welt zu schaffen. Er sprach aus, was damals noch helle Empörung hervorrief, wie sehr nämlich doch »eine gewisse stolze Selbstgerechtigkeit« katholischerseits verhindere, »daß wir die Mängel und Unzulänglichkeiten innerhalb unserer Kirche, die Sünden und Fehler, durch die wir die Spaltung mitverschuldet haben, offen zugeben mit der ehrlichen Bereitschaft zu der Buße, die wir, wie sie meinen, immer nur von andern verlangen«. Die dogmatischen Differenzen stellten in Metzgers Augen ein geringeres Hindernis dar als jene geistigen Haltungen, die sich weder mit Wahrheit auf der einen noch mit Irrtum auf der anderen Seite erklären ließen. Er sprach von »Spannungsgegensätzen«, »die in der Universalität der Una catholica alle irgendwie zu ihrem Recht kommen dürfen«. Karl Rahner und Heinrich Fries, zwei herausragende Theologen unserer Tage, verwendeten dafür den Ausdruck »Einheit in der Vielfalt«. Konkret dachte Metzger an gegensätzliche Fragen wie: »Gott oder Mensch? Christus oder Kirche? Schrift oder Tradition? Gnade oder Aszese? Gesetz oder Freiheit? Recht oder Liebe? Form oder Geist? Evangelium oder Gesetzbuch? Moral oder Gesinnungspflege? Sakramentales oder

Geist-Christentum? Volksfrömmigkeit oder höhere Gnosis? National- oder Weltkirche?« Konkret ging es Metzger bei dieser Unionsversammlung um eine objektive Bestandsaufnahme der tatsächlichen Schwierigkeiten ebenso wie um das Aufspüren von Möglichkeiten zur Annäherung.

Die Einheit der Kirchen war nicht nur eine Lieblingsidee Metzgers, sondern aufgrund der Mahnung Jesu an seine Jünger: »Seid eins ... Bleibt eins ...« (Joh 17) für ihn ein heiliger Auftrag. Alle seine Bemühungen speisten sich aus beständiger Bibellektüre und geistlicher Meditation. Auf diese Weise reifte in ihm eine Ekklesiologie, die mit der traditionellen in vielen Punkten brach und neue Wege eröffnen konnte. In den Monaten, die er zwischen Todesurteil und Hinrichtung im Gefängnis verbringen mußte, schrieb er mit gefesselten Händen eine großartige theologische Abhandlung über das Königtum Christi. Dabei leitete ihn die im ersten Brief des Apostels Paulus an die Korinther enthaltene Forderung: »Christus muß herrschen« (1 Kor 15,15). Gerade weil uns heute manche Gedanken völlig unproblematisch erscheinen mögen – damals waren sie es nicht! –, sollen sie wenigstens kurz skizziert werden.

Zunächst gilt allgemein: Metzger gebraucht ganz selbstverständlich das Wort Kirchen und denkt dabei eben nicht nur an Ortskirchen der römisch-katholischen Kirche, sondern an wirkliche Kirchen außerhalb dieser Großkirche. Zur (einen) Kirche zählt er dabei nicht nur die durch Taufe in die Kirche Aufgenommenen, sondern ebenso die in die Kirche Gerufenen, d.h. die gesamte Menschheit: »Alle gehören irgendwie zur ›Kirche Christi‹, auch wenn sie vielleicht nie den Namen ihres Erlösers gehört, wenn sie nur nach dem Maß ihrer geistigen Aufnahmefähigkeit gewissensmäßig nach der ›Wahrheit‹ gestrebt und sich ihr geöffnet und nach ihrer Gewissenserkenntnis gelebt haben.« Das beinhaltet eine klare Absage an das mißverständliche Prinzip »Außerhalb der Kirche gibt es kein Heil«, hier begegnet uns die Vorstellung eines Karl Rahner vom »anonymen Christen«, ja mehr noch, eine erst zwanzig Jahre später erfolgte Aussage des 2. Vatikanischen Konzils. Ohne Zweifel gehört für Metzger jeder gültig Getaufte zu der einen Kirche. Diese spricht nach seiner Überzeugung auch denen das Heil nicht ab, »die bona fide außerhalb der aktiven kirchlichen Gemeinschaft stehen«.

Bei einem derart weiten Begriff von Ökumene ist es nicht verwunderlich, daß Metzger auch die Menschen jüdischen Glaubens in die Kirche einbezogen sieht. Schon in einer Stellungnahme von 1932 hat er die Überzeugung ausgesprochen, gläubige Christen und gläubige Juden seien einander näher verwandt als die Anbeter des Goldenen Kalbes bei den Juden und die Wotangläubigen unter den »arischen« Christen. Deshalb sind in seiner im Jahr 1935 erstellten Liste von Fürbitten auch die verfolgten Juden verzeichnet.

Metzger fragt in der theologischen Abhandlung ferner, was oder wieviel einer glauben müsse, damit er zur Kirche gehöre. In seiner Antwort kommt der Gewissensentscheidung – ebenfalls ein Prinzip des 2. Vatikanums – größte Bedeutung zu. »Die Exkommunikation einzelner oder ganzer Gruppen von Menschen erfolgt auf Grund äußerer, sichtbarer Tatbestände. Keinem Amtsträger der Kirche steht es aber zu, das Urteil über die innere Gewissensbeschaffenheit der einzelnen dem vorwegzunehmen, der allein die Tiefen der Herzen durchschaut.« Daraus schließt er: »So mag es sein und wird es sein, daß selbst formell Exkommunizierte, wenn sie Gott als bona fide anerkennen, tatsächlich weiter zur – unsichtbaren – Kirche Christi, zur Una Sancta Catholica et Apostolica Ecclesia gehören und durch sie ihr ewiges Heil finden.« Und um keinen Zweifel an der Heilsmöglichkeit der Nichtkatholiken zu lassen, fügt er hinzu: »Ganz sicher gilt dies von all denen, die ohne ihre Schuld außerhalb der sichtbaren Glaubenseinheit der Una Sancta stehen, aber gewissensmäßig klar darauf eingestellt sind, Christus als den Herrn, auch in seiner Offenbarung, anzuerkennen und in unverbrüchlichem Glauben an ihn zu leben.« Zum leidigen Punkt des päpstlichen Primats konzediert Metzger, daß »bei der tatsächlichen Entwicklung des Primats bzw. der ›verfaßten‹ Kirche zweifellos auch natürliche, menschliche – auch allzumenschliche – Faktoren eine Rolle gespielt (haben), so daß keinesfalls die jeweilige zeitbedingte und in ihrer Form wechselnde Art der Verwirklichung des ›Primats‹ einfachhin als kategorischer Wille des Herrn angesprochen werden darf.« Und deshalb könne an die Stelle des Zentralismus »eine weitergehende Dezentralisation als Gebot der Stunde« erscheinen. Mit Nachdruck betont Metzger die »Einheit in der Mannigfaltigkeit«. »Nur die grundlegende äußere Einheit ist von Christus dem Herrn angeordnet in der Einsetzung eines Hüters der Einheit für die Gesamtkirche; nur deren Bewahrung ist heilsnotwendig.« Und warnt davor, »die Zentralisierung in Uniformierungstendenzen so weit zu treiben, daß sie zum Hindernis der vom Herrn gewollten großen und wesentlichen Einheit der Kirche wird«. Mit Bedauern stellt er fest, daß »die große und innerlich so reiche Ostkirche trotz der Glaubensgemeinschaft die Gemeinschaft des Brotbrechens mit der römischen ›Mutter‹-kirche nicht pflegt und pflegen darf – warum? Im wesentlichen, weil sie die ›Herrschafts‹ansprüche Roms fürchtet.« Deshalb fragt er besorgt: »Ob die Tischgemeinschaft nicht mehr möglich ist, weil die Glaubens- und Liebesgemeinschaft zerfiel?« Kirche sei eben keine ideale Gegebenheit, sondern bleibe eine Aufgabe für die Jünger Christi zu allen Zeiten.

Daß die Kirche Christi sich katholisch nennt, versteht Metzger in erster Linie als Aussage über das ganze Volk Gottes: »Sie ist also keine Kleruskirche, als ob der Klerus ›die‹ Kirche, das ›Volk‹ nur Objekt der Kirche wären.« Die Amtsträger in der Kirche »sind ebenso ›Glieder‹ des ›Leibes‹ wie die anderen, gehören ebenso zum ›laos‹ wie die andern ›Volksgenossen‹, ›Laien‹« und haben nach seiner Vorstellung als Diener Christi und seiner Kirche bestimmte Funktionen zu erfüllen. Hier kleidet Metzger seine Kritik in die Frage, ob »nicht ein selbstzufriedenes, weltläufiges Kultbeamtentum« die grundwesentliche Sendung der Laien nicht »bis zur Unkenntlichkeit verdeckt« habe. Im Blick auf »Rom«, das alle Macht an sich gezogen habe, erklärt er, die einzelnen Apostel hätten »Auftrag und Vollmacht ihrer Sendung nicht von Petrus, sondern unmittelbar vom Herrn« erhalten und sie hätten »ihre Heilsvollmachten unmittelbar, nicht etwa im Auftrag Petri (›Roms‹) in ihrer Handauflegung weitergegeben«. Genausowenig sei die Kirche Christi eine Kirche der Männer, noch weniger freilich eine der »Betschwestern«, sie umfaßt wesentlich beide Geschlechter. »Eine einseitig vermännlichte Kirche entspricht ebensowenig der Katholizität – und verhindert diese auch praktisch – wie eine feminin entartete –, der Führungsanspruch der männlichen Autorität ist für den ›Aufbau‹ der Kirche ebenso bedeutsam wie die größere Herzkraft der Frau.«

Ein ganz wesentlicher Bestandteil der Kirche ist für Metzger die Freiheit. Dieses Prinzip der Freiheit soll für alle »zweifelhaften« Angelegenheiten gelten. Und was könnte hier nicht dazugehören? »Etwas von ›dubium‹ haben letztlich alle nicht ausdrücklich geoffenbarten Wahrheiten an sich.« Die Catholica ist nach Metzgers Auffassung weder urchristlich noch modern, auch nicht römisch, »sofern diese Bezeichnungen irgendwelche Verhaftung an einen bestimmten Raum oder eine Zeitperiode der Geschichte zum Ausdruck bringen. Die abendländische ist so wenig ›die‹ Catholica als die ›orthodoxa‹ des Ostens. Die Una Sancta Catholica ist und muß sein die Kirche aller Zeiten und Räume.« Und wie sehr die organische Vorstellung den um die Einheit bemühten Priester Max Metzger beherrschte, beweisen die folgenden Worte: »Eine künstlich auf die Praxis oder ›Lehre‹ der Urkirche reduzierte Kirche leugnete die Kraft des Heiligen Geistes im organischen Wachstum der Kirche, eine dem modernen Zeitgeist sich verschreibende, sich nicht immer wieder am Geist der ersten Zeugen verjüngende und erneuernde Kirche schnitte sich die Wurzeln der Katholizität ab. Eine Kirche, die sich an die kontingenten Kultusformen eines (etwa des Mittelmeer-)Raumes so bände, daß Völker anderer Kultur sich in ihrer Eigenart dadurch vergewaltigt fühlten, wäre darin nicht ›katholisch‹, auch wenn sie vielleicht diesen Ehrentitel mit besonderer Betonung trüge.« Deshalb fragt Metzger, ob die römische Kirche »sich nicht allzu leicht zufriedengebe mit der (auch nur teilweisen!) Einheit der ›abendländischen‹ Kirche«. Das Wort Häresie oder Häretiker klingt hart in seinen Ohren. »›Häresie‹ ist wohl nie Alleinschuld der sich von der ›Einheit‹ sondernden Gruppen, sondern zugleich Schuld der Kirche, die Lebenswahrheiten und Lebensforderungen zeitweise verkümmern läßt und so Sonderbetonungen zeitgeschichtlich ›notwendig‹ macht – mit aller Gefahr der ›Sonderung‹ (›Häresie‹), wenn für diese Wahrheiten Raum und Verständnis in der ›Mutter‹-Kirche zu fehlen scheint.«

Wenn die Kirche heute diese revolutionierenden ökumenischen Gedanken und Grundsätze Metzgers, die das 2. Vatikanische Konzil zum Großteil akzeptiert hat, Wirklichkeit werden lassen wollte, könnte die Spaltung der christlichen Kirchen morgen schon einer skandalösen Geschichte angehören. Metzger selbst war freilich Realist genug, um zu wissen, daß eine Verwirklichung seines theologischen Programms zu seiner Zeit nicht zu erreichen war. Sein Heimatbischof Conrad Gröber hatte ihm ökumenische Vorträge im ganzen Bereich des Erzbistums Freiburg strikt untersagt.

In kleinen Schritten aber sollten Metzgers ekklesiologische Vorstellungen doch schon Realität werden, und zwar in der von ihm selbst gegründeten »Societas Christi Regis«, die entstanden war »aus dem Leiden um die ›empirische Kirche‹, besser gesagt um das Versagen der ›Christenheit‹ gegenüber der eindeutigen Forderung des HERRN an seine Gemeinde«. Diese Christkönigsgesellschaft sollte als Kirche im Kleinen, als Ecclesiola in der Ecclesia, als »Orden« der Zukunft die Grundeigenschaften der Kirche Christi, nämlich einig, heilig, apostolisch und katholisch, lebendig und überzeugungskräftig zum Ausdruck bringen.

Die Regel der Christkönigsgesellschaft ist als Programm für die Kirche heute noch genauso gültig wie damals: »Den Geist der Bergpredigt suchen die Mitglieder zu verwirklichen, indem sie Frieden stiften, wo Friedlosigkeit herrscht; Einheit schaffen, wo Spaltung trennt; für Gerechtigkeit eintreten, wo Unrecht lastet; Menschenwürde achten, wo Menschen getreten werden; Liebe leben, wo Haß zerstört, und Hoffnung wecken, wo Verzweiflung droht.«

Für diese beiden großen Anliegen, Frieden unter den Völkern und Einheit aller Christen, wollte Metzger sein ganzes Leben einsetzen. Unmittelbar nach der Verurteilung durch den Volksgerichtshof am 14. Oktober 1943 vertraute er zwei seiner engsten Mitarbeiterinnen in Meitingen an: »Ich habe mein Leben Gott angeboten für den Frieden der Welt und die Einheit der Kirchen.« Und Gott hat es, so dürfen wir wohl glauben, am 17. April 1944 auch angenommen.

IV. Verdienst und Versagen, Verantwortung und Schuld

Das Ergebnis, zu dem die beiden Historiker Gerhard Paul und Klaus-Michael Mallmann aufgrund detaillierter Forschungen über das Saarland gekommen sind, dürfte im großen und ganzen auch auf die übrigen Regionen in Deutschland zutreffen: »Weder kritische Distanz noch nationalsozialistischer Fanatismus dominierten das katholische Milieu, sondern eher ein Verhaltensmuster der äußeren Anpassung, das katholisches Glaubensbekenntnis und Nationalsozialismus nicht unbedingt als Gegensätze empfand. Der Gang zur Kirche und das Hissen der Fahne der braunen Machthaber, katholische Heirat und die Bereitschaft zur ›nationalen Verteidigung‹ schlossen sich im Bewußtsein der Katholiken keineswegs aus. Weder waren die Mitglieder der NSDAP mehrheitlich Antichristen, noch verstanden sich jene Katholiken, die nicht der Partei angehörten, als Hitlergegner. Nicht Gegensätze, sondern scheinbar verquere Gemengelagen bestimmten das Bild an der Basis des katholischen Milieus, weshalb dessen Kohärenz nicht vorschnell als Resistenz gedeutet werden darf.«[1]

Es gab »verschiedene Widersetzlichkeiten gegen die Absicht der Nationalsozialisten, die kirchlichen Rechte zu beschneiden und die Strukturen des katholischen Sozialmilieus zu zerschlagen«, betont der Historiker Thomas Breuer. Doch von einem »politisch bewußten Widerstand« der Kirche gegen das NS-Regime als solches könne man nicht sprechen.[2]

Es gibt freilich auch Historiker, die das Verhalten der katholischen Kirche im Dritten Reich anders einschätzen. Klaus Gotto, Konrad Repgen und Hans Günter Hockerts, drei führende Mitglieder der »Kommission für Zeitgeschichte« (Bonn), plädieren in einer gemeinsamen Bilanz für die Bezeichnung »Widerstand«, weil die Kirche »um ihren eigenen Freiraum kämpfte, nicht ohne Niederlagen, aber auch nicht erfolglos«, und damit »der nationalsozialistischen Herrschaft Grenzen setzte«.[3] Doch auch sie sind der Meinung, daß politischer Widerstand mit dem Ziel, das NS-Gewaltregime zu stürzen, niemals Sache der Kirche gewesen sei, daß aber einzelne Katholiken solchen Widerstand aus eigener Verantwortung geleistet hätten.

Bei den Aussagen der Historiker handelt es sich immer nur um die Feststellung von Tatsachen und Handlungsmotiven, keinesfalls aber um Schuldsprüche, weil die dafür notwendigen theologischen Urteilskriterien, wie sie behaupten, außerhalb ihres Faches lägen. Also müssen wir zuerst die Kirchenführer und dann die für eine Beurteilung zuständigen Theologen befragen.

1. Offizielle Stellungnahmen

Nach zwölf Jahren Terror-Herrschaft des Nationalsozialismus unter Adolf Hitler als oberstem Führer war kaum zu erwarten, daß der Papst und die Bischöfe mit Schuldbekenntnissen im Namen der Kirche hervortreten würden. Sie waren im Gegenteil der festen Überzeugung, den christlichen Glauben und die Rechte der Kirche stets tapfer verteidigt zu haben, und fühlten sich deshalb eher als Widerstandskämpfer, vielleicht sogar als Märtyrer für den Glauben, obwohl keinem von ihnen auch nur ein Haar gekrümmt worden war. Dies gilt übrigens auch für die große Schar der Theologieprofessoren, die sich in jenen Jahren am liebsten im Hintergrund gehalten haben. Deshalb blieben auch beide Gruppen, Bischöfe und Theologen, von wenigen Ausnahmen abgesehen, von der vor den Spruchkammern durchgeführten Entnazifizierung ausgenommen. Der Eichstätter Domkapitular Johannes Kraus, wegen seiner öffentlichen Kritik des NS-Regimes längere Zeit im Gefängnis, bewertete die ganze Entnazifizierungsaktion als einen Fehlschlag, weil nach dem verlorenen Krieg plötzlich keiner mehr habe wissen wollen, daß auch er einmal Nationalsozialist gewesen sei.

Papst Pius XII. stellte schon zur Zeit des Dritten Reiches Überlegungen an, ob er und auch die Bischöfe mit öffentlichen Protesten eine Besserung der schlimmen Verhältnisse erreichen könnten oder ob solche Beschwerden und Klagen eher eine Verschlimmerung der Lage bewirken würden. »Nun wisst Ihr ja selbst«, schrieb der Papst am 30. April 1943 an den Berliner Bischof Preysing, »wie geringe Aussicht auf Erfolg ein Schriftstück hat, das als vertrauliche Eingabe an die Regierung gerichtet ist; doch wird die Denkschrift auf alle Fälle« – dabei dachte er wohl schon an spätere Vorwürfe – »den Wert einer Rechtfertigung des Episkopats vor der Nachwelt haben«.[4] Daß er selbst sich größtmögliche Zurückhaltung auferlegte, begründete der Papst mit seiner Verpflichtung als Oberhaupt der katholischen Kirche zu Neutralität, um gegebenenfalls zwischen feindlichen Parteien vermitteln zu können.

Dieses Prinzip der Unparteilichkeit mußte aber nach Meinung Pius' XII. nicht unbedingt auch für die Bischöfe gelten. Nachdem der Berliner Bischof Graf Preysing ihm von einem Hirtenbrief des deutschen Episkopats und von den drei Predigten des Münsteraner Bischofs von Galen gegen die Euthanasie-Aktionen berichtet hatte, vernahm er am 30. September 1941 aus dem Vatikan als Antwort, die Kirche in Deutschland sei auf das öffentliche Wirken der Bischöfe um so mehr angewiesen, »als die allgemeine politische Lage in ihrer schwierigen und oft widerspruchsvollen Eigenart dem Oberhaupt der Gesamtkirche in seinen öffentlichen Kundgebungen pflichtmäßige Zurückhaltung auferlegt«. Gleichzeitig betonte der Papst, diese Aktivitäten der Bischöfe seien »ein Beweis dafür, wie viel sich durch offenes und namhaftes Auftreten innerhalb des Reiches immer noch erreichen läßt«.[5] Noch deutlicher äußerte er in einem späteren Schreiben an denselben Berliner Bischof sein Einverständnis mit der selbständigen Beurteilung einer bestimmten Situation durch den zuständigen Episkopat: »Den an Ort und Stelle tätigen Oberhirten überlassen Wir es abzuwägen, ob und bis zu welchem Grade die Gefahr von Vergeltungsmaßnahmen und Druckmitteln im Falle bischöflicher Kundgebungen sowie andere vielleicht durch die Länge und Psychologie des Krieges verursachten Umstände es ratsam erscheinen lassen, trotz der angeführten Beweggründe, ad maiora mala vitanda [um größere Übel zu verhüten] Zurückhaltung zu üben. Hier liegt einer der Gründe, warum Wir selber Uns in Unseren Kundgebungen Beschränkungen auferlegen.« Für den Papst selber werde »der Pfad, den er gehen muß, ... immer verschlungener und dornenvoller«, da er »zwischen den sich widerstreitenden Forderungen Seines Hirtenamtes den richtigen Ausgleich« finden müsse.[6] In diesen Worten scheint der schwere Konflikt auf, den der Papst in diesen Jahren mit dem Hitlerregime im Innersten seines Herzens durchstehen mußte.

Wenige Wochen nach dem Untergang des NS-Regimes nahm Pius XII. am 2. Juni 1945 in einer Ansprache vor dem Kardinalkollegium zu der jüngsten Vergangenheit der katholischen Kirche in Deutschland Stellung. Rückblickend auf die zwölfjährige NS-Herrschaft zollte der Papst zuerst den »Millionen tapferer Katholiken«, die sich treu um ihre Priester und Bischöfe geschart hätten, hohes Lob; denn »bis zum letzten stellten sie in zäher Geduld der Front der Gottlosigkeit die Front des Glaubens entgegen«. Freilich seien unter den Gläubigen auch solche zu finden gewesen, die mit den Nationalsozialisten gemeinsame Sache gemacht hätten. Den Bischöfen hingegen attestierte das Oberhaupt der Kirche ausnahmslos, daß sie es zu keiner Zeit unterlassen hätten, »mutig und ernst ihre Stimme zu erheben«.[7] Und was die päpstliche Kurie betreffe, habe man von Anfang an gegen den Nationalsozialismus Stellung bezogen und sich in einem Konkordat mit dem Deutschen Reich die Forderungen des christlichen Glaubens und die Rechte der Kirche garantieren lassen. Von einem Versagen kirchlicher Autoritäten war also kein Wort zu hören.

Damit begann eine Legende, an deren Propagierung vorrangig die obersten Kirchenmänner eifrig mitwirkten. Selbstkritik blieb ihnen fremd. Als erste stimmten die bayerischen Bischöfe mit ihrem Hirtenwort vom 28. Juni 1945 in das Loblied des Papstes ein: »Die deutschen Bischöfe haben, wie ihr selber wißt, von Anfang an vor den Irrlehren und Irrwegen des Nationalsozialismus ernstlich gewarnt und immer wieder hingewiesen auf die unglücklichen Folgen, die der Kampf gegen Glaube, Christentum und Kirche, gegen Recht, Freiheit und Wahrheit mit sich bringen muß.« Und weiter heißt es in einer seltsamen Mischung aus Selbstruhm und Selbstmitleid: »Wir Bischöfe waren wegen unserer pflichtmäßigen Ablehnung der Irrtümer und Gewalttaten des Nationalsozialismus zugleich mit unserem Klerus schärfster Anfeindung und Bekämpfung ausgesetzt.«[8] Alles Abwarten und Stillhalten, alles Konzedieren und Paktieren, namentlich in der Anfangszeit des neuen Reiches, war mit einem Schlag wie weggewischt.

Derselben Apologetik bediente sich Papst Pius XII. in einem Schreiben vom 15. August 1945 an die bayerischen Bischöfe, worin er wieder der »Millionen Katholiken« gedachte, »die mit gottfeindlichen Kräften tapfer gekämpft haben, unzertrennlich verbunden mit ihren Bischöfen, deren ernste Mahnungen bis in die letzten Zeiten ... niemals verstummten«.[9] Wie üblich schickten die deutschen Bischöfe bei ihrer ersten gemeinsamen Konferenz in Fulda nach dem Krieg am 22. August 1945 eine lateinische Grußadresse an den Papst. Darin rühmten sie zuerst die Verdienste des verstorbenen Kardinals Bertram, ihres langjährigen Vorsitzenden in der für die Kirche bedrängnisvollen Zeit des Dritten Reiches. Dann erinnerten sie an die schweren Mißhandlungen, die viele Priester und Laien um Christi willen erduldet hätten. Voller Stolz konstatierten sie, daß »der größte Teil der Christgläubigen den Glauben an die göttliche Vorsehung und an die unauslotbare Liebe Christi, des Erlösers, ständig bewahrt und die heilige Mutter der Kirche nicht verlassen hat«.[10] In seiner Antwort vom 1. November 1945 bestätigte Papst Pius XII. das Lob der Bischöfe für Kardinal Bertram ohne jede Abstriche. Dabei verteidigte er auch gleich das pflichtgemäße Handeln des Vatikans angesichts der »hinterlistigen und raffinierten Kirchenverfolgung« während der Hitlerzeit, konkret: die Berichtigung falscher Lehren, die Forderung nach »menschlicheren und christlicheren Normen«, diverse Klagen und Beschwerden über Vertragsverletzungen und das Gebet. Am Schluß folgte ein Loblied auf das Wirken der Bischöfe. »Wir haben sehr wohl gewußt – was heute zu Eurem Lobe öffentlich bekannt ist –, daß Ihr in gewissenhafter Erfüllung Eurer Amtspflichten den wahnsinnigen Ideen und Handlungsmaximen des hemmungslosen sogenannten ›Nationalismus‹ mit ganzem Herzen Widerstand und Abwehr entgegengesetzt habt, und daß dabei der bessere Teil Eures Volkes auf Eurer Seite gestanden ist.«[11] Bei künftiger Bestrafung der Schuldigen müsse darum, so die Forderung des Papstes, zuvor die individuelle Schuld festgestellt werden. Von einer Kollektivschuld wollte er nichts wissen. Dieses allgemeine Lob des Papstes für die deutschen Katholiken und ihre Bischöfe lag ganz auf der Linie seiner apologetischen Allokution vom 2. Juni 1945 an die im Vatikanpalast versammelten Kardinäle.

In seinem Hirtenwort vom 23. August 1945, das der Kölner Erzbischof Frings entworfen hatte und das vom Berliner Bischof Preysing und vom Münchener Erzbischof Faulhaber überarbeitet worden war, nahm der deutsche Episkopat Stellung zur Schuld des deutschen Volkes am Krieg und zu den Greueltaten der Gestapo und der SS. Nach einer kurzen Würdigung des verstorbenen Kardinals Bertram unterstrichen sie in triumphaler Weise die Unzerstörbarkeit der Kirche und rühmten Klerus und Laien für ihre »unerschütterliche Treue ... in schweren Zeiten«. Besonderes Lob spendeten sie jenen Priestern und Laien, die »so zahlreich und so unerschrocken« Bekenner und Märtyrer geworden seien, und speziell den »Katholiken jeden Standes und Alters«, die »Volksgenossen fremden Stammes« verteidigt und unterstützt hätten. Am Ende folgte als Gesamturteil: »Katholisches Volk, wir freuen uns, daß du dich in so weitem Ausmaße von dem Götzendienst der brutalen Macht freigehalten hast. Wir freuen uns, daß so viele unseres Glaubens nie und nimmer ihre Knie vor Baal gebeugt haben.« Und was die Mitläufer unter den NSDAP-Mitgliedern betraf, akzeptierte man wegen ihrer Abhängigkeit als Beamte oder Lehrer großzügig als Entschuldigung, daß nicht alle gewußt hätten, welche Ziele die Partei verfolgte, ja, manche hätten mit ihrem Eintritt in die Partei sogar Böses verhüten wollen. Und im übrigen hätten sie trotz Parteizugehörigkeit den furchtbaren Taten des Regimes innerlich nicht zugestimmt. Nach dieser großen Exkulpation folgte auf Drängen des Berliner Bischofs Preysing doch noch ein allgemein gehaltenes Schuldbekenntnis: »Furchtbares ist schon vor dem Kriege in Deutschland und während des Krieges durch Deutsche in den besetzten Ländern geschehen. Wir beklagen es zutiefst: Viele Deutsche, auch aus unseren Reihen, haben sich von den falschen Lehren des Nationalsozialismus betören lassen, sind bei den Verbrechen gegen menschliche Freiheit und menschliche Würde gleichgültig geblieben; viele leisteten durch ihre Haltung den Verbrechen Vorschub, viele sind selbst Verbrecher geworden. Schwere Verantwortung trifft jene, die auf Grund ihrer Stellung wissen konnten, was bei uns vorging, die durch ihren Einfluß solche Verbrechen hätten verhindern können und es nicht getan haben, ja diese Verbrechen ermöglicht und sich dadurch mit den Verbrechern solidarisch erklärt haben.«[12] Ob sich auch die Bischöfe und ihre engsten Mitarbeiter in diese Qualifikationsliste des Versagens eingereiht wissen wollten, bleibt fraglich. Von einer Schuld der Kirche als Institution ist jedenfalls nirgends die Rede.

Diese Erklärung der Bischöfe unterschied sich wesentlich von dem Entwurf eines Schuldbekenntnisses, den sechs prominente Frankfurter Laien, darunter Walter Dirks und Eugen Kogon, als Grundlage für einen Hirtenbrief empfohlen hatten. Dort hieß es schonungslos: »Viele von uns haben es sich zu bequem gemacht, wenn sie den ihnen aufgenötigten Beitrag zu dem bösen und gefährlichen System als bloße ›Pflichterfüllung‹ rechtfertigten oder gar verherrlichten; sie haben durch diese falsche Beruhigung ihrer Gewissen das vergangene System gestützt und gefestigt ... Viele von uns haben den Krieg gebilligt oder doch gefördert, vor allem in den Jahren der scheinbaren Siege ... Wir bekennen freiwillig, daß wir damals die nationalsozialistische Dämonie noch nicht in ihrer ganzen Tiefe erkannt hatten.«[13] Umstritten ist, ob diese Stellungnahme der Plenarkonferenz der Bischöfe vorgelegen hat. Dieselbe Ablehnung erfuhr ein Dokument zur Schuldfrage, das von deutschen Jesuiten, vermutlich von Robert Leiber und Ivo Zeiger, erarbeitet worden war und an der Mitschuld der katholischen Kirche keinen Zweifel ließ. Der Hirtenbrief der deutschen Bischöfe dagegen zeugt mehr vom Stolz auf den Widerstand der Katholiken und wenig von deren Versagen und Schuld und schon gar nicht von Fehlern der Bischöfe bei der Ausübung ihres Hirtenamtes.

Einzelne wie der Mainzer Bischof Albert Stohr und der Freiburger Erzbischof Conrad Gröber stellten sich jedoch der Frage, warum die deutschen Bischöfe sich nicht kraftvoll genug gegen den Irrsinn des Dritten Reiches gewehrt hätten. Stohr schrieb in seinem Hirtenbrief vom 29. Juni 1945: »Wir weigern uns nicht, vor Gott an unsere Brust zu schlagen wie der demütige Zöllner im Tempel und zu sagen: ›Gott sei uns Armen gnädig.‹« Doch sogleich gebot ihm eine seltsam anmutende Rücksicht, lieber zu schweigen als öffentlich Schuld einzugestehen: »Freilich haben wir auch soviel Selbstachtung, daß wir solches Schuldbewußtsein nicht in die Welt hinausschreien, zumal wir aus der Geschichte die Fragwürdigkeit menschlicher Urteile gelernt und höchst unerwünschte Wirkungen allgemeiner Schuldbekenntnisse erfahren haben.«[14] Diese Taktik sollte in der Tat die Losung für die Zukunft sein.

Erzbischof Gröber wehrte sich schon in seinem ersten Hirtenbrief vom 1. Mai 1945 gegen den kollektiven Schuldvorwurf, weil Hitler nicht gestürzt worden sei, bekannte aber ganz allgemein: »Und doch trifft auch uns, wenigstens vor Gott, manche Schuld.«[15] In seinem Hirtenbrief vom 21. September 1945 begründete der Freiburger Erzbischof die anfängliche Passivität der Bischöfe mit Hitlers Zusicherung, daß das Dritte Reich auf dem Boden eines positiven Christentums stehen wollte, und mit dem Abschluß eines Konkordats zwischen der Reichsregierung und dem Heiligen Stuhl. Daß die Bischöfe später, als die ungeheuren Verbrechen nicht mehr zu übersehen waren, nicht »mit flammendem Freimut« aufgetreten seien, entschuldigte der Oberhirte damit, daß die Bischöfe »vom Allerschlimmsten und Allerscheußlichsten« nur wenig Sicheres gewußt hätten: »Keiner von den Bischöfen hat je beweiskräftig erfahren, wie die Lager der Juden im Osten aussahen und wie man sie zu Tausenden und aber Tausenden in barbarischer Weise mißhandelte und am Rande der von den Opfern selber geschaufelten Massengräber erschoß.«[16] Im übrigen verwies er auf das hohe Lob, das Papst Pius XII. in seiner Ansprache vom 2. Juni 1945 den deutschen Bischöfen wegen ihrer Treue und ihres Mutes gespendet hatte.

Die Bischöfe scheinen aber doch nicht so sicher gewesen zu sein, daß es hinsichtlich der Opposition der Kirche im Dritten Reich keinerlei Zweifel geben könnte. Bereits im April 1946 ergriff Erzbischof Faulhaber von München die Initiative zu einer großangelegten Dokumentation des kirchlichen Widerstandes. Mit Fragebogen sollten die regimekritischen Äußerungen und Handlungen des Klerus und die Verfolgungen katholischer Laien festgehalten werden, um gegen zu befürchtende Vorwürfe und Angriffe gewappnet zu sein. Faulhaber wandte sich darum im folgenden Jahr mit einem Schreiben an die bayerischen Ordinariate, worin es bezeichnenderweise heißt: »Immer häufiger und lauter wird zur Zeit im In- und Ausland auch die Haltung des katholischen Klerus gegenüber dem Nationalsozialismus in Zweifel gezogen, vereinzelt sogar mitverantwortlich gemacht für die mißlichen Folgen, welche jetzt katholische Laien ob ihrer Parteimitgliedschaft und ähnlichem zu tragen haben.« Aus diesem Grund hielt es der Erzbischof »im Interesse der Wahrheit, des Ansehens der hl. Kirche und der Ehre des Klerus« für um so notwendiger, »den starken und fast ausnahmslosen Widerstand des Klerus gegen nationalsozialistische Weltanschauung und Kirchenpolitik ein für allemal klar herauszustellen und mit Tatsachen zu belegen«.[17] Und doch war es kein anderer als Kardinal Faulhaber, der, nachdem die Veröffentlichung eines Hirtenbriefes schon im Jahre 1934 am Widerspruch einiger Bischöfe sowie am Verbot des bayerischen Innenministers gescheitert war, in einem Privatbrief an den Theologen Adolf Donders vom 3. August 1934 – inzwischen hatte sich der sogenannte Röhm-Putsch, richtiger die von Hitler befohlene »Säuberungsaktion« mit der Ermordung von ungefähr hundert Personen, ereignet – nicht ohne Bedauern bemerkte: »Ich fürchte, die spätere Zeit wird ein hartes Urteil über uns fällen.«[18] Scharfe Kritik an der Fragebogenaktion übte von Anfang an der frühere

Eichstätter Domkapitular und jetzige Dorfpfarrer Johannes Kraus, weil er damit rechnete, daß die Geistlichen ihre Verdienste herausstellen und ihr Versagen beschönigen oder ganz verschweigen würden.

In der Tat setzte bei vielen Zeitgenossen ein Mechanismus der Verdrängung ein, der ihr wirkliches Leben während des Dritten Reiches in einem anderen Licht erscheinen ließ, so daß später Historiker und Soziologen bei der Erforschung der bewußt oder unbewußt gefälschten Autobiographien und Ereignisberichte nicht selten ein verzeichnetes Bild der Wirklichkeit produzierten. Hildegard Hamm-Brücher, 1940-1945 Chemiestudentin in München, später eine herausragende FDP-Politikerin, fällte als Zeugin jener Jahre ein erschreckendes Urteil über die Einstellung der Deutschen zum Dritten Reich: »Insgesamt dürfte der Anteil bewußt reflektierender Nazigegner nicht mehr als ein bis zwei Prozent der Bevölkerung ausgemacht haben. Unter dem Gros der Studenten waren es noch weniger. Zwischen dieser kleinen Minderheit und der großen Mehrheit überzeugter Nazis oder Mitläufer, in Erfolgszeiten über neunzig Prozent, später weniger, gab es noch eine kleine Zwischengruppe von vielleicht fünf bis zehn Prozent der Deutschen, die sich zwar von den Nazis abgrenzten, aber so vorsichtig waren, dies niemals außerhalb der eigenen vier Wände zu erkennen zu geben.«[19]

Nach mehreren Anläufen, ein »Weißbuch« des Klerus im Sinne Kardinal Faulhabers zu erstellen, veröffentlichte der Historiker Ulrich von Hehl 1984 ein großes Exkulpationsopus mit dem Titel *Priester unter Hitlers Terror*. Es handelt sich dabei, zurückgehend auf jene von Kardinal Faulhaber schon im Jahre 1946 angeregten Fragebogen, um eine biographische und statistische Erhebung über das politische Verhalten der Priester und Ordensleute während des Dritten Reiches. Da aber den 22 703 festgestellten Maßnahmen gegen 8021 Klerikern meist nur geringfügige, in seelsorglicher Pflichterfüllung begangene »Vergehen« zugrunde lagen, die mit Verhören, Verwarnungen, Ermittlungen, Schulverboten oder beruflichen Diskriminierungen geahndet wurden, kann hier von einer generellen Opposition nicht die Rede sein. In nur 108 Fällen wurden Priester wegen Judenhilfe oder Kritik an antijüdischen Maßnahmen belangt und verurteilt. Hoch zu schätzen sind gewiß jene 418 Priester, die in KZ-Haft kamen und diese zum Teil überlebten. Hehl erklärt mit Recht, daß »sehr viele Priester vermutlich eher zufällig oder durch Unachtsamkeit über die Fallstricke der Gestapo gestolpert« seien, »während zahlreiche andere trotz vielleicht längerer ›Sündenregister‹ das Glück hatten, nicht aufzufallen oder angezeigt zu werden«. Von Widerstand im Klerus will auch er nicht sprechen, »weil es der großen Mehrzahl der betroffenen Geistlichen kaum in den Sinn gekommen ist, der Regierung Hitler den nach herkömmlicher Auffassung geschuldeten staatsbürgerlichen Gehorsam zu verweigern«.[20] So wurde bei tendenzfreier Beurteilung der aufgezählten Vorfälle aus der anfangs geplanten Unschuldserklärung der Geistlichen eher eine Dokumentation ihres loyalen Verhaltens gegenüber einem Regime, das Ablehnung und Opposition verdient gehabt hätte.

Drei Jahre nach Kriegsende fand in Mainz wieder ein Katholikentag statt. Bei dieser Gelegenheit nutzte der Präsident des Katholikentages, der Freiburger Verleger Theophil Herder-Dorneich, die Gelegenheit, um in wenigen Worten ein deutliches Urteil über das Verhalten der Kirche während des Dritten Reiches zu fällen: »Die Mehrzahl der erwachsenen einsichtigen Katholiken weiß um die eigene persönliche Schuld. Viele waren verblendet und unterschieden nicht mehr genug zwischen der Selbstbehauptung unseres Volkes und dem Willen zur Macht. Die Herzen vieler von uns waren verhärtet gegenüber den unschuldig Leidenden, und viele unterlagen dem Mangel an Mut.«[21]

Die Gemeinsame Synode der Bistümer in der Bundesrepublik Deutschland, die von 1972 bis 1975 in Würzburg stattfand, stellte sich auch der seit Hochhuths Drama *Der Stellvertreter* (1963) nicht mehr verstummten Anklage gegen die katholische Kirche, insbesondere gegen Papst Pius XII., angesichts von Judenverfolgung und Judenvernichtung durch das NS-Regime stumm geblieben zu sein. In dem von dem Münsteraner Fundamentaltheologen

Johann Baptist Metz konzipierten und von der Synode gebilligten Dokument »Unsere Hoffnung. Ein Bekenntnis zum Glauben in dieser Zeit« heißt es ohne jede Beschönigung: »Wir sind das Land, dessen jüngste politische Geschichte von dem Versuch verfinstert ist, das jüdische Volk systematisch auszurotten. Und wir waren in dieser Zeit des Nationalsozialismus, trotz beispielhaften Verhaltens einzelner Personen und Gruppen, aufs Ganze gesehen doch eine kirchliche Gemeinschaft, die zu sehr mit dem Rücken zum Schicksal dieses verfolgten jüdischen Volkes weiterlebte, deren Blick sich zu stark von der Bedrohung ihrer eigenen Institutionen fixieren ließ und die zu den an Juden und Judentum verübten Verbrechen geschwiegen hat. Viele sind dabei aus nackter Lebensangst schuldig geworden. Daß Christen sogar bei dieser Verfolgung mitgewirkt haben, bedrückt uns besonders schwer.«[22] Zum ersten Mal war hier von kirchenoffizieller Seite ein »nostra culpa« zu vernehmen.

Vier Jahre später nahmen die deutschen Bischöfe, herausgefordert durch die schockierende Fernseh-Serie *Holocaust*, Stellung zu den Judenverfolgungen des NS-Regimes. In der Erklärung »Die katholische Kirche und der Nationalsozialismus« vom 31. Januar 1979 betonte das Sekretariat der Deutschen Bischofskonferenz, daß totalitäre Systeme nur bekämpft werden könnten, solange sie noch nicht etabliert seien. Mit Hitlers Regierungsantritt aber, argumentierte das Sekretariat weiter, habe sich die Kirche in einer schwierigen Lage befunden, »da über Nacht aus einer lehramtlich verurteilten Bewegung die legale staatliche Obrigkeit geworden war, der man den staatsbürgerlichen Gehorsam schuldete«. Die Bischöfe hatten in der Tat vor 1933 auf die von der NSDAP ausgehenden Gefahren hingewiesen und vereinzelt auch entsprechende Verbote für Katholiken ausgesprochen. Doch mit dem Jahr 1933, genauer mit Hitlers Regierungserklärung vom 23. März, verwandelte sich die Einstellung des Episkopats schlagartig von Ablehnung in Anerkennung. Um den in Hochhuths Theaterstück gegen Papst Pius XII. erhobenen Vorwurf des Schweigens angesichts des millionenfachen Mordes am jüdischen Volk zu entkräften, konnte das Sekretariat nur auf öffentliche Proteste wegen schwerer Verstöße gegen Menschenrechte verweisen. Darauf folgte das schwache Eingeständnis: »Gleichwohl bleibt festzustellen, daß das Verhalten der Kirche gegenüber einzelnen Stufen der Judenverfolgung kritisch betrachtet werden muß. In breiten Bevölkerungskreisen Deutschlands gab es eine antisemitische Tradition und damit auch bei Katholiken. Aber die kirchliche Einstellung beruhte auf dem überlieferten Glaubensgegensatz, nicht auf einer rassistischen Ideologie.« Nachdem die Verfasser die vielfältigen Verdienste der Kirche zu Beginn groß herausgestellt hatten, rangen sie sich am Ende doch zu einem Schuldbekenntnis durch, auf das man bis dahin vergebens gewartet hatte: »Um so schwerer ist heute zu begreifen, daß weder zum Boykott jüdischer Geschäfte am 1. April 1933 noch zum Erlaß der Nürnberger Rassengesetze im September 1935 noch zu den Ausschreitungen im Zuge der sogenannten Reichskristallnacht am 9./10. November 1938 von kirchlicher Seite eine genügend deutliche und aktuelle Stellungnahme erfolgt ist.«[23] Schmerzlich vermißt man jedoch ein Wort zum Völkermord an sechs Millionen Juden, die in Vernichtungslagern in- und außerhalb des Deutschen Reiches ihr Leben verloren.

Auf ungewöhnlich scharfe Kritik stieß diese Erklärung beim Bensberger Kreis, einer Vereinigung von ungefähr 200 kritischen Katholiken. Das Gesamturteil der detaillierten Stellungnahme vom 28. April 1979 ist in einem einzigen Satz zusammengefaßt: »Die Auswahl der in der Erklärung angeführten Daten und Vorgänge, mit denen die schwierige Situation und die Widerstandshaltung der katholischen Kirche unter dem Nationalsozialismus dokumentiert wird, ist einseitig und erkennbar vom Willen zur Selbstverteidigung geleitet.«[24]

In der Erklärung zum 40. Jahrestag des Ausbruchs des Zweiten Weltkrieges vom 27. August 1979 erinnerten die Bischöfe zunächst an ihre Aussage vom 23. August 1945. Auch wenn sie eine Kollektivschuld grundsätzlich verneinten, konzedierten sie jetzt doch eine »Mitverantwortung« des ganzen Volkes am Geschehen jener Jahre. Was aber die Kirche selbst betrifft, heißt es in einem kurzen

Satz ganz allgemein: »Wir wissen, daß es auch in der Kirche Schuld gegeben hat.«[25] Nicht die Institution Kirche trug also irgendwelche Schuld, sondern einzelne Mitglieder der Kirche machten sich schuldig.

Der Gedanke der Schuld klang, wiederum ohne jede konkrete Aussage, in der Erklärung des Episkopats vom 24. Januar 1983 an, genau 50 Jahre nach dem Beginn des Dritten Reiches, er wurde aber sogleich übertönt von Worten der Bewunderung: »Wir dürfen aber auch erneut bezeugen, daß Kirche und Glaube eine der stärksten Kräfte im Widerspruch, ja Widerstand gegen den Nationalsozialismus waren, in mancher Hinsicht sogar die stärkste.«[26]

Die Wiederkehr des 50. Jahrestags der Novemberpogrome von 1938 bot Anlaß zu einer gemeinsamen Erklärung der Berliner Bischofskonferenz (DDR), der Deutschen Bischofskonferenz (BRD) und der Österreichischen Bischofskonferenz. In dieser Verlautbarung zum Verhältnis von Christen und Juden vom 20. Oktober 1988, überschrieben »Die Last der Geschichte annehmen«, heißt es, der Rückblick auf den November 1938 und die zwölfjährige Herrschaft des Nationalsozialismus sei bedrückend, weshalb manche fragten, ob mit der Erinnerung an die Vergangenheit nicht Schluß sein solle. Darauf antworteten die Bischöfe: »Wir müssen die Last der Geschichte annehmen. Das sind wir den Opfern ... den Überlebenden und Angehörigen ... auch der Kirche und damit uns selbst schuldig.« Auf die Klagen vieler, »daß auch die christlichen Kirchen damals kein öffentliches Wort der Verurteilung gesprochen haben«, reagierten die Bischöfe zum ersten Mal mit dem konkreten Eingeständnis: »Unsere Vorgänger im Bischofsamt haben keinen gemeinsamen Kanzelprotest erhoben.« Die Frage nach einer etwaigen Schuld der Kirche beantworteten die Bischöfe mit einem Wort aus ihrer Erklärung vom 1. September 1979: »Wir wissen, daß es auch in der Kirche Schuld gegeben hat.« Mit Erstaunen begegnen wir dann zum ersten Mal der theologisch bedeutsamen Aussage, »daß die Kirche, die wir als heilig bekennen und als Geheimnis verehren, auch eine sündige und der Umkehr bedürftige Kirche« sei.[27]

Eine wirkliche Schulderklärung enthält das Wort der deutschen Bischöfe aus Anlaß des 50. Jahrestages der Befreiung der Konzentrationslager Auschwitz und Auschwitz-Birkenau am 27. Januar 1995. Darin heißt es: Eine antijüdische Einstellung auch im kirchlichen Bereich »hat mit dazu geführt, daß Christen in den Jahren des Dritten Reiches nicht den gebotenen Widerstand gegen den rassistischen Antisemitismus geleistet haben. Es hat unter Katholiken vielfach Versagen und Schuld gegeben. Nicht wenige haben sich von der Ideologie des Nationalsozialismus einnehmen lassen und sind bei den Verbrechen gegen jüdisches Eigentum und Leben gleichgültig geblieben. Andere haben den Verbrechen Vorschub geleistet oder sind sogar selber Verbrecher geworden. Unbekannt ist die Zahl derer, die beim Verschwinden ihrer jüdischen Nachbarn entsetzt waren und doch nicht die Kraft zum sichtbaren Protest fanden. Jene, die bis zum Einsatz ihres Lebens halfen, blieben oft allein. Es bedrückt uns heute schwer, daß es nur zu Einzelinitiativen für verfolgte Juden gekommen ist und daß es selbst bei den Pogromen vom November 1938 keinen öffentlichen und ausdrücklichen Protest gegeben hat, als Hunderte von Synagogen verbrannt und verwüstet, Friedhöfe geschändet, Tausende jüdischer Geschäfte demoliert, ungezählte Wohnungen jüdischer Familien beschädigt und geplündert, Menschen verhöhnt, mißhandelt und sogar ermordet wurden. Der Rückblick auf die Geschehnisse vom November 1938 und die 12jährige Gewaltherrschaft der Nationalsozialisten vergegenwärtigt die schwere Last der Geschichte.«[28] Dieser Abschnitt endet mit der oben zitierten Aussage anläßlich des 50. Jahrestags der Novemberpogrome, daß die Kirche auch eine sündige Kirche sei. Daß ausgerechnet dieser wichtige Abschnitt in der von der Deutschen Bischofskonferenz herausgegebenen Dokumentation »Das Heilige Jahr 2000« fehlt, weist auf eine bestimmte Tendenz hin. Nach mehreren Jahrzehnten hatten die Bischöfe endlich das »befreiende Wort« gesprochen. Doch schon bald erfolgte ein bitterer Rückzug.

Unter den vier Kommissionen, die das »Zentralkomitee für das Große Jubiläum des Jahres 2000« gegründet hatte, kam der theologisch-historischen Kommission besondere Bedeutung zu, weil sie dem Papst die für die Beurteilung historischer Tatbestände entscheidenden Argumente an die Hand gibt. Zwei internationale Symposien fanden bereits statt: das eine über den Antijudaismus und das andere über die Inquisition. Das Ergebnis des Symposions über den Antijudaismus (1997) liegt in dem Dokument »Wir erinnern: Eine Reflexion über die Shoa« vom 16. März 1998 vor, veröffentlicht von der Vatikanischen Kommission für die religiösen Beziehungen zu den Juden und unterschrieben von Kardinal Edward Cassidy, dem Präsidenten des Päpstlichen Rats für die Einheit der Christen. Niemand bestreite heute mehr, heißt es, daß biblische Aussagen und kirchliche Indoktrination viel zur Verachtung, Verleumdung, Ausgrenzung, Verfolgung und Vernichtung der Juden beigetragen hätten. »Gottesmörder« habe die schlimmste aller Beschuldigungen gelautet, die zur Wurzel eines unheilvollen Antijudaismus geworden sei und einem noch unheilvolleren Antisemitismus willkommene Nahrung geboten habe. Bedauert wird zwar die Schuld der »Söhne und Töchter der Kirche« an der Verfolgung der Juden im Dritten Reich, ein Versagen kirchlicher Ämter und Institutionen wird jedoch nicht eingestanden. Im Gegenteil, die deutschen Bischöfe werden wegen ihrer Hirtenbriefe schon vor 1933 und Kardinal Faulhaber wegen seiner Adventspredigten im Jahre 1933 ebenso wie Papst Pius XI. wegen der Enzyklika »Mit brennender Sorge« (1937) und Pius XII. wegen der Verurteilung des Rassismus in seiner Antrittsenzyklika (1939) rühmend hervorgehoben. Erwähnt werden auch die jüdischen Gemeinden und Persönlichkeiten, die schon während des Krieges und danach Dank gesagt hätten für all das, »was Papst Pius XII. persönlich und durch seine Vertreter unternommen hatte, um Hunderttausenden von Juden das Leben zu retten«. Diese phantastische Zahl, gegen die Rolf Hochhuth mit Recht polemisiert,[29] ist von den in der Anmerkung zitierten Dankesworten (Joseph Nathan, Leo Kubowitzki und Golda Meir) in keiner Weise gedeckt. Völlig unvereinbar mit der historischen Wahrheit ist ferner die Behauptung: »Die Shoa war das Werk eines typisch modernen neuheidnischen Regimes. Sein Antisemitismus hatte seine Wurzeln außerhalb des Christentums.« Es folgt aber doch noch die ernste Frage, »ob die Verfolgung der Juden durch die Nazis aufgrund der antijüdischen Vorurteile, die in den Herzen und Köpfen einiger Christen bestanden, nicht leichter gemacht wurde. Machten ihre Ressentiments gegen die Juden die Christen weniger sensibel oder gar gleichgültig gegenüber den Judenverfolgungen durch die Nationalsozialisten nach ihrer Machtergreifung?« Die Frage bleibt freilich ohne Antwort. Mit Bedauern werden dann doch jene »Söhne und Töchter der Kirche« erwähnt, deren »geistiger Widerstand und konkretes Handeln« nicht so gewesen seien, »wie man es von den Jüngern Christi hätte erwarten können. Unbekannt ist die Zahl der Christen in den von den nationalsozialistischen Machthabern oder deren Verbündeten besetzten oder regierten Ländern, die beim Verschwinden ihrer jüdischen Nachbarn entsetzt waren und doch nicht die Kraft zum sichtbaren Protest fanden.« Dann folgt doch zum Schluß das Bekenntnis: »Am Ende dieses Jahrtausends möchte die katholische Kirche ihr tiefes Bedauern über das Versagen ihrer Söhne und Töchter aller Generationen zum Ausdruck bringen.«[30]

Auffallend ist, daß diese umfangreiche Erklärung nicht die Unterschrift Johannes Pauls II. trägt. Vermutlich war der Papst selbst mit dem Dokument nicht ganz zufrieden. Jedenfalls brachte er bei seiner Ansprache an die Teilnehmer des Kolloquiums über »Die Wurzeln des Antijudaismus im christlichen Bereich« am 31. Oktober 1997 einen anderen Aspekt zur Sprache, wenn er feststellte: »In der Tat waren in der christlichen Welt – ich spreche nicht von der Kirche als solcher – irrige und ungerechte Interpretationen des Neuen Testaments bezüglich des jüdischen Volkes und seiner angeblichen Schuld allzu lange Zeit im Umlauf. Sie haben Gefühle der Feindschaft diesem Volk gegenüber verursacht. Sie haben dazu beigetragen, viele Gewissen abzustumpfen.« Die in Europa geschehenen Verfolgungen, erklärte der Papst weiter, seien von einem heidnischen Antisemitismus inspiriert gewesen, »der seinem Wesen nach auch ein Anti-Christianismus war«. Neben

Christen, die sich mutig gegen »den absolut verdammenswürdigen« Antisemitismus gewandt und alles zur Rettung der Verfolgten getan hätten, »gab es auch viele, deren geistiger Widerstand nicht so stark war, wie die Menschlichkeit es von den Jüngern Christi hätte erwarten können«.[31] Eine solche Beurteilung kommt der historischen Wirklichkeit gewiß viel näher als die allzu vorsichtigen Worte der Päpstlichen Kommission. Unannehmbar ist freilich die vom Papst vorgenommene Unterscheidung zwischen »christlicher Welt« und »Kirche als solcher«, mit welcher die Institution Kirche wieder einmal von jeder Mitschuld freigesprochen werden sollte. Die deutschen katholischen Bischöfe jedenfalls hatten in ihrer bereits erwähnten Verlautbarung vom 20. Oktober 1988 unmißverständlich zum Ausdruck gebracht, daß die Kirche heilig und sündhaft zugleich sei. Folglich darf, ja, muß auch von Schuld der Institution Kirche gesprochen werden, wenn ein Versagen als Tatsache feststeht.

Die »Reflexion über die Schoa« blieb nach dem Urteil des Gesprächskreises »Juden und Christen« beim Zentralkomitee der deutschen Katholiken, der auf Wunsch der Vatikanischen Kommission einen Entwurf vorgelegt hatte, »trotz beachtlicher Aussagen in seinen historischen und theologischen Äußerungen hinter früheren Erklärungen zurück ... Vor allem vermissen wir ein klares Wort zur Mitschuld und Verantwortung der Kirche.« Es genüge nicht, betonten die Mitglieder dieses wichtigen Kreises, von Fehlern der Söhne und Töchter der Kirche zu sprechen, »die Kirche selbst als verfaßte Glaubensgemeinschaft« aber davon auszunehmen. Als Beispiel für eine falsche Einschätzung wird das Vierte Laterankonzil (1215) erwähnt, das in einem Kanon erklärte, die Juden seien wegen ihres Unglaubens schuldig gewesen. Dasselbe Konzil habe übrigens schon damals einschneidende Bestimmungen erlassen, die Zinsgeschäfte von Juden, den Judenstern als Kennzeichnungspflicht, Ausgehbeschränkungen und das Verbot der Bekleidung öffentlicher Ämter durch Juden betrafen. Als unzureichend oder gar irreführend bezeichnet der Gesprächskreis die rühmenden Worte über die Kardinäle Bertram und Faulhaber sowie über Papst Pius XII.[32]

Ein geteiltes Echo fand die Vergebungsbitte Johannes Pauls II. bei der Eucharistiefeier am ersten Fastensonntag des Jahres 2000 in St. Peter zu Rom. Der bei diesem Gottesdienst mit besonderer Zeremonie vorgenommene Bußakt sollte als Gewissenserforschung und Reinigung des Gedächtnisses zum Auftakt eines neuen Jahrtausends verstanden werden. Doch gerade die mit großer Vorsicht formulierten Sätze zur traditionellen Judenfeindschaft betrafen wiederum nicht die Kirche als Institution, sondern nur einzelne Christen. Ebenso allgemein wie das von Kardinal Cassidy vorgetragene Schuldbekenntnis: »Laß die Christen der Leiden gedenken, die dem Volk Israel in der Geschichte auferlegt wurden«, klangen die darauffolgenden Gebetsworte des Papstes: »Wir sind zutiefst betrübt über das Verhalten aller, die im Laufe der Geschichte deine Söhne und Töchter leiden ließen.«[33]

Zwei Wochen später besuchte Papst Johannes Paul II. Israel. Sein Besuch der Jerusalemer Gedenkstätte Yad Vashem und seine Anwesenheit an der Westmauer des Herodianischen Tempels wurden als Beginn eines neuen Verhältnisses der Kirche zum jüdischen Volk gewertet. Daß er aber wenig später seinen Vorgänger Pius IX. (1846-1878), dessen antijüdische Gesinnung das Normalmaß deutlich überstieg, seliggesprochen hat, wirft einen dunklen Schatten auf die von ihm selbst mit dem großen Bußakt beabsichtigte »Reinigung des Gedächtnisses« der Kirche.

Wenn man auf die im Laufe von mehreren Jahrzehnten abgegebenen Erklärungen zurückblickt, fällt auf, daß der Mut zum Bekenntnis einer Schuld oder Mitschuld der Kirche an den bösen Geschehnissen des NS-Regimes im Laufe der Zeit gewachsen ist. Anscheinend mußten die einstmals in erster Linie verantwortlichen Bischöfe erst tot sein, bis ihre Nachfolger um der Glaubwürdigkeit der Kirche willen von der Tendenz zur Schönfärberei unangenehmer Tatsachen oder gar zur Verfälschung der historischen Wirklichkeit abrückten. Jedenfalls wird heute kein Bischof und noch weniger ein Historiker unterschreiben, was Bischof Buchberger von Regensburg nach dem Untergang des Dritten

Reiches voller Stolz bekundet hat: »Ja, wir sind in der Feuerprobe ein christliches Volk geblieben und wollen es bleiben.«[34]

2. Private Meinungen

Viele Katholiken erkannten, aber nur wenige wagten es auch öffentlich auszusprechen, daß Hitler und seine engsten Kampfgefährten nicht im mindesten daran dachten, alle im Reichskonkordat vereinbarten Abmachungen einzuhalten. Statt immer wieder neu auf Besserung zu hoffen, wären entschiedener Protest und entschlossene Verweigerung von kirchlicher Seite das richtige Konzept gewesen. So dachte jedenfalls der Kapuzinerpater Ingbert Naab, der sich wegen seiner frühzeitigen Mahnungen und Warnungen vor dem Nationalsozialismus ins Schweizer Exil begeben hatte und von dort aus den Appell ausgab: »Jetzt müssen die Hirten der Kirche reden, unterstützt vom obersten Hirten der Kirche«, auch wenn dies denVerlust irdischer Güter, Gefängnis und selbst das Martyrium zur Folge haben sollte.[35] Genau dies, nämlich rechtzeitig in aller Öffentlichkeit zu protestieren, geschah nur ausnahmsweise und nicht laut genug. Statt dessen mahnten Kirchenautoritäten zu Vorsicht und Rücksicht.

Der im Schweizer Exil lebende Publizist Waldemar Gurian – später emigrierte er in die USA – wandte sich schon 1934 unter dem Pseudonym Kirchmann mit einem flammenden Aufruf an den Episkopat in Deutschland: »Die Kirche ist nicht ein Verein, der sich den jeweiligen Machtverhältnissen anpaßt, sondern sie ist die Wahrerin und Hüterin der sittlichen Ordnung für alle Menschen und für alle Völker. Die Kirche muß sprechen, wenn eine weltliche Macht diese Ordnung gefährdet und durchbricht.« Und im Blick auf das mit dem Namen des SA-Führers Ernst Röhm verbundene Massaker traf er auch gleich die deprimierende Feststellung: »Das Schweigen der Bischöfe ist vielleicht noch furchtbarer als alles andere, was am 30. Juni geschehen ist. Denn das Schweigen zerstört die letzte moralische Autorität in Deutschland, es trägt eine Unsicherheit in die Reihen der Gläubigen, es droht zu einer Entfremdung zwischen Bischöfen und dem Volk zu führen, dem dieses Schweigen nicht mehr begreiflich ist.«[36] Abgesehen von dem Berliner Bischof Bares, der in einem Protestschreiben an die Regierung in Berlin für den ermordeten Erich Klausener, einen herausragenden Vertreter der katholischen Laienorganisation, eintrat, ohne aber das Wort Mord zu gebrauchen, hüllten sich alle anderen Bischöfe in Schweigen. Ein Jahr später bezeichnete Gurian in seinem Buch *Der Kampf um die Kirche im Dritten Reich* Adolf Hitler als »den eigentlichen Feind der Kirche« und den Nationalsozialismus als eine »verkappte Ersatzreligion«, als eine »den ganzen Menschen totalitär in allen seinen Lebensäußerungen bestimmende Gläubigkeit«.[37]

Ebenfalls im Jahre 1934 meldete sich der Privatdozent Alois Dempf († 1982), ein aufrechter Katholik, unter dem Pseudonym Michael Schäffler mit einer kleinen Schrift über *Die Glaubensnot der deutschen Katholiken*, die Karl Barth zum Druck in die Schweiz geschmuggelt hatte, zu Wort. Die von den deutschen Bischöfen geübte unkritische Loyalität gegenüber dem neuen Staat war dem Autor ein ernstes Anliegen. Zum rechten Verständnis verwies er auf Thomas von Aquin, ja, schon auf den Kirchenlehrer Augustinus, der genau zu unterscheiden wußte zwischen dem irdischen Staat an sich und der *civitas diaboli*, und zog daraus die Lehre: »Der mündige Katholik muß sich also eine politische Überzeugung bilden, wie er sich zu seinem Staat zu verhalten hat, wie weit seine Verantwortung für sein Volk und seinen Staat ihn vor Forderungen stellt, über die in einem bestimmten Augenblick nicht mehr geschwiegen werden darf.« Eine weitere Gefahr sah der Autor in der Bedrohung der Glaubensfreiheit. Die einzige unmittelbare Wirkung des Konkordats bestand für ihn in der »Stärkung des neuen Systems« und in der »Verwirrung der katholischen Gewissen«. Mit seltener Klarheit durchschaute er das Charakteristische am »totalen Staat«, an der »totalen Bewegung«, an der »totalen Weltanschauung« und brachte es auf die Formel: »Die neue totale Politik wird zu einer förmlichen Ersatzreligion.«

Angesichts der bereits bestehenden und noch kommenden Gefahren rief er nach mündigen Christen. Entscheidend für die Zukunft war für ihn die Frage: »Wie viele Katholiken in Deutschland knüpfen ihr Glaubensschicksal unbedingt und unter allen Umständen an ihre Kirche?« Mit Skepsis blickte Dempf auf die nächsten Jahre: »Wovor sich die deutschen Katholiken wirklich zu fürchten haben, das ist ihre Mittelmäßigkeit.«[38] Darin lag, wie wir heute konstatieren können, das eigentliche Versagen der ganzen Christenheit. Keiner empfand diese Mittelmäßigkeit der Christen schmerzlicher als der Jesuitenpater Alfred Delp: »Es wird kein Mensch an die Botschaft von Heil und Heiland glauben, solange wir uns nicht blutig geschunden haben im Dienste des physisch, psychisch, sozial, wirtschaftlich, sittlich oder sonstwie kranken Menschen.«[39]

Mitte der dreißiger Jahre kursierten Flugblätter, als deren Autoren man später neben anderen zwei Eichstätter Kirchenmänner identifizierte: Domkapitular Johannes Kraus (1890-1974) und Theologieprofessor Josef Lechner (1893-1957). »Aufschrei eines deutschen Katholiken« ist das Flugblatt überschrieben, mit dem sich Kraus unter dem Pseudonym »Michael Germanicus« an die deutschen Bischöfe wandte, um sie wegen ihrer nachlässigen Haltung gegenüber den Angriffen des NS-Staates und der NSDAP mit ungewohnt scharfen Worten zu tadeln: »Herr und Gott! Du gabst uns Bischöfe, die uns leiten und führen sollen. Sie sind die Nachfolger der Apostel-Märtyrer, aber vom Märtyrergeist ist nichts auf sie übergegangen. Sie tragen den Hirtenstab wie ihn einst ein Basilius und Chrysostomus, ein Ambrosius und Martinus getragen haben; aber der Geist jener unbeugsamen Männer lebt nicht mehr in ihnen … Und die Einpeitscher der glaubensfeindlichen Weltanschauung lachen sich ins Fäustchen, raunen sich untereinander zu und sprechen es offen aus: Wir gehen so weit vor, bis wir Widerstand finden; wir hätten nicht gedacht, daß die Bischöfe so wenig Widerstand leisten.« Kann man sich eine ätzendere Kritik denken? Für Kraus' Verständnis der Seelsorge, die vor gefährlichen Auswirkungen im politischen Bereich nicht zurückschrecken dürfe, kamen Taktik und Diplomatie nicht in Betracht, wenn wesentliche Pflichten der Kirche und fundamentale Rechte des Menschen auf dem Spiel stehen. Deshalb hielt er es für »Verrat am Christentum, daß die Bischöfe sich den Weisungen der Reichsregierung beugten und in den Amtsblättern ihre Pfarrer anwiesen, die Fremdarbeiter von der Gottesdienstgemeinschaft fernzuhalten, ihnen die Sakramente zu verweigern«.[40]

Die fortgesetzten Angriffe der NS-Behörden gegen religiöse Orden dürften ein Hauptgrund für die im August 1941 erfolgte Gründung des »Ausschusses für Ordensangelegenheiten« gewesen sein, dem neben den beiden Bischöfen Graf Preysing (Berlin) und Johannes B. Dietz (Fulda) die Jesuiten Augustinus Rösch und Lothar König, die Dominikaner Laurentius Siemer und Odilo Braun sowie der Laie Georg Angermaier, Justitiar der Bistümer Bamberg und Würzburg, angehörten. Den konkreten Anlaß zur Konstituierung dieses Gremiums bot der sogenannte Klostersturm, den die NS-Behörden im Jahr 1940 entfachten und im folgenden Jahr mit der Enteignung vieler Klöster in ganz Deutschland auf einen Höhepunkt führten. Weil die bischöflichen Eingaben an Regierungs- und Parteistellen meist erfolglos blieben und die Maßnahmen gegen die Kirche sich verschlimmerten, versuchten die Mitglieder des Ausschusses den Gesamtepiskopat zu einem massiven Hirtenbrief zu bewegen. Um vielfältige Ängste und Bedenken der Bischöfe und ihrer engsten Mitarbeiter zu zerstreuen, redeten die genannten Ordensvertreter den verantwortlichen Kirchenführern deutlich ins Gewissen: »Es wird eines Tages von gewaltiger historischer Bedeutung sein, wenn die deutschen Bischöfe in der Stunde der Entscheidung für die Kirche Deutschlands öffentliche Verletzung von göttlichem und natürlichem Recht öffentlich mißbilligt und damit für Millionen von Seelen eine Vorentscheidung getroffen haben.« Um immer wieder geäußerte Zweifel, ob öffentliche Proteste am Ende nicht doch mehr Schaden als Nutzen bringen könnten, zu zerstreuen, stellten die Promotoren eines Hirtenschreibens ohne »wenn« und »aber« fest: »Im übrigen darf die Frage, ob Erfolg oder Mißerfolg, nicht von

Bedeutung sein. Entscheidend ist nur die Frage: Was ist im gegenwärtigen Augenblick unsere Pflicht? Was verlangt das Gewissen? Was erwartet Gott, das gläubige deutsche Volk von seinen Bischöfen?« Und um weiteren Einwänden zuvorzukommen, forderten die Mitglieder des Ausschusses, »lieber für die Pflicht, für Gottes Rechte öffentlich einzutreten, zu leiden, als vor dem Volk und vor der Geschichte den Vorwurf in Kauf zu nehmen, im entscheidenden Augenblick geschwiegen zu haben«.[41] Die grundsätzliche Einstellung dieses Gremiums kann bei einer Antwort auf die Frage nach Schuld und Versagen hilfreich sein.

Für den Dominikanerpater Odilo Braun, der in erster Linie von den Bischöfen öffentliche Wegweisungen für das Kirchenvolk und massive Proteste gegen das Terror- und Mordregiment des Nationalsozialismus erwartete, bestand nach dem Dritten Reich kein Zweifel daran, »daß viel Schlimmes in unserem Vaterland nicht geschehen wäre, wenn wir im innerkirchlichen Raum unsere Fehler beseitigt, statt sie mit frommen Sprüchen und Gebetbüchern zugedeckt hätten«.[42] Von dieser Kritik wollte er die Bischöfe keinesfalls ausgenommen wissen: »Es gab aber auch Bischöfe, das stellten wir mit Entsetzen fest, die gar nicht unterrichtet sein wollten. Sie fürchteten, daß das Wissen sie zum Handeln zwingen würde, und daß dieses Handeln Gefahr für Leib und Leben bedeuten könnte.«[43]

Als frühes Beispiel einer unkritischen Apologie sei hier nur das 1946 erschienene Buch *Kreuz und Hakenkreuz* des Münchener Domkapitulars und späteren Weihbischofs Johannes Neuhäusler erwähnt, der selbst mehrere Jahre im Konzentrationslager Dachau inhaftiert war. Bei einer Unterredung mit amerikanischen Offizieren gab er folgendes Urteil ab: »Die katholische Kirche in Deutschland war während dieser Zeit das stärkste Bollwerk gegen den Nationalsozialismus. Die katholische Geistlichkeit in Deutschland hat in ihrer Gesamtheit verhältnismäßig mehr Widerstand geleistet und mehr Verfolgung erfahren als irgend ein anderer Beruf.«[44] Wenn nicht bloß der Klerus, sondern auch die Masse der Katholiken sich tatsächlich so mustergültig bewährt haben, wie heute noch behauptet wird, dann freilich erübrigt sich auch jedes Schuldbekenntnis. Deshalb kam es nach 1945 weder in bischöflichen Ordinariaten noch in theologischen Fakultäten zu einem Wechsel in der Führungsschicht. Und gleich gar nicht bedarf es, wie der Religionspädagoge Alfred Läpple (geb. 1915), Priester der Erzdiözese München, meint, einer Vergangenheitsbewältigung in späterer Zeit: »Heute ein Schuldbekenntnis über Ereignisse von Gestern abzulegen, ist nicht zu fordern, weil die katholischen Bischöfe von Heute nicht in der Zeit von 1933 bis 1945 im Amt und in der Verantwortung standen.«[45] Er scheint nichts zu wissen von einer kirchlichen Schicksalsgemeinschaft im Guten wie im Bösen.

Negative Ansichten über die Haltung der Bischöfe wurden erst nach dem Ende der Hitlerherrschaft laut. Unter den kirchlichen Publizisten ließ sich als erster der Münchener Jesuit Max Pribilla vernehmen. Er glich einem einsamen Rufer in der Wüste, wenn er ein Jahr nach Kriegsende in der ordenseigenen Zeitschrift *Stimmen der Zeit* mit schonungsloser Kritik feststellte, »daß der Einfluß der christlichen Kirchen nicht ausgereicht hat, die Grausamkeiten in den Konzentrationslagern und die sonstigen Greueltaten der Nazis zu verhindern, und daß die warnende Stimme der Kirche vor dem Hereinbruch des Verderbens lauter und eindringlicher hätte sein müssen«. Frühzeitig schon legte er das nicht gern gehörte Bekenntnis ab: »Wäre das Christentum in Deutschland und im ganzen Abendland lebendiger gewesen, dann hätte es nie ein Drittes Reich mit all seinen Verfallserscheinungen gegeben. Es ist auch Tatsache, daß der Protest der christlichen Kirchen gegen den Nationalsozialismus nach Inhalt und Form nicht so klar und scharf gewesen ist, wie wir es als Christen angesichts der ungeheuren Verbrechen in nachträglicher Rückschau wünschen möchten.« Wie Konrad Adenauer erklärte sein einstiger Mitschüler Pribilla, daß es unwahr sei zu behaupten, man habe in Deutschland von den Verhältnissen in den KZ's nichts gewußt. Protest wäre hier nötig gewesen, freilich unter der Bereitschaft zum Martyrium. Wenn es an solchen Märtyrern gefehlt habe, »liegt es an dem Versagen der zur geistigen Führung des Volkes berufenen Schichten, die aus Unverstand, Eigennutz oder Feigheit mit der Partei einen faulen Frieden geschlossen« hätten.[46]

Ein ähnlich scharfes Urteil fällte der Düsseldorfer Pfarrer Dr. Karl Klinkhammer, der wegen seiner offenen Angriffe gegen die NSDAP mehrmals inhaftiert war: »Man hatte nicht den Mut zu protestieren, obwohl man es zunächst noch gekonnt, in jedem Fall aber vom Gewissen her gemußt hätte.« Eingedenk des hohen moralischen Anspruchs, den das Christentum und die Kirche zu erheben pflegen, zog er die nötige Konsequenz: »Wird auch in dieser Hinsicht ein Christ vor dem Nichtchristen schuldig, so werden die Kirchen und ihre Priester vor dem Christen und Laien schuldig. Denn hätten wir Priester alle und allzeit Zeugnis für Christus gegen den menschgewordenen Antichrist und seine brutalen Gesetzlosigkeiten abgegeben, mag sein, daß man uns alle dann ermordet hätte. Und auf die immer wieder laut werdende ›kluge, aber kluge‹ Frage: ›Was hätte uns aber die Ermordung unserer Priester und die damit verbundene Vernichtung der Kirchen genützt‹, sei mit Pfarrer Niemöller geantwortet: ›So darf ein Christ nie fragen!‹« Unverhohlen tadelte Klinkhammer an Klerikern und Laien, daß sie sich unter Berufung auf Papstansprachen einem »immer mehr wachsenden Gefühl der eigenen Schuldlosigkeit« hingäben, mehr noch, daß sie »die Schuld von sich gewälzt haben«.[47]

Zu denen, die mit der Kirche hart ins Gericht gingen, gehörte Konrad Adenauer, der erste Kanzler der Bundesrepublik Deutschland, als er dem Bonner Pfarrer Dr. Bernhard Custodis am 23. Februar 1946 schrieb: »Das deutsche Volk, auch Bischöfe und Klerus zum großen Teil, sind auf die nationalsozialistische Agitation eingegangen. Es hat sich fast widerstandslos, ja zum Teil mit Begeisterung … gleichschalten lassen. Darin liegt seine Schuld.« Er konstatierte also statt Widerstand, wie von kirchlicher Seite zu hören war, Widerstandslosigkeit und statt bloßem Mitläufertum, wie es nach dem Krieg entschuldigend hieß, Begeisterung. Speziell an die Adresse der Bischöfe richtete Adenauer diese Anklage: »Ich glaube, daß, wenn die Bischöfe alle miteinander an einem bestimmten Tag öffentlich von den Kanzeln aus dagegen Stellung genommen hätten, sie vieles hätten verhüten können. Das ist nicht geschehen und dafür gibt es keine Entschuldigung.«[48]

Eugen Kogon, jahrelang KZ-Häftling, zusammen mit Walter Dirks einer der einflußreichsten katholischen Publizisten, trat ebenfalls mit scharfer Kritik an der Kirchenautorität hervor. In den von ihm gegründeten und herausgegebenen *Frankfurter Heften* beschuldigte er die deutschen Bischöfe, angesichts der massiven Verletzung von Menschenrechten im Dritten Reich zu wenig Mut und Entschlossenheit zum Protest gezeigt zu haben.[49]

In den fünfziger Jahren traf der katholische Schriftsteller Reinhold Schneider (1903-1958) die anklagende Feststellung: »Am Tage des Synagogensturms hätte die Kirche schwesterlich neben der Synagoge erscheinen müssen. Es ist entscheidend, daß das nicht geschah.« Er blieb aber nicht bei dieser Anklage an die Adresse anderer stehen, sondern fragte auch nach seiner eigenen Haltung: »Aber was tat ich selbst? Als ich von Bränden, Plünderungen, Greueln hörte, verschloß ich mich in meinem Arbeitszimmer, zu feige, mich dem Geschehenden zu stellen und etwas zu sagen … Dankbar folgte ich im Dezember einer Einladung nach Paris. Das war schmähliche Flucht.«[50] Schneider kehrte später nach Deutschland zurück und überlebte die NS-Herrschaft unversehrt, obwohl er es an verhüllter Kritik, eingebettet in historische Schriften, nicht fehlen ließ.

Es vergingen mehrere Jahre, bis der junge Jurist Dr. Ernst-Wolfgang Böckenförde, später Professor an der Universität Freiburg und Richter am Bundesverfassungsgericht in Karlsruhe, mit einem kritischen Aufsatz über den deutschen Katholizismus im Jahre 1933 großes Aufsehen weit über den Kirchenbereich hinaus erregte. Der Autor versuchte eine objektive Antwort auf die entscheidende Frage, wie es dazu kommen konnte, »daß die maßgebenden geistlichen und geistigen Führer des deutschen Katholizismus im Jahre 1933 in Hitler und dem NS-Staat Wegbereiter einer umfassenden Erneuerung sahen und nachdrücklich zur posi-

tiven Mitarbeit und zur Unterstützung des NS-Regimes aufriefen«.[51] Bei seiner Analyse des katholischen Denkens in jener Zeit
machte Böckenförde drei Faktoren namhaft: innere Distanzierung
vom modernen Staat wie auch von der modernen Gesellschaft;
einseitige Wertschätzung von Religion, Kirche und Schule im
Blick auf das politische Verhalten; Antiliberalismus mit gleichzei-
tiger Neigung zu autoritären Regimen. Die historische Forschung
der folgenden Jahrzehnte konnte die Ergebnisse dieser klarsichti-
gen Untersuchung erhärten.

Auf derselben Linie lagen dann 1963 Rolf Hochhuths Drama
Der Stellvertreter, in dem Papst Pius XII. des Schweigens angesichts der Judenpogrome beschuldigt wird, und Carl Amerys
Büchlein *Die Kapitulation*, worin dem gesamten Katholizismus
schweres Versagen im Dritten Reich vorgeworfen wird. Kontroverse Diskussionen in der Öffentlichkeit waren die Folge.

Jetzt erst sahen sich Wissenschaftler, insbesondere Historiker
zu gründlichen Forschungen aufgerufen. Bei der Katholischen
Akademie in Bayern entstand eine »Historische Kommission«,
wenige Jahre später als e.V. in »Kommission für Zeitgeschichte«
umbenannt, der wertvolle Quelleneditionen und Darstellungen
zur Geschichte der Kirche im Dritten Reich zu verdanken sind.
Da aber noch nicht alle Archive, vor allem nicht das Vatikanische
Geheimarchiv, ihre Bestände zum Dritten Reich zugänglich
gemacht haben, bleibt für die historische Forschung noch viel zu
tun.

3. Die Kirche als Heilanstalt

Bevor wir uns ein Urteil über Verdienst und Versagen der Kirche
im Dritten Reich erlauben dürfen, muß klar sein, wozu die Kirche,
das sind in erster Linie die Inhaber eines kirchlichen Amtes, dann
aber auch alle übrigen Kirchenmitglieder, grundsätzlich verpflichtet sind. Diese Klärung ist um so notwendiger, als der Eichstätter
Historiker Heinz Hürten behauptet: »Kriterien zur Beurteilung

ihres Handelns während der nationalsozialistischen Zeit hat die Kirche selbst nie in expliziter Weise formuliert.« Noch verwunderlicher ist es freilich, wenn er hinzufügt: »und die Theologie hat hierzu keine Lehrmeinung erarbeitet.«[52]

Weiß Hürten nicht, daß zum Studium der Theologie der Traktat »Ekklesiologie« (Lehre von der Kirche) gehört und daß darin auch von der Aufgabe der Kirche die Rede ist? Schon in der Volksschule erhält jedes Kind Antwort auf die Frage: »Welche Aufgabe hat das Lehramt der Kirche?« Die Antwort lautet ganz einfach: »Das Lehramt der Kirche soll die Glaubens- und Sittenlehre Christi bewahren und unfehlbar verkünden.«[53]

Folglich hat die Kirche nicht bloß das Recht, sondern auch die Pflicht, daß sie um der Verkündigung des Evangeliums und der Spendung der Sakramente willen ihr Existenzrecht in dieser Welt beansprucht und verteidigt. Weil der christliche Glaube in fundamentalem Widerspruch zur nationalsozialistischen Weltanschauung stand, erwies die Kirche dem nach Orientierung verlangenden Menschen allein schon mit der unverkürzten Propagierung der Botschaft Jesu einen nicht hoch genug zu schätzenden Dienst. Aus diesem Grund behauptete Richard Löwenthal zu Recht, daß »die bedeutsamste Form teilweiser institutioneller Verweigerung« von den beiden großen Kirchen ausgegangen sei, denn »auch dann, wenn die Kirche kein Faktor des gewollten Widerstandes gegen den Nationalsozialismus war, blieb sie überwiegend ein Faktor der Entfremdung von seinem Geist«.[54] So gesehen, war es zweifellos schon ein großes Verdienst der Kirchenobrigkeit, daß die Kirche als Institution und auch als politisch-gesellschaftliche Großgruppe die dem religiösen Glauben feindliche Herrschaft des Nationalsozialismus relativ unbeschadet überleben konnte.

Um die Existenz der Kirche nicht aufs Spiel zu setzen, blieben die Bischöfe geradezu ängstlich besorgt, größere Konflikte mit dem NS-Staat und der NSDAP so weit wie möglich zu vermeiden. Die entscheidende Frage ist allerdings, ob kirchliche Autoritäten nicht doch geschwiegen haben, wo sie hätten reden müssen, ob sie nicht untätig geblieben sind, wo mutiges Auftreten notwendig gewesen wäre, ob sie nicht zurückgewichen sind, wo sie unbedingt hätten standhalten müssen. Nach Meinung des evangelischen Kirchenhistorikers Klaus Scholder, eines hervorragenden Kenners der Geschichte der Kirchen im Dritten Reich, wurde das Widerstandspotential »von den Kirchenleitungen in beiden Kirchen (dies gilt grundsätzlich auch für die bruderrätlichen Kirchenleitungen der Bekennenden Kirche) zu keiner Zeit in größerem Umfang aktiviert«. Den Hauptgrund für dieses Defizit sah er gerade »im Willen zur Erhaltung der Kirche und der kirchlichen Aufgaben auch im totalitären Staat«.[55]

Der »modus vivendi« oder, richtiger gesagt, der »modus supervivendi« mußte in der Tat um einen hohen Preis und immer wieder neu erkauft werden. Dieser Preis hieß kirchenpolitische Enthaltsamkeit im gesamten öffentlichen Bereich, der dann allein nach nationalsozialistischen Vorschriften und Gesetzen, über deren Einhaltung die Sicherheitsorgane (Gestapo und SD) wachten, geregelt werden konnte. Damit waren die Oberhirten einverstanden, wenn auch nicht ohne ernste Bedenken im Einzelfall. Schon in ihrer entscheidenden Erklärung vom 28. März 1933 beschränkten sie sich auf die Wahrung des christlichen Glaubens und der kirchlichen Rechte und verzichteten damit auf Mitbestimmung im allgemein politischen Bereich, am deutlichsten sichtbar an dem im Artikel 32 des Konkordats vereinbarten Rückzug der Priester aus der Politik.

Kardinal-Erzbischof Adolf Bertram von Breslau, der von der Konstituierung der gemeinsamen deutschen Bischofskonferenz im Jahre 1933 bis zu seinem Tod (1945) deren Vorsitzender war und in dieser Stellung stets das richtungweisende Wort sprechen konnte, betonte, wie auch seine Bischofskollegen, in zahlreichen Eingaben an Regierungs- und Parteistellen die rein religiöse Aufgabe der Kirche. Sie taten dies vor allem deshalb, um auch den leisesten Verdacht einer gegen das Reichskonkordat verstoßenden Einmischung der Kirche in politische Angelegenheiten zu vermeiden. In einem Schreiben an Hitler vom 20. August 1936 verteidigte Bertram die politische Abstinenz der Bischöfe, indem er zur Entschuldigung für angeklagte oder verurteilte Geistliche prinzipiell feststellte: »Sie waren zur Stellungnahme und Mitwirkung auf dem staatsrechtlichen und politischem Feld auch gar nicht berufen. Nur rein religiöse und kirchliche Fragen und sogenannte gemischte Sachen fielen in ihre Verantwortung und Betreuung.«[56]

Dieselbe Auffassung bekräftigte der bayerische Episkopat in seinem am 13. Dezember 1936 bei allen Gottesdiensten verlesenen Hirtenwort: »Wir erheben keinerlei Anspruch auf Mitwirkung in rein politischen Angelegenheiten, wir verlangen nur die Wahrung der göttlichen Rechte und der gesetzlich verbürgten Freiheit für unsere heilige Kirche und unser Amt.«[57] Freiheit also für die Kirche, aber nicht ebenso für jeden einzelnen Menschen.

Auch der Kölner Erzbischof Schulte sah in der Verkündigung des Glaubens die vorrangige Aufgabe der Kirche: »Wesentlichstes Ziel aller Seelsorge muß sein, das Glaubensleben in möglichst vielen Katholiken so zu vertiefen und zu stärken, daß sie den Prüfungen der Zeit gewachsen sind, auch wenn Bekennertreue von ihnen verlangt wird.«[58]

Sein Nachfolger Joseph Frings, den Papst Pius XII. im vorletzten Kriegsjahr an die Spitze des Erzbistums Köln berufen hatte, beschrieb wenige Monate nach dem Ende des Dritten Reiches das pastorale Programm der Kirche in einer Denkschrift vom 2. August 1945 mit bestürzenden Sätzen: »Die Kirche ist nicht Kontrollinstanz für den Staat in dem Sinne, daß sie verpflichtet wäre, gegen jedes Unrecht, das die Staatslenker begehen, durch ihre Priester oder Bischöfe öffentliche Verwahrung einzulegen. Wer hätte ihr diesen Auftrag gegeben und wohin sollte das führen? Sie muß von Rechts wegen protestieren, wenn eines ihrer eigenen Rechte angegriffen wird, z.B. wenn Kirchengut widerrechtlich enteignet wird, und sie hat es getan. Sie wird aus Liebespflicht gehalten sein, für Unschuldige einzutreten, wenn Aussicht besteht, daß sie dadurch helfen kann. Sie hat es in unzähligen Eingaben an die Regierung getan.« Nach diesen mehr als fragwürdigen Aussagen erklärte Frings als die »eigentliche und ursprüngliche Aufgabe der Kirche, die ihr Christus selbst übertragen hat, die mutvolle Verkündigung der christlichen Glaubens- und Sittenlehre«. Weil sich diese Hauptaufgabe der Kirche nach seiner Meinung in der Verkündigung der christlichen Lehre erschöpfte, konnte er die offizielle Kirche, rückblickend auf die zwölf Jahre des Dritten Reiches, von jeder Schuld ausnehmen: »Hätte die Kirche die Predigt derjenigen Wahrheiten, die dem Nationalsozialismus unbequem waren, hintangestellt, so müßte man sagen: sie hat versagt. In Wirklichkeit hat sie das Gegenteil getan.«[59]

Auch der Historiker Heinz Hürten und sein Münchener Kollege Walter Ziegler sehen die primäre Aufgabe der kirchlichen Amtsträger in der Verkündigung des christlichen Glaubens und im Glaubenszeugnis für Christus. Seltsamerweise verlangt Hürten aber nichts von dem, was für die Christen der ersten Jahrhunderte selbstverständlich war, nämlich daß dieses Zeugnis notfalls mit der Hingabe des Lebens besiegelt werden müsse. »In seiner höchsten Form des Martyriums« sei dieses Zeugnis, meint Hürten, nicht eine Funktion des Amtes, sondern »ein unverdientes und unerzwingbares Charisma des Einzelnen«.[60] Um so mehr muß man sich dann wundern über die Beteuerung des Freiburger Erzbischofs Gröber in seinem Hirtenbrief vom 21. September 1945: »Ohne sich zu rühmen, können die deutschen Bischöfe vor der ganzen Welt gestehen, daß sie auch zum Märtyrertod bereit gewesen wären.«[61] Soll das heißen, daß alle damaligen Bischöfe in Deutschland das Charisma oder zumindest die Courage zum Martyrium besessen hätten? Der Dominikaner Laurentius Siemer, Mitglied des Ausschusses für Ordensangelegenheiten, griff nicht so hoch, sondern behauptete rundweg, »daß die Nachfolger der Apostel die Pflicht hätten, für die Kirche in den Tod zu gehen, wenn sie nicht anders die Kirche verteidigen könnten«.[62]

Wenn die Hauptaufgabe des Priesters nur in der Verkündigung der christlichen Glaubens- und Morallehre besteht, dann waren alle Geistlichen entschuldigt, wenn sie sich völlig unpolitisch verhielten. Dann war es auch konsequent, wenn die Bischöfe und ihre Generalvikare den Klerus vor unnötigen Zusammenstößen mit NS-Behörden im außerkirchlichen Bereich warnten, um die seelsorgerlichen Verpflichtungen nicht zu gefährden; denn Priester und Lehrer, die regimefeindliche oder ideologiekritische Äußerungen wagten, mußten mit Anzeige und Verhaftung rechnen.

Wie sehr sich jenes alte Kirchenkonzept mit einer engen Bindung der Kirche an den Staat von dem Verständnis der Kirche, wie es das Zweite Vatikanische Konzil (1962-1965) gezeigt hat, unterscheidet, ist einer Erklärung zu entnehmen, die Bischof Franz Kamphaus von Limburg am 11. Juni 1982 bei der Ablegung seines Eides vor den Ministerpräsidenten Börner (Wiesbaden) und Vogel (Mainz) abgegeben hat: »Die Kirche ist nicht dazu da, Politik zu machen. Das heißt jedoch nicht, sie sei unpolitisch. Vielmehr ist sie schon allein durch ihre Existenz ein Politikum. Ihr Auftrag ist es, die Impulse des Evangeliums in das Leben und das Zusammenleben der Menschen einzubringen. Der christliche Glaube bewährt sich darin, daß er den Menschen nicht von sich entfremdet, sondern ihn zu sich selbst führt, indem er ihn auf Gott verweist und auf den Bruder, nicht zuletzt auf die Menschen, die an den Rand geraten, die zu kurz kommen, auf die Schwachen und Armen.«[63]

Die alles entscheidende Frage lautet, ob die Bischöfe und Priester ihrem Amt voll und ganz entsprachen, wenn sie es nur als Lehramt und nicht ebenso als Hirtenamt verstanden, wenn sie sich mit der religiösen »Versorgung« ihrer Schäflein zufrieden gaben und die Gestaltung des öffentlichen Lebens feindlichen Mächten überließen. Zeugnis für den Glauben und Leben nach diesem Glauben dürfen nicht auseinandergerissen werden. Der Glaube muß sich im alltäglichen Leben, im privaten wie im gesellschaftlichen Raum bewähren.

4. Kirche für die Menschen

Wie Jesus Christus für die Menschen da war, so müssen auch die Christen der Kirche für die Menschen, für alle Menschen da sein. »Ich bin gekommen«, heißt es im Evangelium über Jesus den guten Hirten, »damit sie das Leben haben und es in Fülle haben«

(Joh 10,10). Für die Kirche gilt, was der Titel eines Buches des französischen Bischofs Jacques Gaillot treffend zum Ausdruck bringt: »Eine Kirche, die nicht dient, dient zu nichts.«[64]

Zu diesem Dienst der Kirche gehören vorrangig die Verkündigung des Evangeliums und die Spendung der sakramentalen Heilsmittel. Doch damit ist noch nicht alles getan. Die Kirche muß auch für die Rechte des Menschen einstehen, wie sie schon in den Zehn Geboten, welche die Kirche mit der Synagoge gemeinsam hat, enthalten sind. Die einzelnen Gebote sind zusammengefasst in dem Hauptgebot der Liebe, das Jesus gelehrt hat: »Darum sollst du den Herrn, deinen Gott, lieben mit ganzem Herzen und ganzer Seele, mit all deinen Gedanken und all deiner Kraft. Als zweites kommt hinzu: Du sollst deinen Nächsten lieben wie dich selbst« (Mk 12,30-31). Daß diese Liebe zu Gott und zu den Mitmenschen sich nicht in bloßer Gesinnung und wortreicher Verkündigung erschöpfen darf, sondern in der Tat verwirklicht werden muß, zeigen viele Gleichnisse des Neuen Testaments. Erinnert sei nur an das Gleichnis vom barmherzigen Samariter, der den von Räubern überfallenen und halb totgeschlagenen Mann nicht liegen läßt, sondern aufnimmt und auch noch versorgen läßt (Lk 10,25-37). Um zu wissen, was Aufgabe der Kirche ist, braucht man nur die Bibel zu lesen und den Katechismus zu studieren.

Im »Katechismus der Katholischen Kirche«, promulgiert von Papst Johannes Paul II. im Jahre 1992, heißt es zum bischöflichen Leitungsamt, der gute Hirt (Jesus Christus) solle dem Bischof als »Vorbild und Gestalt« dienen. Und was als vorrangige Verpflichtung für alle Christen gilt, wird ausgerechnet im Zusammenhang mit der Lehre über die Hölle vorgetragen: »Unser Herr macht uns darauf aufmerksam, daß wir von ihm getrennt werden, wenn wir es unterlassen, uns der schweren Nöte der Armen und Geringen, die seine Brüder und Schwestern sind, anzunehmen.«[65]

Gottesrechte und Menschenrechte bilden eine untrennbare Einheit. Der Münchener Jesuit Alfred Delp, der am 2. Februar 1945, nur wenige Monate vor Kriegsende, in Berlin als Verschwörer hingerichtet wurde, legte den Kirchenobrigkeiten wegen ihres ständigen Abwartens, Taktierens, Schweigens und Untätigbleibens angesichts ungezählter Unmenschlichkeiten und Verbrechen des NS-Regimes schon frühzeitig schwerwiegendes Versagen zur Last. In einem Referat vor Seelsorgern für Männervereine im Jahre 1941 sprach Delp weniger von den vielfältigen Bedrängnissen und Gefährdungen der Kirche, sondern erinnerte mehr an ihre Hauptpflichten und stellte deswegen höchst beunruhigende Fragen: »Hat die Kirche das ›Du sollst‹ nicht verlernt, hat die Kirche die Gebote vergessen oder verschweigt sie sie, weil sie von der Aussichtslosigkeit ihrer klaren und harten Verkündigung überzeugt ist? Ist die ›Unklugheit‹ Johannes des Täufers ausgestorben und hat die Kirche den Menschen und seine grundlegenden Rechte vergessen? Wie will die Kirche den Christen retten, wenn sie die Kreatur, die christlich werden soll, im Stich läßt?«[66] Hier haben wir einen Maßstab, an dem sich das konkrete Verhalten der Kirche in jenen gefahrvollen Jahren messen läßt.

Vor allem wenn das Recht des Menschen auf Leben bedroht ist, muß die Kirche in Erfüllung des fünften Gebotes »Du sollst nicht töten« als Anwalt des Menschen auftreten. Wer dieses Gebot ernst nahm, durfte keinen Augenblick lang zweifeln, daß die 1939 angeordneten Euthanasie-Aktionen oder die seit 1939 geführten Angriffskriege oder auch die 1942 beschlossene »Endlösung« nur eine Reaktion verdienen: offenen Widerspruch und totale Verweigerung. Dies wußten Papst und Bischöfe. Trotzdem verschlossen sie in den ersten Jahren ihre Augen vor Terror, Gewalt und Verbrechen außerhalb der Kirchenmauern. Es dauerte allzulange, bis sie ihre heilige Verpflichtung zu lautem Protest erkannten.

»Rückzug auf das rein ›Religiöse‹ heißt unter den konkreten Verhältnissen dem Gegner das Feld frei lassen, heißt verzichten auf den Staat, der die Machtmittel hat, heißt weiter – wir haben ein erschreckendes Vorbild in nicht weiter Ferne – das Religiöse selbst gefährden, weil es zum ›Schweigen‹ verurteilt wird.« So schrieb Bischof Aloisius Scheidwiler von St. Gallen in der Jubiläums-Beilage der *Ostschweiz* vom 28. Dezember 1934. Bei dieser grundsätzlichen Aussage stand ihm der im Hitler-Deutschland sich ausbreitende Antisemitismus mit immer neuen Maßnahmen gegen jüdische Bürger vor Augen. Und deshalb erwartete er von den Bischöfen, »daß wir je und je unsere Stimme erheben müssen gegen die Verfolgung irgendeines Volkes und vorab der Juden, nicht bloß im Namen der Menschlichkeit und insbesondere der Nächstenliebe, die jede Art von Rassenwahn und von Kränkung des Nebenmenschen verurteilt, sondern auch um der tiefen heils-geschichtlichen Wurzeln und Zusammenhänge willen, die zwischen Judentum und Christentum bestehen.«[67] Der Schweizer Bischof brauchte nur über die Grenze seines Landes nach Deutschland zu schauen, um schon in den Anfangsjahren des Nationalsozialismus klar vorherzusehen, welche schlimmen Folgen eine politische Abstinenz seiner Amtskollegen in Deutschland zeitigen würde. Wer ganz unpolitisch bleiben will, macht sich mit-schuldig an totaler Politisierung. Ein apolitisches Christentum, das sich vor großen Bedrohungen und Versuchungen in einen fiktiven Innenraum zurückzieht, verrät seinen ursprünglichen Auftrag. Die aus dem Wort Gottes folgenden Verpflichtungen müssen in der Konfrontation mit den jeweiligen Situationen der Menschen ihre Erfüllung finden.

Deshalb verteidigte auch Papst Pius XI. in seiner vielgerühmten Enzyklika »Mit brennender Sorge« vom 14. März 1937 nicht nur die im Reichskonkordat (1933) verbrieften Rechte der Kirche gegenüber den sich häufenden Rechtsbrüchen und Schikanen, sondern erklärte darüber hinaus unmißverständlich, daß jeder Mensch »als Persönlichkeit gottgegebene Rechte« habe, die jedem »Eingriff von seiten der Gemeinschaft entzogen bleiben müssen«.[68] Doch als den deutschen Bischöfen im Sommer 1938 der Entwurf eines Hirtenbriefes vorlag, in dem die Rassenideologie scharf verurteilt wurde, verzichteten sie auf eine Veröffentlichung und entschlossen sich statt dessen zu einem Hirtenwort, in dem sie gegen die akute Verfolgung der katholischen Kirche durch das nationalsozialistische Regime zu Felde zogen. Damit zeigten sie, daß ihnen am Fortbestand der Kirche mehr gelegen war als am Existenzkampf des jüdischen Volkes.

244

Bischof Albert Stohr von Mainz sprach am 26. Oktober 1941 in einer Predigt über die Zehn Gebote nicht nur von »heiligen Gottesrechten«, sondern auch von allgemeinen Menschenrechten, die ihre Grundlage im allzeit gültigen Naturrecht hätten und zu unterscheiden seien von »den liberal ausgedeuteten Menschenrechten, wie sie die französische Revolution und der amerikanische Bundesstaat kennt«.[69] Mit dieser Differenzierung wollte der Bischof verhindern, daß man Freiheit mit Zügellosigkeit gleichsetzte.

Zur selben Zeit bereitete der von der Deutschen Bischofskonferenz eingesetzte Ausschuß für Ordensangelegenheiten einen Entwurf für einen Hirtenbrief vor, mit dem das christliche wie das nichtchristliche Volk über die vielfältigen Rechtsverstöße der NS-Gewaltherrschaft aufgeklärt werden sollten. Bei der Frage nach den Aufgaben der Kirche weitete sich der Blick der Mitglieder des Ausschusses über innerkirchliche Aspekte hinaus auf die Kriegssituation: »Der Krieg und die Entwicklung im Innern stellen Fragen, zu denen wir nicht schweigen dürfen, wenn es uns ernst ist mit den einfachsten Pflichten unseres oberhirtlichen Amtes, wenn wir nicht schuldig werden wollen vor Gott, vor euch und vor der Zukunft.«[70] Doch der beabsichtigte Hirtenbrief scheiterte, weil einige Bischöfe, an der Spitze Kardinal Bertram von Breslau und Bischof Buchberger von Regensburg, ihre Zustimmung zu einem stärkeren und konkreteren Protest als in früheren Verlautbarungen verweigerten.

Es kam deshalb zu unterschiedlichen Verlautbarungen der einzelnen Bischöfe. Am mutigsten zeigte sich Kardinal Faulhaber mit seinem Hirtenbrief vom 22. März 1942, den er selbst von der Kanzel der Münchener Frauenkirche verlas und in dem er sich mit scharfen Anklagen gegen die Reichsregierung wandte. »Wir legen größten Wert darauf«, so Faulhaber, »nicht nur für die religiösen und kirchlichen Rechte an zuständiger Stelle einzutreten, sondern auch für die allgemein-menschlichen, gottverliehenen Rechte des Menschen.«[71] An Einzelheiten nannte der Kardinal das Recht auf persönliche Freiheit, das Recht auf Leben und die zum Leben notwendigen Güter, das Recht auf Eigentum sowie das Recht auf Schutz der Ehre gegen Lüge und Verleumdung. Nach Jahren des Unrechts und der Gewalt kam den Kirchenführern immer mehr zu Bewußtsein, daß sie für den ganzen Menschen, für sein irdisches Wohl und sein seelisches Heil Verantwortung trugen.

Am 19. August 1943 publizierten die deutschen Bischöfe einen Hirtenbrief über die Zehn Gebote, den vielgerühmten Dekalog-Hirtenbrief,[72] den man als das einzige bedeutsame Zeugnis kirchlicher Opposition gegen den Nationalsozialismus ansehen könnte, wenn er nach Form und Inhalt so publiziert worden wäre, wie ihn die Mitglieder des Ausschusses für Ordensangelegenheiten entworfen hatten. In dem Entwurf dieses Gremiums erscheinen die Bischöfe als Verteidiger fundamentaler Menschenrechte, die unmißverständlich »die Wahrung der Gottesrechte und der in ihnen wurzelnden Menschenrechte im öffentlichen Leben der Völker« fordern. Und damit sie nicht als Feinde des Staates dastehen, wird der gegen den totalitären Staat gerichtete Protest begründet als »schlichte Erfüllung unserer apostolischen Amtspflicht, für die wir uns einmal im Gerichte vor Gott verantworten müssen und für die wir uns auch unserem Volke gegenüber verantwortlich wissen«. Es sei die »heilige Pflicht« der Bischöfe, heißt es unter Hinweis auf die Verpflichtung ihres apostolischen Amtes und auf ihren Amtseid, »die von Gott her verstandenen und in Gottes heiligem Gesetz verankerten Menschenrechte zu vertreten: das Recht der elterlichen, der staatlichen, der kirchlichen Autorität, das Recht eines jeden unschuldigen Menschen auf Leib und Leben, auf Freiheit und Unverletzlichkeit der Person, das Recht des Menschen auf die voreheliche, die eheliche, die jungfräuliche Keuschheit, das Recht des Menschen auf Ehre, Wahrheit und Treue, das Recht des Menschen auf sein Gewissen und auf die Freiheit, nach seinem wohlgeordneten Gewissen zu leben und zu handeln.« Wie nie zuvor in einem Hirtenbrief exemplifiziert der Entwurf die eingeforderten Menschenrechte: Die »Ethik der Bergpredigt Jesu Christi« verpflichtet dazu, »das Recht und Gebot elementarer Menschlichkeit einzuschärfen auch gegenüber schuldlosen Menschen, die nicht unseres Volkes und unseres Blutes sind, gegenüber Gefangenen oder fremdstämmigen Arbeitern, einzutreten für ihr Recht auf menschenwürdige Behandlung, für ihr Recht auf sittliche und religiöse Betreuung.« Es werde eines Tages von »gewaltiger historischer Bedeutung« sein, heißt es bedeutungsvoll, wenn die Bischöfe die Verletzungen von göttlichem und natürlichem Recht öffentlich mißbilligt hätten.[73] Doch infolge der von den Bischöfen nach kontroversen Diskussionen erfolgten Streichungen verlor der tatsächlich verlesene Hirtenbrief, der noch dazu nach Diözesen verschieden ausfiel, viel von seiner ursprünglichen Stoßkraft. Bedauerlich ist vor allem die Streichung jener Passagen, welche sowohl die Befehlenden wie auch die Ausführenden der gegen das Recht des Menschen auf Leib und Leben verstoßenden Maßnahmen und Gesetze als Mörder hinstellten. Trotzdem gilt: Wenn die Bischöfe den hier umschriebenen Kurs nicht erst jetzt, sondern schon von Anfang an eingeschlagen und konsequent verfolgt hätten, müßten sie sich heute nicht ängstliches Schweigen, vorsichtiges Taktieren und verhaltenes Protestieren vorwerfen lassen.

Es war die letzte gemeinsame Konferenz der Bischöfe und blieb der letzte gemeinsame Hirtenbrief, wenngleich bis zum Untergang des Dritten Reiches noch eineinhalb Jahre vergingen. Ein blinder Glaube an die Obrigkeit, die als von Gott gegebene Autorität in jedem Fall Gehorsam fordern könne, und ein legalistisches Denken hinderten die Bischöfe letztlich daran, sich voll und ganz für die Verwirklichung der Menschenrechte einzusetzen und gravierende Verstöße öffentlich anzuprangern.

Die Wahrheit der kirchlichen Lehre ist nicht zu trennen von der konkreten Existenzform der Kirche. Christliche Verkündigung, die mit dem Rücken zum Schicksal der Leidenden geschieht, hielt Pastor Dietrich Bonhoeffer weder für christlich noch für wahr. Dabei dachte er besonders an das jüdische Volk, als hätte er dessen schlimmes Schicksal vorausgesehen. Schon im April 1933 mahnte er in einem Vortrag zum Thema »Die Kirche vor der Judenfrage«, »nicht nur die Opfer unter dem Rad zu verbinden, sondern dem Rad selbst in die Speichen zu fallen. Solches Handeln wäre unmittelbar politisches Handeln der Kirche.«[74]

Bonhoeffers katholischer Glaubensbruder, der Jesuit Alfred Delp, war von derselben Spiritualität der Diakonie erfüllt. Es schmerzte ihn sehr, erleben zu müssen, daß die Kirche immer nur um sich selber kreiste, statt im Dienst für die Menschen zu stehen. Betrübt stellte er fest, daß die Kirche seiner Zeit »nicht zu den führenden Mächten und Kräften der Menschheit gehört«. Aus der doppelten Verpflichtung der Kirche für den Leib und die Seele des Menschen ergab sich für Delp eine folgenschwere Konsequenz: »Es wird kein Mensch an die Botschaft vom Heil und vom Heiland glauben, solange wir uns nicht blutig geschunden haben im Dienste des physisch, psychisch, sozial, wirtschaftlich, sittlich oder sonstwie kranken Menschen.«[75]

Beide, Bonhoeffer und Delp, wurden wegen ihres Widerstands gegen das NS-Regime verhaftet, zum Tode verurteilt und wenige Monate vor dem Untergang des Dritten Reiches ermordet.

Der Dogmatiker und Jesuit Karl Rahner († 1985) umschrieb dieses in jener Zeit allgemein übliche und heute noch nicht ganz überwundene Verständnis der Kirche treffend und verwies auch gleich auf die damit verbundenen Folgen: »Gerade und vor allem die Amtsträger und die Kleriker überhaupt leiden unter einer ekklesiologischen Introvertiertheit. Sie denken an die Kirche und nicht an die Menschen, sie wollen die Kirche, nicht die Menschen frei sehen. So kam es z.B. dazu, daß wir in der Zeit des Nationalsozialismus doch erheblich mehr an uns selbst, an den Bestand der Kirche und ihrer Institutionen gedacht haben als an das Schicksal der Juden. Das mag verständlich sein, sehr christlich und sehr kirchlich war es nicht, wenn man das wahre Wesen der Kirche wirklich verstanden hat.«[76]

Orthodoxie und Orthopraxie gehören untrennbar zusammen. »Eine Kirche, die Jesus nicht nachfolgt, die nicht Zeugnis gibt durch das Leben«, urteilte Karl Rahner, »verkommt zur Verwalterin einer tradierten Weltanschauung, die das Schicksal ihres Herrn nicht mehr am eigenen Leib erfährt. Eine Kirche hingegen, die in der Nachfolge Jesu steht, gerät notwendigerweise wie Jesus von Nazaret in Konflikt mit den gesellschaftlichen Machthabern, denn sie hat auch dann für Gerechtigkeit und Freiheit, für die Würde des Menschen einzutreten, auch wenn es ihr selbst eher schadet, wenn ein Bündnis mit den herrschenden Mächten ... ihr auf den ersten Blick eher nützen würde.«[77] Weil dies damals nicht immer geschehen ist, deshalb ist Widerstand nicht das richtige Wort für das Verhalten der Kirche in den Jahren der NS-Diktatur.

Es war kein deutscher Bischof, sondern der österreichische Kardinal Franz König, der in einem Referat bei der Herbsttagung der Katholischen Aktion Österreichs im Jahre 1987 unverblümt bekannte:»Im Rückblick müssen wir als Christen zweifellos auch ein nostra culpa sprechen für das Versagen und vor allem die Irrtümer der kirchlichen Verantwortungsträger von damals.«[78] Sicher dachte er dabei nicht nur an die Bischöfe in Österreich.

5. Loyalität der Kirche gegenüber dem Staat

Schon in ihrem ersten Hirtenbrief vom 3. Juni 1933 bekundeten die deutschen Bischöfe ihre Staatsverbundenheit: »Ein abwartendes Beiseitestehen oder gar die Feindseligkeit der Kirche dem Staat gegenüber müßte die Kirche und Staat verhängnisvoll treffen.« Zur theologischen Begründung verwiesen sie auf das 13. Kapitel im Römerbrief des Apostels Paulus, mit dem sie »in jeder menschlichen Obrigkeit einen Abglanz der göttlichen Herrschaft und eine Teilnahme an der ewigen Autorität Gottes« erblickten.[79]

Einige Jahre später versprachen die bayerischen Bischöfe im Hirtenbrief vom 6. Dezember 1936 ihre Loyalität gegenüber dem Staat mit überschwenglichen Worten: »Es liegt uns nichts ferner, als eine feindliche oder auch nur ablehnende Haltung gegen die Staatsform und Staatsregierung unseres Vaterlandes. Für uns sind die Achtung der Autorität, die Liebe zum Vaterland, die gewissenhafte Erfüllung der Pflichten gegen den Staat ein göttliches Gebot.«[80] Und sie versäumten es auch nicht, ihren Diözesanen

»dieses Gebot« mit allem Nachdruck einzuschärfen. Obwohl die Bischöfe im Laufe der folgenden Jahre immer schlimmere Erfahrungen machen mußten, ließen sie sich von ihrer nahezu vorbehaltlosen Zustimmung zum »nationalen Erwachen« nicht abbringen.

Den Autoritäten der Kirche gelang es auf doppelte Weise, den Bestand der kirchlichen Institution zu sichern: durch weitgehende Nicht-Anpassung auf weltanschaulicher Ebene und durch ebenso weitgehende Anpassung im politischen Bereich. Hitler und seine Kombattanten erstrebten zwar von Anfang an die totale Gleichschaltung des deutschen Volkes nach dem Programm des Nationalsozialismus, sie wußten aber, daß sie dieses Ziel wegen der starken traditionellen Kirchlichkeit vieler Christen nicht über Nacht erreichen konnten. Deshalb verfuhr man auf höchster Ebene nach dem Motto »Zuckerbrot und Peitsche«. Zuckerbrot waren in erster Linie Hitlers versöhnliche Worte an die Adresse der Kirchenführer und seine lügnerischen Bekenntnisse zu Gott und zur Vorsehung. Der Peitsche bedienten sich vor allem untere und mittlere Parteibehörden beim täglichen Kampf gegen die Kirche, gegen deren Priester, Vereine, Schulen und Presseorgane. Einem schrittweisen Zurückdrängen der Kirche aus angestammten Positionen im öffentlichen Leben sollte nach dem »Endsieg« die restlose Zerschlagung der Kirche folgen. »Durch die Nadelstichpolitik, die von verschiedenen Stellen der Partei gegen die kirchlichen Behörden betrieben wird«, notierte Goebbels am 18. August 1941 in seinem Tagebuch, »ist nichts zu erreichen … Haben wir einmal den Sieg in Händen, so ist es ein Leichtes, in einem Generalaufwaschen die ganzen Schwierigkeiten zu beseitigen.«[81]

Die katholischen Bischöfe spielten eine höchst zwiespältige Rolle, weil sie zwischen Widerspruch und Anpassung, zwischen Bekenntnistreue und Staatsgehorsam hin und her schwankten. Auch wenn sie sich gegen die fortschreitende Einschränkung und Behinderung der Kirche mit Hirtenbriefen und Protestschreiben zur Wehr setzten, betonten sie stets ihre Loyalität gegenüber der Autorität des Staates und verwiesen auf die Erfüllung ihrer staatsbürgerlichen Pflichten. In einem äußerst ausführlichen Memorandum vom 20. August 1935 an Hitler bat der gesamte Episkopat, der Führer und Reichskanzler des Deutschen Reiches möge mit seiner »in Deutschland einzigartigen Autorität« den planmäßigen Versuchen zur Entchristlichung des deutschen Volkes ein Ende bereiten. Die Bischöfe erinnerten bei dieser Gelegenheit an das hohe Lob, das Papst Pius XI. am 13. März 1933 bei einem Konsistorium »vor aufhorchenden Vertretern anderer Nationen« Hitler gezollt habe, weil er als erster Staatsmann vom Bolschewismus abgerückt sei.[82] Erkannten die Bischöfe wirklich nicht, daß der Führer selbst entgegen früheren Versprechen und fortlaufenden Beteuerungen bei öffentlichen Auftritten voll und ganz hinter diesen Versuchen zur Vernichtung der Kirche und des christlichen Glaubens stand?

Die Bischöfe und der übrige Klerus wollten gute Christen und gute Staatsbürger in einem sein, obwohl es sich, was schon frühzeitig zu erkennen war, um einen totalitären Staat handelte. Daß dieses Doppelleben oft einer Gratwanderung glich und im Einzelfall nicht selten in die Nähe des Verrats führen konnte, mußten sie bald schmerzlich erfahren.

Der frühere Generalstabsoffizier Fabian von Schlabrendorff, der dem Widerstandskreis gegen Hitler und seine Regierung angehörte, berichtet in seinen Memoiren von einem Besuch beim einstigen Reichskanzler Heinrich Brüning, einem aufrechten Katholiken, im Berliner Hedwigskrankenhaus: »Als ich ihn – wie dies ein Protestant gern zu tun pflegt – auf die Macht der katholischen Kirche ansprach, zuckte er mit den Achseln und meinte, der Mensch muß sich entscheiden, ob er sein Leben unter das Kreuz Christi oder unter das Hakenkreuz stellen soll. An dieser Entscheidung würden auch die Bischöfe nicht vorbeikommen. Aber bis zur Entscheidung würden sie es mit Kompromissen versuchen und dadurch Hitler den Weg ebnen. Das blasse, müde Gesicht Brünings ließ keinen Zweifel, daß er im Grunde die Hoffnung aufgegeben hatte.«[83] Brüning hatte die Kompromißbereitschaft des Episkopats durchschaut und schwer darunter gelitten.

Die von den Bischöfen geübte Taktik des Ausgleichs und ihre immer wieder gezeigte Bereitschaft zur Verständigung enttäuschten viele Priester und Laien. Ausgerechnet der Sicherheitsdienst (SD) überlieferte die Klage eines Vikars der Erzdiözese Paderborn: »... es hat uns nur geärgert, daß man in Paderborn uns im Stich gelassen hat und gesagt hat: ›Hättet ihr euren Mund gehalten und wäret klüger gewesen!‹ Das hat uns bisher furchtbar geärgert und enttäuscht.«[84] Tatsächlich mahnten bischöfliche Behörden die Geistlichen fortlaufend zu Wohlverhalten gegenüber den NS-Behörden. Sie sollten »bei allen seelsorglichen Amtshandlungen jegliche Kritik der neuen Verhältnisse, sei es auch nur durch Vergleich oder Anspielung, unterlassen und auch in Vereinen wie im Privatverkehr größte Zurückhaltung sich auflegen«, so lautete eine Anweisung in den Pastoralblättern einiger Diözesen.[85]

Die von ihnen praktizierte Staatsloyalität erwarteten die Bischöfe auch von ihren Geistlichen und vom ganzen Kirchenvolk. »Politisierende« Geistliche waren ihnen ein Dorn im Auge. Für widerspenstige Priester, die wegen ihrer Kritik an Partei und Staat ins Gefängnis oder gar ins KZ eingewiesen wurden, zeigte man wenig Verständnis und Hilfe. Selbst noch nach dem Dritten Reich warteten diese Neinsager vergebens auf die verdiente Anerkennung für ihren Mut und ihre Bereitschaft, das Leben einzusetzen.

Papst Pius XII. fand keine Zeit für einen Empfang von Geistlichen, die das Grauen des Konzentrationslagers überlebt hatten. Erst Papst Paul VI. gewährte ihnen 1966 – zwanzig Jahre nach dem Krieg! – eine Audienz, um ihnen Dank und Bewunderung für ihre Opposition im Geist des Evangeliums zu zollen.

Pfarrer Johannes Burkhart, der zum Klerus des Bistums Augsburg gehörte, quälten noch viele Jahre nach der Entlassung aus dem KZ Dachau ernste Zweifel, ob er nicht doch selbst schuld sei an seinen sechs Jahren Haft, weil er entgegen wiederholter Warnungen des bischöflichen Ordinariats als »politisierender Geistlicher« aufgetreten sei. Erst nachdem Freunde ihn von der Richtigkeit und Notwendigkeit seines Auftretens gegen den unchristlichen Nationalsozialismus überzeugt hatten, hielt er mit scharfer Kritik nicht mehr zurück: »Unter dem Klerus gab es nur wenige echte Nazis, die meisten Geistlichen verkrochen sich in den inneren Widerstand, nur einige Priester wagten ein offenes Bekenntnis gegen die NSDAP und blieben isoliert. Diese protestierenden Priester galten als Unruhestifter und Schädlinge der Kirche – bei der eigenen Obrigkeit! Aufgrund des Artikels 32 im Konkordat, das der Kirche politische Betätigung untersagte, wurde jede Kritik als ein politisches Verbrechen angeprangert und eben nicht als kirchlicher Widerstand. Auch die bischöflichen Ordinariate ließen sich in diesem Sinne einspannen. Deshalb auch warf ich alle diesbezüglichen Rügen des Generalvikars großzügig in den Papierkorb. Mein Schulverbot durch die Gestapo kommentierte der Bischof: ›Das wundert mich nicht bei diesem enfant terrible der Diözese.‹ Darauf bin ich heute noch stolz.«[86]

Nach dem Zusammenbruch des NS-Regimes galt die Institution Kirche auch bei den alliierten Siegern als bedeutendster Widerstandsfaktor, obwohl sie doch dem nationalsozialistischen Staat wegen ihrer prinzipiellen Loyalität während des Krieges nicht selten einen unverantwortlich hohen Tribut gezahlt hatte. In Vergessenheit gerieten hingegen schnell jene Kleriker und Laien, die alle »von oben« kommenden Mahnungen zu »Wohlverhalten« ignoriert hatten und damit zu illoyalen Staatsbürgern geworden waren: »Diejenigen, die wirklich unter persönlichem Einsatz widerstanden hatten, die den Ruf der Kirche begründeten, Hort des Widerstandes gewesen zu sein, gerieten dadurch freilich in eine … doch recht deprimierende Situation. Nachdem nun die Kirche widerstanden hatte, waren sie eigentlich vergessen, unnötig. Sie waren – zumindest solange sie lebten – eher lästige Mahnmale, Mitwisser des vielfältigen Kleinmuts, all der Hemmnisse, die auch innerhalb der Kirche einem Widerstand entgegenwirkten. Außerdem: den Ruf, unbequem zu sein, hatten sie nun einmal – und der blieb.«[87]

Einen besonderen Beweis für die Staatsloyalität der Kirche sah die NS-Regierung darin, daß auch die Kirche den Kommunismus als einen Hauptfeind bekämpfte, wenn auch aus einem anderen Grund. Gewiß herrschte innerhalb der Kirche schon in den Anfangsjahren nicht geringe Freude über das Verschwinden der Kommunisten und das Verstummen der Liberalen, weil man in ihnen große Feinde des christlichen Glaubens erblickte. Der Führer könne bei seinem »weltgeschichtlichen Abwehrkampf gegen den Bolschewismus« mit der moralischen Unterstützung durch die Kirche rechnen, schrieben die bayerischen Bischöfe in ihrem Hirtenbrief vom 6. Dezember 1936.[88] Diese Einstellung der Bischöfe änderte sich auch nach 1941 nicht, als der Krieg gegen die Sowjetunion für jeden erkennbar nicht der Verteidigung und Abwehr, sondern dem Angriff und der Eroberung diente und auf beiden Seiten Millionen Menschen das Leben kostete. Staatsbürgerliche Loyalität verbot den Kirchenführern jeden Protest gegen den Krieg und damit auch jede Aufforderung zur Verweigerung des Kriegsdienstes. Verweigerer des Kriegsdienstes aus Gewissensgründen konnten von seiten der kirchlichen Obrigkeit, wie die Fälle Jägerstätter und Reinisch beweisen, keinerlei Unterstützung erwarten.

Aus der christlichen Moraltheologie hätten die Bischöfe wissen müssen, daß Legalität allein noch keinen Gehorsam verdient. »Es gibt für alle äußere Legalität eine letzte Grenze«, so begründete der Münchener Universitätsprofessor Kurt Huber, der erst am 1. April 1940 Mitglied der NSDAP geworden war – drei Jahre später, am 8. März 1943, wurde ihm wegen staatsfeindlicher Betätigung der Doktorgrad entzogen –, seine politische Opposition vor dem Volksgerichtshof in Berlin, »wo sie unwahrhaftig und unsittlich wird. Dann nämlich, wenn sie zum Deckmantel einer Feigheit wird, die sich nicht getraut, gegen offenkundige Rechtsverletzung aufzutreten. Ein Staat, der jegliche freie Meinungsäußerung unterbindet und jede, aber auch jede sittlich berechtigte Kritik, jede Verbesserungsvorschläge als ›Vorbereitung zum Hochverrat‹ unter die furchtbarsten Strafen stellt, bricht ein ungeschriebenes, deutsches, germanisches Recht, das ›im gesunden Volksempfinden‹ noch immer lebendig war und lebendig bleiben muß.« Der Professor war sich außerdem bewußt, daß auch Vaterlandsliebe nicht als höchster Wert gelten könne. Deshalb schrieb er: »Gerade im Krieg standen die Katholiken wie alle nichtnationalsozialistischen Deutschen vor dem gleichen Dilemma zwischen Erfüllung der staatsbürgerlichen patriotischen Pflichten einerseits und der Ablehnung des Nationalsozialismus andererseits.«[89] Kurt Huber wurde wegen seines öffentlichen Protests, den er selbst nicht als Widerstand bezeichnet wissen wollte, am 19. April 1943 zum Tode verurteilt und am 13. Juli 1943 hingerichtet.

6. Unparteilichkeit des Papstes

Die Amtsträger der Kirche dürfen sich nicht damit zufriedengeben, daß sie den christlichen Glauben verkünden und die Rechte und Privilegien der Kirche verteidigen. Genauso dürfen die Mitglieder der Kirche, wenn sie ihren Glauben ernst nehmen, nicht beim bloßen Bekenntnis des Credo stehenbleiben. Sie alle, Hierarchen und Laien, müssen für die Erfüllung der Gebote Gottes und damit für die Wahrung der von Gott gegebenen Rechte eines jeden Menschen eintreten. In wesentlichen Fragen christlichen Verhaltens darf es keine Kompromisse geben. Aus diesem Grund wandten sich die fünf Mitglieder des bischöflichen »Ausschusses für Ordensangelegenheiten« im November 1941, als der verbrecherische Krieg gegen Rußland einem Höhepunkt zustrebte, an alle Bischöfe, um sie für einen Hirtenbrief zu gewinnen, in dem sowohl die Reichsregierung als auch die NSDAP schwer angeklagt werden sollten. Im Mittelpunkt ihrer Sorge und Fürsorge stand nicht in erster Linie die von vielen Seiten bedrängte Kirche, sondern vor allem anderen das jüdische Volk, das wachsenden Verfolgungs- und Vernichtungsmaßnahmen ausgesetzt war: »Auch der nichtchristliche Teil in Deutschland, der unter der Last der Rechtlosigkeit und seiner eigenen Ohnmacht gegenüber Unrecht und Gewalt leidet, erwartet Hilfe und Verteidigung der allgemein menschlichen Rechte durch den deutschen Episkopat.«[90]

Die schwersten Vorwürfe richten sich bis heute gegen Papst Pius XII., weil er bei seinem diplomatischen Verhalten streng auf Unparteilichkeit gegenüber den einzelnen Staaten geachtet und zur Vernichtung des jüdischen Volkes durch den Nationalsozialismus geschwiegen habe.

Zuverlässige Nachrichten über die Judenvernichtung in Polen erhielt der Vatikan seit 1940 von dem polnischen Botschafter beim Heiligen Stuhl, Kazimierz Papée. In einem Brief, den er Kardinal-Staatssekretär Tardini am 21. Dezember 1942 persönlich übergab, stand zu lesen, die Deutschen seien dabei, »die gesamte jüdische Bevölkerung zu liquidieren«. Dann hieß es konkreter: »Was die Zahl der von den Deutschen vernichteten Juden aus Polen anbetrifft, schätzt man, daß sie bereits die Million überschritten hat.« Nur drei Tage später bezog der Papst diese bedrückende Information in seine Weihnachtsbotschaft an die Katholiken in aller Welt ein, wenn er »der Hunderttausende von Menschen« gedachte, »die nicht durch ihre Schuld – manchmal nur durch ihre Zugehörigkeit zu einer Nationalität oder Rasse – zum Tod oder langsamen Untergang verurteilt sind«.[91] Aus einem Memorandum des Staatssekretariats vom 5. Mai 1943 geht hervor, daß der Vatikan spätestens zu dieser Zeit über die Methoden und das Ausmaß des Genozids an den Juden in verschiedenen Ländern unterrichtet war.

Doch Pius XII. konnte sich nicht zu einem öffentlichen Protest entschließen. In einer Rede vor dem Kardinalskollegium am 2. Juni 1943 nannte er den Hauptgrund für seine Zurückhaltung. Jedes Wort und jede öffentliche Anspielung auf diese Verbrechen seien sorgfältig zu erwägen »im eigenen Interesse derjenigen, die leiden, damit ihre Lage nicht noch schwerer und unerträglicher gemacht wird als vorher.«[92] Der Historiker Konrad Repgen fragte daher mit Recht, »wie deutlich muß das Wort sein, das vom Amte her geboten ist, und wie konkret darf es sein, wenn man die Folgen einkalkuliert«.[93] Noch deutlicher erklärte Pius XII. in einem Brief vom Februar 1944 an den Passauer Bischof Landersdorfer, warum er vorsichtiges Schweigen einem lauten Protestieren vorziehe: »Was uns mehr bestürzt, ist der unauflösliche Gegensatz, das Sichüberkreuzen von zwei, drei sich widersprechenden Richtungen in politischen und kirchlich-religiösen Fragen, die der Krieg aufwirft, und die Notwendigkeit für den Hl. Stuhl, sich in vorsichtiges Schweigen zu hüllen, wo an sich energisches Handeln geboten wäre … In einem Wort: Das größte Leid ist für uns, daß der Krieg von Jahr zu Jahr dem Stellvertreter Christi immer mehr die Möglichkeit eines erfolgreichen Handelns einschränkt und seine Unabhängigkeit gefährdet.«[94]

Trotzdem muß es erlaubt sein zu fragen, ob der Papst die über die tatsächlich erfolgte Rettung vieler Juden in Rom und in anderen Ländern hinausgehenden Möglichkeiten nicht doch unterschätzt hat. Ja, man muß noch tiefer ansetzen, wie es der mit einer Jüdin verheiratete Philosoph Jacques Maritain, der 1945-1948 französischer Botschafter beim Heiligen Stuhl war, getan hat. In einem erst jetzt bekanntgewordenen Brief vom 12. Juli 1946 an den mit ihm befreundeten Substituten Giovanni Montini im Päpstlichen Staatssekretariat, den späteren Papst Paul VI., zeigte er sogar Verständnis für das behutsame Vorgehen Pius' XII. angesichts der Judenpogrome im Dritten Reich. Weil aber die antisemitischen Feindschaften nach 1945 in vielen Ländern der Erde fortdauerten, riet der in Rom lebende Diplomat dem Papst in einer Privataudienz am 16. Juli 1946 zu einer offiziellen Erklärung, um über die Einstellung der Kirche zur jüdischen Religion und zum jüdischen Volk keine falschen Ansichten aufkommen zu lassen. Daraufhin verwies der Papst auf eine Ansprache, die er bei einer Audienz für 70 jüdische KZ-Häftlinge Ende November 1945 gehalten hatte. Doch gerade diese Rede, die in der Vatikanzeitung publiziert worden war, hatte Maritain maßlos enttäuscht, wie der Eintrag in seinem Tagebuch unter dem 19. Juli 1946 beweist: »Besuch bei Montini. Ich spreche über Juden und Antisemitismus. Der Heilige Vater hat sie niemals mit Namen genannt. Als ein vergiftetes katholisches Gewissen muß man so etwas erklären.«[95] Maritain billigte also die verhüllte Rede des Papstes während des Dritten Reiches, nicht mehr aber sein Schweigen nach dessen

Untergang. Jetzt wurde für ihn ein gebrochenes Verhältnis Pius'
XII. zum Judentum erkennbar, das den Papst hinderte, den Antisemitismus ausdrücklich zu verurteilen und den religiösen Antijudaismus der Kirche zuzugeben.

Wenn man sich freilich, wie Papst Pius XII. im Fall der Juden,
nur dann zum Handeln entschließen will, wenn eventuelle Mißer-
folge und Nachteile ganz sicher ausgeschlossen werden können,
dann wird das Handeln im konkreten Fall nur allzuoft unterblei-
ben müssen. Wichtiger als die Frage nach den Konsequenzen eines
bestimmten Handelns erschien Pius XII. noch das von seinem
Amt geforderte Prinzip der Unparteilichkeit, das er freilich nicht
mit Neutralität verwechselt wissen wollte. »Unparteilichkeit
besagt für Uns Beurteilung der Dinge nach Wahrheit und Gerechtigkeit«, heißt es im Brief des Papstes vom 31. Januar 1943 an Kardinal Faulhaber, während »Neutralität im Sinne einer passiven
Gleichgültigkeit verstanden werden könnnte, die dem Oberhaupt
der Kirche einem solchen Geschehen gegenüber nicht anstünde«.
Und als Erklärung fügte er hinzu, daß er bei der Beurteilung konkreter Situationen in öffentlichen Kundgebungen »alle nur mögliche
Rücksicht« walten lasse, »um den Katholiken dortselbst vermeid-
bare Schwierigkeiten zu ersparen«.[96] Von einer so verstandenen
unparteilichen Haltung erhoffte Pius XII., daß er während oder
nach einer Konfrontation zwischen verfeindeten Parteien als Ver-
mittler tätig werden könnte.

Und doch war Pius XII. im ersten Kriegsjahr bereit gewesen,
einen Plan deutscher Offiziere zum Sturz der Hitlerregierung zu
unterstützen. Er spielte dabei sogar die Rolle eines Vermittlers
zwischen den Hitlergegnern und dem britischen Außenminister
Lord Edward Halifax. Das Unternehmen scheiterte jedoch am
Mißtrauen der britischen Regierung. Es dürfte aber das einzige
Mal gewesen sein, daß Pius XII. das von ihm sonst peinlich genau
beachtete Prinzip der Neutralität ignorierte, weil er sich davon die
Beendigung des Krieges erhoffte.

Die Frage »Wo ist dein Bruder Abel?« ist aber angesichts der
Shoa nicht nur an den Papst, sondern auch an alle Bischöfe, Prie-

ster und Laien zu richten, weil sie alle mit wenigen Ausnahmen zur Entrechtung, Vertreibung, Mißhandlung und Ermordung von Millionen Juden geschwiegen haben. Auch wenn die Bischöfe nicht über alle Einzelheiten der massenweisen Judenverfolgung unterrichtet waren, wußten sie doch, daß nach den Deportationen von Millionen Juden ein Massenmord außerhalb des Reiches im Gange war. Ein polnischer Jude informierte Kardinal Bertram in einem langen Schreiben vom 24. August 1943 im einzelnen über die Verbrechen im Generalgouvernement Polen seit ungefähr vier Jahren. Dabei sprach er von vier Millionen Juden, die bereits ermordet worden seien. Und am Schluß schrieb er: »Jeder Deutsche, auch Sie, haben Schuld an den Massenverbrechen.«[97] Von Frau Sommer, der Vorsitzenden der Hilfsstelle für Juden beim Bistum Berlin, stammte ein Protestschreiben gegen die Judenpogrome, das Kardinal Bertram am 24. August 1943 erhalten hatte.

Wenn die Bischöfe sich für Juden einsetzten, geschah dies meist nur für die »rassischen Mischehen«. Ein Hauptgrund für dieses allgemeine Versagen lag darin, daß die Kirchenführer die Angehörigen der mosaischen Religion, abgesehen von den mit einem Christen in einer sogenannten Mischehe lebenden Juden, nicht zu ihren Mitgliedern zählten und sich darum auch nicht für sie verantwortlich wußten. Hinzu kam, daß die Juden als Mörder des Erlösers Jesus Christus in der Katechese wie beim Gottesdienst immer noch als Feinde der Kirche abgestempelt wurden. Dies alles zusammen erklärt vielleicht, daß die große Mehrzahl der Katholiken ein Engagement der Kirche für die verfolgten Juden nicht verstanden hätte: »So sehr war eine antisemitische Grundstimmung verbreitet, daß die Katholiken Papst und Bischöfen im Falle einer Intervention nicht gefolgt wären. Juden galten als nicht zu uns gehörig.«[98] Doch gerade wenn dies alles so war, wäre ein aufklärendes Wort der kirchlichen Autoritäten, des Papstes, der Bischöfe und der Theologen, an die Adresse des Kirchenvolkes um so notwendiger gewesen. Gewiß hat die Kirche die nationalsozialistische Judenpolitik nicht direkt unterstützt, sie hat sie aber auch nicht behindert.

Allzu pauschal behauptet der von einem ethischen Rigorismus erfüllte Daniel Goldhagen in seinem neuesten Buch über den Holocaust, die katholische Kirche habe »den eliminatorischen Impulsen der Deutschen, von einigen Ausnahmen abgesehen, nach wie vor sehr wohlwollend« gegenübergestanden. Als völlig utopisch aber muß gelten, wenn Goldhagen behauptet, »die moralische Pflicht der Kirche und ihres Klerus« sei es gewesen, »den Massenmord an den Juden zu verhindern«,[99] ohne zu fragen, ob es auch in ihrer Macht stand, die Shoa aufzuhalten; denn noch immer gilt als moralisches Prinzip: »über das Können hinaus ist niemand verpflichtet« (ultra posse nemo tenetur). Richtig wäre es zu fordern, daß die Kirche alles hätte versuchen müssen, um den Massenmord zu minimieren oder ganz zu verhindern.

Ein überzeugendes Beispiel dafür, wie man eine historisch zuverlässige Beurteilung der Ereignisse mit einem ehrlichen Eingeständnis von Mitschuld verbinden kann, bietet die Erklärung französischer Bischöfe vom Jahr 1998 zum Verhalten ihrer Vorgänger im Fall des Judenstatuts unter dem Regime von Vichy und der Deportation von ungefähr 76 000 jüdischen Frauen, Männern und Kindern in Todeslager. Die kirchliche Hierarchie habe es für »ihre erste Pflicht« gehalten,« ihre Gläubigen zu schützen und den Betrieb ihrer Einrichtungen so gut wie möglich aufrechtzuerhalten. Der absolute Vorrang, der diesen an sich legitimen Zielen eingeräumt wurde, hatte dabei unglücklicherweise zur Folge, daß die biblische Forderung dahinter zurücktrat, jeden Menschen zu achten, da er nach dem Bilde Gottes geschaffen ist.« Hinter dieser unchristlichen Haltung erblicken die Bischöfe als beherrschende Motive Loyalität, Konformismus, Vorsicht und Zurückhaltung und äußern die Überzeugung, daß ein lauter Protest der Kirche »das Nichtwiedergutzumachende hätte eindämmen können«. Sie gestehen als historische Tatsache ein, daß eine jahrhundertelange Tradition des Antijudaismus in Lehre und Unterweisung der Christen, in Theologie und Apologetik, in Verkündigung und Liturgie ein Nährboden gewesen sei, auf dem »die giftige Pflanze des Judenhasses« gedeihen konnte, wofür »die Hirten und Verantwortlichen der Kirche eine schwere Verantwortung tragen«. Für die Kirche gelte allgemein, »daß das Schweigen die Regel war und Äußerungen zugunsten der Opfer die Ausnahme blieben«. Das abschließende Urteil der Bischöfe lautet: »Angesichts des Ausmaßes des Dramas und der Ungeheuerlichkeit des Verbrechens haben zu viele Hirten der Kirche durch ihr Schweigen die Kirche selbst und ihre Sendung beleidigt. Heute bekennen wir, daß dieses Schweigen eine Verfehlung war.«[100] Warum sprachen die deutschen Bischöfe nicht ebenso offen und ehrlich?

Der evangelische Pastor Martin Niemöller, mehrere Jahre »Ehrenhäftling« im KZ Dachau, sprach in einer Rede nach dem Krieg aus, was Christen zum Handeln hätte veranlassen müssen: »Wenn wir erkannt hätten, daß in den Kommunisten, die ins KZ geworfen wurden, der Herr Jesus selber gefangen dalag und nach unserer Liebe und Hilfe Ausschau hielt; wenn wir gesehen hätten, daß beim Beginn der Judenverfolgung der Herr Christus es war, der in den Geringsten unserer menschlichen Brüder verfolgt und geschlagen und umgebracht wurde; wenn wir da zu ihm gestanden und uns zu ihm bekannt hätten, ich weiß nicht, ob Gott uns dann nicht beigestanden hätte und ob dann nicht das Geschehen einen anderen Lauf hätte nehmen müssen.«[101]

7. Fluchthilfe

Nachdem das Dritte Reich in einer Katastrophe geendet hatte, lief die Entnazifizierungsmaschine der alliierten Siegermächte an. Namentlich hohe Nazi-Funktionäre, aber auch kleine Parteigenossen suchten einer Verurteilung durch die Spruchkammer zu entgehen und wandten sich zu diesem Zweck vorzüglich an kirchliche Stellen, die aus christlicher Barmherzigkeit sogenannte Persilscheine ausstellten. Vor dieser »milden, weichen Gesinnung« warnte der Münchener Oberbürgermeister Karl Scharnagl – übrigens ein Bruder des Weihbischofs Scharnagl, der im Dritten Reich eine nicht ganz durchsichtige Rolle gespielt hat –, weil sie die von der nationalsozialistischen Bewegung immer noch ausgehende Gefahr nicht richtig einschätze. Schließlich trage gerade das allgemeine Mitläufertum Schuld daran, daß die nationalsozialistische Partei imstande gewesen sei, »jene brutale Macht auszuüben, die sie zwölf Jahre lang über uns zur Anwendung brachte und die den Besatzungsmächten eben unverständlich ist.«[102] Scharnagl konnte aus bitterer Erfahrung sprechen, da er 1933 seines Amtes als Oberbürgermeister von München enthoben worden war.

Zur Nachsicht gegenüber mehr oder weniger belasteten Parteimitgliedern konnte sich freilich mancher Geistliche, vom Bischof bis zum Kaplan, auch deshalb veranlaßt sehen, weil er selbst damals nicht entschieden genug vor Irrwegen gewarnt hatte und nur ein mattes Vorbild für oppositionelles Verhalten aus christlicher Überzeugung gewesen war. »Zu den schärfsten Kritikern einer durchgreifenden Entnazifizierung zählten die Kirchen«, behauptete der Historiker Clemens Vollnhals und nannte als Begründung, daß viele kirchentreue Katholiken von den Entlassungsmaßnahmen in der US-Besatzungszone betroffen und »der Verlust konservativer Machtpositionen an die politische Linke« zu befürchten gewesen seien.[103]

Auch Anstrengungen von kommunistischer Seite konnten klerikale Kreise zur Vorsicht mahnen. Erzbischof Joseph Otto Kolb von Bamberg schrieb nach der Entlassung des Direktors der Bamberger Filiale der Dresdner Bank, der ein bekanntes NSDAP-Mitglied gewesen war, an General Eisenhower, es »wäre sehr zu bedauern, wenn vielleicht kommunistische Elemente unter dem Deckmantel der Nazibekämpfung eine wirksame Agitation zur Beseitigung ausgezeichneter und positiv eingestellter Persönlichkeiten betreiben würden«.[104]

Unverständlich bleibt vor allem, daß Verbrecher wie Adolf Eichmann, der die »Endlösung« mit Eifer und Überzeugung betrieben hat, oder Klaus Barbie, Chef der deutschen Gestapo in Lyon, mit Hilfe kirchlicher Stellen ins Ausland fliehen konnten. Eine skandalöse Rolle spielte dabei der österreichische Weihbischof Alois Hudal († 1963), Rektor des deutschen Priesterkollegs

Santa Maria dell' Anima in Rom, der in Wort und Schrift für den Nationalsozialismus eingetreten war und jetzt aufgrund seiner engen Kontakte zum Vatikan auch Naziverbrechern als Fürsprecher und Fluchthelfer diente. Warum der Vatikan den Bischof erst 1952 und nicht schon während des Dritten Reiches seines Postens enthoben hat, bleibt ein Rätsel. Hudal kommentierte seine Entlassung mit einem Diktum des exkommunizierten Priesters und Professors Buonaiuti: »Die Römische Kurie hat kein Herz« und fügte enttäuscht hinzu: »und oft auch keine Gerechtigkeit.«[105]

8. Kirche im Widerstand?

Von politischem Widerstand sollte man nur dann reden, wenn bestimmte Pläne und Handlungen den Untergang des nationalsozialistischen Terror- und Gewaltregimes zum Ziel hatten. Bei der offiziellen Kirche ist eine solche Absicht nicht im mindesten zu erkennen. Es waren immer nur einzelne Katholiken wie der Student Willi Graf und der Professor Kurt Huber oder auch einige Mitglieder des Kreisauer Kreises, die auf ein baldiges Ende des Dritten Reiches hinarbeiteten. Sie standen allein mit ihrem Gewissen, dem sie unbedingt folgen wollten. Deshalb klagte Willi Graf in einem Brief an seine Schwester, wenige Monate vor seiner Hinrichtung am 12. Oktober 1943 geschrieben, die Kirche heftig an: »Urteilskraft und lebendige Überzeugung haben wir nicht mitbekommen, um eventuell in der Lage zu sein, diese Weltanschauung [die christliche Lehre] zu verteidigen. Ich behaupte, daß dies gar nicht das eigentliche Christentum war, was wir all die Jahre zu sehen bekamen und das uns zur Nachahmung empfohlen wurde.«[106] So konnte die kirchliche Autorität ungewollt zur Stabilisierung und Fortdauer des totalitären Regimes beitragen.

Erst als die Kirchenführung ihre am Anfang uneingeschränkt bekundete Loyalität wegen der korrupt gewordenen staatlichen Autorität nicht mehr voll aufrechterhalten konnte und wollte, kam es vermehrt zu illoyalen Protesten und Aktionen, so daß sich gegen Ende des Dritten Reiches nur noch eine partielle Loyalität der Kirche gegenüber dem NS-Staat konstatieren läßt. Noch nach dem letzten Attentat auf Hitler am 20. Juli 1944 distanzierte sich Kardinal Faulhaber bei einer Vernehmung durch die Gestapo von diesem »himmelschreienden Verbrechen«, weil es »unser Volk in das furchtbarste Chaos gestürzt und den Bolschewismus in der radikalsten Form zum Siege geführt hätte«.[107] Gewiß war für den Kirchenfürsten in dieser Frage die Stellung der Moraltheologie zum Tyrannenmord von ausschlaggebender Bedeutung. Und Kardinal Bertram wies nach Hitlers Selbstmord am 1. Mai 1945 alle Pfarrer der Erzdiözese Breslau an, »ein feierliches Requiem zu halten im Gedenken an den Führer und alle im Kampf für das deutsche Vaterland gefallenen Angehörigen der Wehrmacht«.[108] Er sah in Hitler bis zum letzten Augenblick das katholische Staatsoberhaupt des Deutschen Reiches, um dessen Seelenheil er sich jetzt besonders kümmern mußte.

Es gab aber auch andere Meinungen. In der von dem Jesuiten Friedrich Muckermann geleiteten Exilzeitung *Der deutsche Weg* konnte man schon 1937 eine differenzierte Beurteilung der Autorität lesen. Wenn die rechtmäßige Obrigkeit radikal gegen Recht und Gerechtigkeit verstößt, so lautet sein Urteil, dann verliert sie ihre Rechtmäßigkeit. Der Katholik habe dann »die Pflicht, alles Erdenkliche zu tun, um wieder eine geordnete Staatsgewalt zu schaffen. Ob das mit Waffen geschehen muß, das ist in solchen Augenblicken eine rein politische Frage.«[109] 1944, als halb Europa nach dem Willen eines wahnsinnigen Diktators in Schutt und Asche lag und das Kriegsgeschehen unaufhörlich weitertobte, wäre ihm die Antwort sicher noch leichter gefallen.

Nicht die offizielle Kirche leistete also Widerstand, es waren immer nur einzelne Christen, die ihrem Gewissen unbedingt folgen wollten und dadurch in Konflikt mit der Autorität gerieten. Zu den wirklichen Widerstandskämpfern darf man all jene zählen, die den Kriegsdienst oder den Fahneneid auf Hitler verweigerten, wohl wissend, daß sie ihr Nein mit Hinrichtung bezahlen mußten. Von den 223 namentlich bekannten hingerichteten Kriegsdienstverweigerern waren 203 Zeugen Jehovas und nur sechs Katholiken. Einer von diesen war der Allgäuer Bauernsohn Michael Lerpscher, ein radikaler Pazifizist im Geist des Neuen Testaments. Als er Fürstbischof Ferdinand Pawlikowski von Graz-Seckau die Einberufung zum Militär als einen Gewissenskonflikt begreiflich zu machen suchte, zeigte der Oberhirte keinerlei Verständnis für die Ablehnung des Kriegsdienstes, sondern riet dem verzweifelt Fragenden, der Einberufung zum Militärdienst zu folgen. Doch Lerpscher blieb dem Ruf seines Gewissens treu. Das Wiener Reichskriegsgericht sprach ihm am 2. August 1940 die bürgerlichen Ehrenrechte ab und verurteilte ihn wegen Zersetzung der Wehrkraft zum Tod. Einen Monat später, am 5. September 1940, wurde der 35jährige Lerpscher im Zuchthaus Brandenburg-Görden enthauptet. Sein Heimatpfarrer in Wilhams bei Sonthofen las für den Hingerichteten eine stille Messe, ohne dessen Namen zu erwähnen. Seit August 1987 erinnert eine bronzene Tafel in der St. Josephskirche zu Wilhams an den »Märtyrer der Gewissenstreue und Gewaltlosigkeit«.

9. Firmung ohne Wirkung?

Ein spiritualistisches oder rein religiöses Kirchenverständnis allein erklärt nicht die Defizite der Kirche im politisch-gesellschaftlichen Raum. Man muß auch fragen, ob es den Kirchenführern ebenso wie dem Kirchenvolk nicht viel mehr am nötigen Mut zum Risiko gefehlt hat, obwohl doch seit dem Empfang des Sakraments der Firmung, was Stärkung durch den Heiligen Geist bedeutet, Mut zur Grundausstattung des Christen gehören sollte. Deshalb fragte der bekannte Philosoph und mannhafte Katholik Alois Dempf schon im Jahre 1934 voller Besorgnis, ob die traditionellen Methoden der Seelsorge genügend darauf ausgerichtet seien, »entschiedene Katholiken, mündige und gefirmte Christen zu erziehen, die sich unter allen Umständen als treue Glieder auch einer leidenden Kirche in der Welt behaupten. Muß man nicht vielmehr fürchten, unsere Schwäche komme daher, daß wir die Welt nicht kannten, weil wir uns selber nicht kannten, weil wir uns nicht klar bewußt waren, was es heißt, ein Christ zu sein?« Für die Anpassungsfähigkeit, die kirchliche Behörden gegenüber dem Hitler-Regime praktizierten, hatte Dempf, dessen Blick stets auf das Wesentliche zielte, ein vernichtendes Urteil: »Wenn man so sehr anpassungsfähig ist, verrät man nur allzu deutlich, wie wenig man eigene Substanz besitzt und Eigenes zu sagen hat.«[110]

Was aber, wenn diese christliche Courage fehlt, wenn die Firmung durch den Heiligen Geist kraftlos und unwirksam bleibt? Der Dominikaner Franziskus Maria Stratmann, in den zwanziger und Anfang der dreißiger Jahre Studentenpfarrer in Berlin, ein radikaler Pazifist, gab im Rückblick auf das Dritte Reich auf die Frage, ob alle Christen immer auch Helden sein müßten, eine bedenkenswerte Antwort. In seinen Tagebuchblättern finden sich die folgende Sätze: »Daß das deutsche Volk, um das nationalsozialistische Unheil zu verhindern, aus lauter ›Helden‹ hätte bestehen müssen, kann ich nicht gelten lassen. Es hätte nur aus simplen, aber politisch vernünftig denkenden und entschlossen handelnden, beziehungsweise einfach an ihrem Ort stehenbleibenden Staatsbürgern bestehen müssen. Der ›Widerstand‹ wäre dann von selbst dagewesen: in jedem Beamten, der sich verfassungswidrige und wahnsinnige Anordnungen auszuführen verweigert hätte, in jedem Professor und Lehrer, der nach wie vor bei der zuvor von ihm erkannten wissenschaftlichen Wahrheit geblieben wäre, in jedem Pfarrer, der fortgefahren hätte, das unverkrümmte Evangelium zu verkünden, in jedem Offizier, der an dem, was er früher für seine Ehre hielt, festgehalten hätte, und in jedem schlichten Mann, der nach wie vor zu seinem eigenen und zum gemeinsam verbrieften Recht gestanden hätte.« Stratmann fragte weiter, ob es damals eines Heldentums bedurft hätte, und anwortete: »Nein, zivile Gesundheit! Mündigkeit statt des trostlosen Sichführenlassens! – Als ob man durchaus ein Held sein müßte, um kein Waschlappen zu sein! – Fragte man mich: wer mehr Verantwortung dafür trägt, daß die Dinge in Deutschland so gelaufen sind, das halbe

Prozent Gangster oder die 99 Prozent der Ordentlichen, so würde ich ohne weiteres sagen: diese, die Ordentlichen ... Ich denke zum Beispiel an die deutschen (in der Hauptsache deutschnationalen, aber auch liberalen und demokratischen) Professoren und Privatdozenten aller Fakultäten, deren Umfall und Gleichschaltung ich 1933 noch aus größter Nähe miterlebt habe.« Und er zog auch die Lehre aus einem Leben ohne Courage: »Selbsterkenntnis ist der erste Schritt zur Besserung; bescheidene, ehrliche Selbstanklage der zweite; nach der gewonnenen Einsicht handeln: die Besserung selbst.«[111]

Widerstehen hätte, getreu der altrömischen Devise »Principiis obsta«, von Anfang an erfolgen müssen; denn je mehr Terror und Verfolgung zunahmen, um so schwieriger und auch gefährlicher wurde jede Form von Opposition. »In jenen ersten Monaten hätte Protest nicht Märtyrertum bedeutet – und den Gang der Geschichte verändert.... Doch schweigend wurden die Eliten Zeuge, wie die jüdischen Wissenschaftler vertrieben wurden, politische Widersacher ins Gefängnis kamen, die Folter wieder eingeführt und die Freiheit erstickt wurde; schweigend sahen sie der Verbrennung der Bücher und der Ausschaltung ›jüdischer‹ Künstler und ihrer Werke zu.«[112]

Wenn sich entschiedener Widerstand gegen den NS-Staat und seine Ideologie zeigte, ging er meist »von unten« aus, von einzelnen Christen, Priestern wie Laien. »In den Kirchen gab es sowohl Widerstand als auch Mitschuld; auch die Kirchen wurden Zeugen individuellen Muts, aber ebenso des schrecklichen institutionellen Versagens und der Indifferenz.«[113]

Erinnert sei, stellvertretend für ungezählte andere, an die vier Märtyrer von Lübeck: die drei Kapläne Johannes Prassek, Hermann Lange und Eduard Müller und den evangelischen Pastor Karl Friedrich Stellbrink, die am 10. November 1943 hingerichtet wurden, weil sie auf illegalem Weg erlangtes Nachrichtenmaterial über Verbrechen der Nationalsozialisten sowie über Terror und Lüge, die sich in Deutschland breit gemacht hatten, in Gruppenabenden mit Jugendlichen zu diskutieren und dann auch zu publizieren wagten. Gedacht sei noch, wiederum stellvertretend für viele andere ebenso mutige Männer und Frauen, des Journalisten in den Reihen der katholischen Arbeiterbewegung, Nikolaus Groß, eines Familienvaters von sieben Kindern, der, ein früher aktiver Gegner des Nationalsozialismus, wegen seiner Kontakte zum politischen Widerstand in das KZ Ravensbrück eingeliefert und nach Verhandlung vor dem Volksgerichtshof am 23. Januar 1945 in Berlin-Plötzensee hingerichtet wurde. Die Unterzeichnung eines Gnadengesuches für den im Zusammenhang mit dem 20. Juli zum Tod verurteilten Groß hatte der päpstliche Nuntius Orsenigo abgelehnt. »Wenn wir heute nicht unser Leben einsetzen, wie sollen wir dann vor Gott und unserem Volk einmal bestehen?«[114] Diese Gewissensfrage stellte Groß dem Diözesanpräses der Katholischen Arbeitnehmerbewegung für das Erzbistum Paderborn, Caspar Schulte, am Tag vor dem Attentat auf Hitler am 20. Juli 1944. Papst Johannes Paul II. hat Nikolaus Groß am 7. Oktober 2001 seliggesprochen. Der Sohn Alexander Groß kann sich über diesen kirchlichen Akt nicht so recht freuen, weil er darin ein »Feigenblatt« für das Versagen vieler Geistlicher erblickt. Sein Vater sei zwar ein aufrechter Christ gewesen, aber hauptsächlich wegen seiner antifaschistischen Haltung zu Tode gekommen.

Wer zu solcher Opposition entschlossen war, wer nicht durch »äußere Anpassung« sein inneres Widerstreben simulieren wollte und konnte, mußte sich, so seltsam es klingt, der klerikalen Bevormundung durch Pfarrer und Bischof entziehen und einzig und allein seinem an den Zehn Geboten orientierten Gewissen folgen, mußte ein religiöser Individualist (oder Sonderling) sein. »Für die Mehrheit der Angehörigen des katholischen Milieus waren selbständiges Urteil und Engagement für Menschenrecht oder der Konflikt mit der staatlichen Obrigkeit keine erstrebenswerten Tugenden.«[115]

10. Die Schuld des Unschuldigen

Für alle, die dem Nationalsozialismus auf irgendeine Weise öffentlich die Stirn geboten und dabei ihr Leben nicht geschont haben, gilt, was der tschechische Kommunist Julius Fučik, der 1943 zum Tod verurteilt und in Berlin hingerichtet wurde, in einem Prager Gefängnis auf Papierfetzen gekrizzelt hat: »Um eines bitte ich: Ihr, die ihr diese Zeit überleben werdet, vergeßt nicht. Vergeßt weder die Guten noch die Bösen. Sammelt geduldig ihre Zeugnisse über alle, die für sich selbst und für euch gefallen sind. Eines Tages wird das Heute Vergangenheit sein, man wird von der großen Zeit und von den namenlosen Helden sprechen, die Geschichte machten. Ich möchte festhalten, daß es keine namenlosen Helden gab. Daß sie Menschen waren, die einen Namen, ein Gesicht, die Sehnsüchte und Hoffnungen hatten, und daß deshalb der Schmerz auch des allerletzten unter ihnen nicht geringer war als der Schmerz des ersten, dessen Name überdauert. Ich möchte, daß sie allesamt euch immer nahebleiben wie Bekannte, wie Verwandte, wie ihr selbst.«[116]

Eine Kollektivschuld kann es nicht geben, weil es kein kollektives Gewissen gibt. Trotzdem werden gewissenhafte Christen die letzten sein, die von sich behaupten, daß sie völlig schuldlos durch die zwölf Jahre des Dritten Reiches gegangen seien. Dies deutete auch der Freiburger Erzbischof Gröber in seinem ersten Hirtenbrief nach dem Krieg, datiert am 8. Mai 1945, an, wenn er von »unserer Schande« sprach und zugestand, daß »auch uns, wenigstens vor Gott, manche Schuld« treffe.[117]

Isa Vermehren, die während des Dritten Reiches als Schauspielerin tätig war und erst nach dem Krieg einem Schwesternorden beitrat, formulierte treffend, vor welches Dilemma sich jeder redlich Denkende und Handelnde in jenen wirren Jahren gestellt sah: »In der Nazi-Zeit blieb man nicht leicht unschuldig. Blieb man es in den Augen der Nazis, war man es kaum vor dem eigenen Gewissen – blieb man es vor dem eigenen Gewissen, gelang es kaum in den Augen der Nazis.«[118]

Der angesehene Philosoph Karl Jaspers nahm in einer Rede bei der Wiedereröffnung der Universität Heidelberg am 15. August 1945 auch zur Schuldfrage der Deutschen Stellung: »Tausende haben in Deutschland im Widerstand gegen das Regime den Tod gesucht oder doch gefunden, die meisten anonym. Wir Überlebenden haben nicht den Tod gesucht. Wir sind nicht, als unsere jüdischen Freunde abgeführt wurden, auf die Straße gegangen, haben nicht geschrien, bis man auch uns vernichtete. Wir haben es vorgezogen, am Leben zu bleiben mit dem schwachen, wenn auch richtigen Grund, unser Tod hätte doch nichts helfen können. Daß wir leben, ist unsere Schuld.«[119]

Nichts zu tun, wenn man zum Handeln verpflichtet ist, kann schlimmer sein, als Böses zu tun. Wer der Überzeugung ist, er habe in jenen bedrängnisvollen Jahren den christlichen Glauben nicht verraten, aber für diesen Glauben mit seinen alltäglichen Anforderungen nicht aufs Ganze gegangen ist, dem sollte ein Wort von Martin Niemöller zu denken geben: »Wer ein Christ geblieben ist und die Wahrheit bis in den Tod verteidigt hat, der trägt heute den Kopf nicht mehr auf den Schultern.«[120]

Die jüdische Dichterin Gerty Spies († 1997), die 1942 von München in das KZ Theresienstadt deportiert wurde und die drei schreckliche Jahre bis zur Befreiung des Lagers überleben konnte, erinnert mit wenigen Versen daran, wie man auch wegen unterlassener Hilfestellung schuldig werden kann.

»Was ist des Unschuldigen Schuld –
Wo beginnt sie?
Sie beginnt da,
wo er gelassen, mit hängenden Armen,
schulterzuckend daneben steht,
den Mantel zuknöpft,
die Zigarette anzündet
und spricht:
Da kann man nichts machen …
Seht, da beginnt des Unschuldigen Schuld.«[121]

270

Nachwort: Zur Goldhagen-Debatte

Nach sechs Jahren ist er wieder da, der US-Politologe Daniel Jonah Goldhagen, und reist durch Deutschland, um in Diskussionen sein neuestes Buch *Die Katholische Kirche und der Holocaust* bekannt zu machen und gegen Angriffe zu verteidigen.[1]

Daniel Goldhagen hat in seinem vor sieben Jahren publizierten Werk *Hitlers willige Vollstrecker* alle Deutschen[2], von Ausnahmen abgesehen, als Antisemiten bezeichnet, die den Holocaust des Dritten Reiches zu verantworten hätten. Seine Hauptthese vom Antisemitismusinfekt der Deutschen wurde auch von John Weiss, Professor für Europäische Geschichte an der City University of New York, in einem dicken Wälzer abgehandelt.[3] Weiss ist, anders als Goldhagen, kein Jude, sondern Sohn österreichischer Katholiken. Beide Autoren sind der Überzeugung, daß der Judenhaß tief im kollektiven Bewußtsein der europäischen Völker, vor allem des deutschen Volkes, wurzele. Doch im Gegensatz zu Goldhagen konstatiert und konzediert Weiss, daß die traditionell christliche Judenfeindschaft zu Beginn des 19. Jahrhunderts in einen rassistisch geprägten Antisemitismus umgeschlagen sei, der auf Absonderung und Vernichtung der Juden abziele. Während das Buch von Weiss bei uns jedoch kaum bekannt wurde, gilt Goldhagens höchst fragwürdiges Werk als ein Bestseller, der allerdings bei seriösen Historikern auf einhellige Ablehnung gestoßen ist.

In seinem neuesten Buch über den Holocaust nimmt Goldhagen nicht allein den in dieser Hinsicht umstrittenen Papst Pius XII., sondern die gesamte Institution Katholische Kirche aufs Korn und beschuldigt sie wegen ihres Untätigbleibens nicht nur der Duldung des Holocaust, sondern auch der Mithilfe an der Ermordung mehrerer Millionen Juden durch das NS-Regime. Als Beispiel für seine ungezählten pauschalen Urteile soll folgendes Zitat genügen: »Die Kirche, Pius XII. sowie Bischöfe und Priester in ganz Europa haben in der NS-Zeit eine moralische Abwägung angestellt und im Großen und Ganzen entschieden, daß es vorzuziehen sei, die Verfolgung der Juden durch die Deutschen und ihre Helfer zuzulassen oder zu unterstützen und sogar die Juden sterben zu lassen, statt zu ihren Gunsten einzuschreiten.« Und um das Maß voll zu machen, heißt es weiter, daß »die Kirche von heute« an dieser damaligen Überlegung und Entscheidung »wenig oder gar nichts auszusetzen« habe (S. 26). Wer jedoch nach historischen Beweisen für derart weitreichende Behauptungen, ja Beschuldigungen verlangt, bleibt unerhört. Sowohl Pius XI. als auch Pius XII. waren in Goldhagens Augen eingefleischte Antisemiten. Er bringt es sogar fertig, Nuntius Eugenio Pacelli wegen eines Lageberichts aus dem Revolutionsjahr 1919 in die Nähe von Julius Streichers Hetzblatt *Der Stürmer* zu rücken. Wenn Goldhagen gelegentlich doch zuverlässige Quellen anführt, dann zieht er daraus oft unzulässige Schlußfolgerungen.

Goldhagen ist kein Historiker und wollte auch kein historisches Buch schreiben. Er läßt jedes Quellenstudium vermissen und beschränkt sich auf Sekundärliteratur. Dabei sind es im Grunde nur vier amerikanische Historiker (Kertzer, Phayer, Wills, Zuccotti) und der Journalist James Carroll, die auf seiner Linie liegen und die deshalb immer wieder als Kronzeugen zitiert werden. Hätte Goldhagen wenigstens das neue Erkenntnisse bietende Buch *Pius XII. und der Holocaust* von José Maria Sánchez, Professor für Geschichte in St. Louis, studiert, dann wäre ihm bewußt geworden, daß man nicht so oberflächlich urteilen kann, wie er es tut. Und weil er noch weniger Ahnung hat vom Stand der internationalen Forschung, fühlt er sich als Pionier, der angeblich zum ersten Mal das Verhalten der Kirche im Dritten Reich kritisch unter die Lupe nimmt.[4]

Goldhagen erklärt als Hauptziel seines Buches, »die moralische Schuld zu klären, die Akteure zu beurteilen und darüber nachzudenken, wie sie das von ihnen begangene Unrecht am besten sühnen können« (S.13). Für einen Politologen gewiß eine seltsame Zielsetzung. Und da die Schuld der Kirche am Holocaust für ihn feststeht, fordert er, mit dem Katechismus der Kirche in der Hand, auch gleich eine dreifache Wiedergutmachung: acht Millionen Dollar Geldzahlungen, Abschaffung des Vatikanstaates, d.h. des Heiligen Stuhls als eines souveränen Staates mit diplomatischer Vertretung und Tilgung aller judenfeindlichen Texte im Neuen Testament. Da fehlt nur noch die Forderung, daß nachträglich ein Prozeß gegen Papst Pius XII. als Verbrecher angestrengt wird.

Goldhagen nimmt eine moralische Verurteilung der Kirche vor, ohne vorher ihr eventuelles Versagen in einer gründlichen Erörterung der historischen Fakten und der dabei wirksamen Motive aufgezeigt zu haben. Schuldspruch also ohne vorausgehende Beweisaufnahme!

An Beweisen ist Goldhagen ohnedies nicht viel gelegen, und auch nicht an Auseinandersetzungen mit widersprüchlichen Meinungen. Sein Buch sei, meint er zur Entschuldigung, »keine Übung in Geschichtsschreibung«. Wohl aber gibt er dem historisch Interessierten einen freundlichen Tip: »Leser, die ihre Kenntnisse über diese Fragen zu vertiefen wünschen, können sich ihre Bücher und die anderer Autoren, die das Material anders deuten, ohne weiteres beschaffen« (S. 391, Anm. 15). Historische Einzelheiten interessieren Goldhagen selbst wenig, sondern immer nur die großen Linien. Und dazu gehört vor allem seine Kernthese, daß alle Katholiken, wiederum mit wenigen Ausnahmen, schon aufgrund ihres christlichen Glaubens nichts anderes als Antisemiten sein können und deshalb auch an dem mit dem Namen Adolf Hitler verbundenen Genozid am jüdischen Volk mitschuldig sein müssen.

Niemand wird die traditionelle Judenfeindschaft der Kirche, gewöhnlich als Antijudaismus bezeichnet, leugnen. Von Anfang an sind in der Kirche vielfältige Formen der Judenfeindschaft anzutreffen, freilich nach Ort und Zeit verschieden groß: Intoleranz gegenüber den nicht getauften Juden, Zwang zum Anhören von Predigten, gewaltsame Missionierung, Entführung getaufter Judenkinder, Hetze wegen Ritualmord, Diskriminierung in allen Variationen, Entrechtung, Ghettoisierung, Verhaftung aufgrund falscher Beschuldigungen, aber niemals offizielle Aufforderungen zur Vernichtung, wenngleich Mord und Totschlag nicht nur zur Zeit der Kreuzzüge geschehen sind. Doch spätestens seit der Erklärung »Nostra aetate« des Zweiten Vatikanischen Konzils von 1964 finden sich in kirchenoffiziellen Dokumenten keine antijüdischen Äußerungen mehr, auch wenn dies Goldhagen nicht wahrhaben will.

Goldhagen begeht einen das ganze Buch entwertenden Kapitalfehler, indem er keinen Unterschied anerkennen will zwischen dem religiösen Antijudaismus und dem rassisch-völkischen Antisemitismus. Letzterer hat seine ersten Wurzeln in der Rassenlehre des französischen Grafen Arthur Gobineau (1816-1882),[5] die in den 1880er Jahren in Wilhelm Marr einen feurigen Propagandisten fand. Der deutsche Jude Moses Heß (1812-1875) war einer der ersten, der diesen neuen biologischen Antisemitismus genau erkannte. Er stellte fest, daß »die Deutschen weniger die Religion der Juden hassen als ihre Rasse, weniger ihren eigentümlichen Glauben als ihre eigentümlichen Nasen«.[6] Wenig später löste der Berliner Historiker Heinrich Treitschke (1834-1896) mit seinem Artikel zur Judenfrage, worin er den Schreckensruf »Die Juden sind unser Unglück!« erhob, den sogenannten Berliner Antisemitismusstreit (1879/80) aus.

Antijudaismus und Antisemitismus verfolgen ganz unterschiedliche Ziele. Während der religiöse Antijudaismus auf den Glauben gerichtet ist und die jüdische Religion dadurch überwinden will, daß die Juden für den christlichen Glauben gewonnen werden, konzentriert sich das Interesse des rassischen Antisemitismus auf die Rasse und verfolgt als höchstes Ziel die Vernichtung der Juden, weil sie minderwertige Menschen seien. Man muß sich freilich auch fragen, ob und wie weit dieser kirchliche Antijudaismus, der schon im Neuen Testament begegnet und in der Theologie und Liturgie durch Jahrhunderte eifrig propagiert wurde, ein Klima geschaffen hat, das den rassischen Antisemitismus begünstigt und ungewollt vielleicht sogar gefördert hat. Noch immer besteht die Aufgabe, die christliche Komponente des modernen Antisemitismus im Kontext der Sozial-, Politik- und Kulturgeschichte zu analysieren. Sicher waren und sind neben dem spezifisch christlichen Antijudaismus auch noch andere Quellen und Ursprünge der modernen Judenfeindschaft wirksam.[7] Doch Goldhagen weigert sich beharrlich, einen wesentlichen Unterschied zwischen diesen beiden Formen von Judenfeindschaft anzuerkennen, ja, er bezeichnet diese von der Forschung allgemein akzeptierte Differenzierung als »sprachliche Beschönigungen, deskriptive Verzerrungen, begriffliche Taschenspielertricks, Auslassungen in der Erzählung, interpretatorische Verrenkungen und moralische Ausflüchte« (S. 252f.). So kann nur einer denken, dem an begrifflicher Klarheit und differenzierendem Urteilsvermögen nichts liegt. Vielleicht aber verzichtet Goldhagen deswegen auf eine klare Unterscheidung zwischen Antijudaismus und Antisemitismus, weil sich auf diese Weise leichter eine direkte Linie von der Judenfeindschaft der Kirche zum modernen Vernichtungsantisemitismus, der im Holocaust, richtiger in der Shoa (Vernichtung) des jüdischen Volkes durch das NS-Regime seinen Höhepunkt erreichte, im Sinn von Ursache und Wirkung ziehen läßt und die Kirche dann allein wegen ihres Schweigens angesichts der Judenpogrome leichter als Mitschuldige zur Verantwortung gezogen werden kann. Weil also Goldhagen die Einebnung des wesentlichen Unterschieds von Antijudaismus und Antisemitismus nicht gelingt und bei Berücksichtigung der ideen- und sozialgeschichtlichen Bedingungen auch gar nicht gelingen kann, verfehlt er sein ehrgeiziges Ziel, den Antisemitismus als »einen festen Bestand der katholischen Kirche« hinzustellen, der letztlich zu »einer notwendigen Ursache des Holocaust« (S. 230) wurde.

Eine wissenschaftliche Auseinandersetzung mit Goldhagens Buch ist nicht möglich, da der Autor für die vielen Halbwahrheiten, Verkürzungen, Ungenauigkeiten und Verallgemeinerungen, oft in einem suggestiven Fragestil vorgelegt, keinerlei Beweise bietet. Die mitunter umfangreichen Anmerkungen dienen vornehmlich der Verteidigung eigener Thesen oder der Zurückweisung fremder Ansichten.

Goldhagens Buch steckt voller Polemik und Besserwisserei; es ist eine moralische Anklageschrift, die meist ohne exakte Prüfung der erwähnten Fakten und ohne Würdigung der herrschenden Motive auskommt, weshalb auch zwei Drittel des Buches (Teil II und III) über Beurteilung der Schuld und Wiedergutmachung des Schadens ohne Fundament in der Luft hängen; es ist schließlich eine Schmähschrift à la »Pfaffenspiegel« des 19. Jahrhunderts, die in der Kirche nicht viel mehr als eine kriminelle Gesellschaft zu sehen vermag. Gar nicht zu reden von den vielen Wiederholungen, die das Buch zu einer ermüdenden Lektüre machen. Die Hälfte des jetzigen Umfangs wäre noch zu viel gewesen.

Bleibt noch zu sagen, daß Goldhagen als Politologe keine Ahnung hat von dem, was die Katholische Kirche ist und sein will. Er betrachtet die Kirche als »eine politische Institution« (S. 241), als »eine von Menschen gemachte Institution« (S. 254), die eine imperialistische und autoritäre Politik verfolgte (S. 340), als »die selbsternannte Verkörperung Gottes auf Erden« (S. 248). Die Kirche ist nach seiner Meinung voll von systematischer Täuschung und intellektuellem Betrug und hat, erfüllt von ungeheurem Haß und Feindseligkeit gegen Juden, »am Tod von Millionen unschuldiger Menschen mitgewirkt« (S. 251). Im Papst sieht Goldhagen nur einen politischen Führer (S. 241). Die Unfehlbarkeit des Papstes versteht er ebenfalls rein politisch, sie bedeute nichts als Intoleranz (S. 242) und zeuge von einer sündigen Struktur der Kirche (S. 338). Selbst die Erklärung des »Katechismus der Katholischen Kirche« zu dem mißverständlichen Ausdruck »Außerhalb der Kirche kein Heil« des Bischofs Cyprian von Karthago († 258) deutet Goldhagen irrtümlich als Ausschluß aller nichtkatholischen Christen vom ewigen Heil (S. 440 Anm. 139). Behauptung über

Behauptung, ohne jeden Beweis und häufig ohne richtiges Verständnis.

Da Goldhagen die hauptsächlichen Defizite der Kirche genau zu kennen meint, erteilt er auch gleich Reformvorschläge. Um ihr »Bibelproblem« (S. 354) zu beseitigen, müsse die Kirche alle antijüdischen Aussagen streichen, d.h. die Bibel des Neuen Testaments korrigieren. Außerdem müsse die Kirche ihren institutionellen Charakter mit einer autoritären Struktur aufgeben und manche zentrale theologische Lehre ändern (S. 331). Schließlich solle sich die Kirche aus der Politik völlig heraushalten. Mit einem Satz gesagt: Es wäre am besten, wenn die Kirche vom Erdboden verschwände.

Goldhagens neuestes Buch schadet dem seit vielen Jahren mit Erfolg geführten jüdisch-christlichen Dialog, weil für ihn das Urteil feststeht, daß die jüdische Religion der christlichen überlegen ist und der mit Gewalt durchgesetzte christliche Glaube unendlich viel Böses angerichtet habe und wegen seiner antisemitischen Aussagen in Bibel und Verkündigung weiterhin anrichte.

Was Goldhagen in seiner Rezension eines anderen Buches über den Holocaust bemängelt hat, gilt in verstärktem Maß für sein eigenes Buch: »Es ist eine künstliche Konstruktion von Halbwahrheiten im Dienste einer Ideologie. Und es wimmelt nur so von außerordentlichen faktischen Fehlern, was schließlich zu einem Muster der Verfälschung und Verzerrung führt.«[8]

Anmerkungen

Vorwort

1 Eric Voegelin: Die deutsche Universität und die Ordnung der deutschen Gesellschaft, in: Die deutsche Universität im Dritten Reich, München 1966, S. 244.
2 Max Weber: Soziologie – Weltgeschichtliche Analysen – Politik, hg. von Johannes Winckelmann, Stuttgart ⁴1968, S. 183.
3 Inschrift auf der Gedenktafel für Romano Guardini an einem Pfeiler der Universitätskirche St. Ludwig in München.
4 Martin Broszat: Resistenz und Widerstand. Eine Zwischenbilanz des Forschungsprojektes, in: Martin Broszat / Elke Fröhlich / Anton Grossmann (Hg.): Bayern in der NS-Zeit, Bd. 4, München/Wien 1981, S. 691-709. Vgl. dazu Detlev Peukert: »Widerstand und Resistenz.« Zu den Bänden V und VI der Publikation »Bayern in der NS-Zeit«, in: Archiv für Sozialgeschichte 24 (1984), 661-666.
5 Klaus Gotto / Konrad Repgen (Hg.): Kirche, Katholiken und Nationalsozialismus, Mainz 1980, S. 102-104.
6 Heinz Hürten: Deutsche Katholiken 1918-1945, Paderborn 1992, S. 537.
7 Paul, Gerhard / Mallmann, Klaus-Michael: Milieus und Widerstand, Bonn 1995, S. 13-24.
8 Thomas Breuer: Verordneter Wandel?, Mainz 1992, S. 372.
9 Paul / Mallmann: Milieus und Widerstand, S. 532.

Überblick: Nationalsozialismus, Drittes Reich und Kirche

1   Michael Faulhaber: Rufende Stimmen in der Wüste der Gegenwart. Gesammelte Reden, Predigten, Hirtenbriefe, Freiburg 1931, S. 251f.
2   Ludwig Volk: Der bayerische Episkopat und der Nationalsozialismus 1930-1934, Mainz ²1966, S. 31.
3   Ebd., S. 29.
4   Ernst Deuerlein: Hitlers Eintritt in die Politik und die Reichswehr, in: Vierteljahreshefte für Zeitgeschichte 7 (1959) 177-227; Jacobsen / Jochmann: Ausgewählte Dokumente zur Geschichte des Nationalsozialismus 1933-1945, 2 Bde. (10 Lieferungen), Bielefeld 1960-66 (o.S.).
5   Volk: Der bayerische Episkopat, S. 22.
6   Peter Löffler (Hg.): Bischof Clemens August Graf von Galen. Akten, Briefe, Predigten 1933-1946, Bd.2, Mainz 1988, S. 1185.
7   Georg Denzler / Volker Fabricius: Christen und Nationalsozialisten. Darstellung und Dokumente, Frankfurt/M. 1993, S. 252-254.
8   Ebd., S. 254-256.
9   Bernhard Stasiewski (Hg.): Akten deutscher Bischöfe über die Lage der Kirche 1933-1945, Bd.I, Mainz 1968, S. 7.
10 Ebd., S. 10.
11 Ebd., S. 11.
12 Denzler / Fabricius: Christen und Nationalsozialisten, S. 259f.
13 Ebd., S. 260-262.
14 Ebd., S. 61f.
15 Ebd., S. 62.
16 Ludwig Volk: Akten Kardinal Michael von Faulhabers 1917-1945, Bd. I, Mainz 1975, S. 710.
17 Franz Xaver Winter: Eine Predigt des Pfarrers Stephan Rugel aus dem Jahre 1933, in: Jahrbuch des Historischen Vereins Dillingen (1983), 243-251.
18 Johannes Steiner (Hg.): Prophetien wider das Dritte Reich. Aus den Schriften des Dr. Fritz Gerlich und des Paters Ingbert Naab O.F.M. Cap., München 1946, S. 269 und 274.
19 Denzler / Fabricius: Christen und Nationalsozialisten, S. 64f.
20 Vgl. Paul / Mallmann: Milieus und Widerstand, S. 69.
21 Stasiewski (Hg.): Akten deutscher Bischöfe, Bd. I, S. 239-248.
22 Ebd., S. 532.

23 Konrad Hofmann (Hg.): Zeugnis und Kampf des deutschen Episkopats. Gemeinsame Hirtenbriefe und Denkschriften, Freiburg 1946, S. 121-123.

24 Stasiewski (Hg.): Akten deutscher Bischöfe, Bd. I, S. 232.

25 Ludwig Volk (Hg.): Akten deutscher Bischöfe über die Lage der Kirche 1933-1945, Bd. VI, Mainz 1985, S. 886.

26 Ludwig Volk: Das Reichskonkordat vom 20. Juli 1933. Von den Ansätzen in der Weimarer Republik bis zur Ratifizierung am 20. September 1933, Mainz 1972, S. 156.

27 Denzler / Fabricius: Christen und Nationalsozialisten, S. 66f.

28 Dieter Katte: Wort und Antwort. Eine Untersuchung der Predigten, die Kardinal Faulhaber in der Zeit zwischen dem 1. Januar 1933 und dem 30. April 1945 gehalten hat, 2 Bde., (Diss.) Salzburg 1976, Bd.2, S. 500.

29 Hans Müller: Katholische Kirche und Nationalsozialismus. Dokumente 1930-1935, München 1963, S. 183.

30 Ebd., S. 207.

31 Kirchenzeitung Fulda, 2.4.1938.

32 Münchener Katholische Kirchenzeitung, 16.4.1939, S. 245.

33 Elke Fröhlich (Bearb.): Die Tagebuchaufzeichnungen von Joseph Goebbels, Teil II: Diktate 1941-1945, Bd. 1, München 1996.

34 Volk (Hg.): Akten deutscher Bischöfe, Bd. V, S. 47.

35 Katholisches Kirchenblatt für das Bistum Augsburg 15 (1941) Nr. 16.

36 Volk (Hg.): Akten Kard. Faulhaber, Bd. II, S. 838.

37 Stasiewski (Hg.): Akten deutscher Bischöfe, Bd. I, S. 392f.

38 Burkhart Schneider (Hg.): Die Briefe Pius' XII. an die deutschen Bischöfe 1939-1944, Mainz 1966, S. 110

39 Ebd., S. 133, Anm.1.

40 Denzler / Fabricius: Christen und Nationalsozialisten, S. 143.

41 Ebd., S. 144.

42 Schneider (Hg.): Briefe Pius' XII., S. 155.

43 Ernst Deuerlein: Hitlers Eintritt in die Politik und in die Reichswehr, in: Vierteljahreshefte für Zeitgeschichte 7 (1959), 211f.

44 Denzler / Fabricius: Christen und Nationalsozialisten, S. 155-156.

45 Volk (Hg.): Akten Kard. Faulhabers, Bd. I, S. 705.

46 Ebd., S. 78.

47 Kardinal Faulhaber: Judentum, Christentum, Germanentum. Adventspredigten gehalten in St. Michael zu München 1933, München (1934), S. 4 und 118. Vgl. dazu Rainer Bucher: Michael Kardinal von Faulhaber. Zu einigen ekklesiologischen Aspeketen seiner Biographie, in: Würzburger Diözesan-Geschichtsblätter 50 (1988), 367-394.

48 Faulhaber: Judentum, S. 116.

49 Denzler / Fabricius: Christen und Nationalsozialisten, S.158f.

50 Stasiewski (Hg.): Akten deutscher Bischöfe, Bd. I, S. 101f.

51 Denzler / Fabricius: Christen und Nationalsozialisten, S. 157-158.

52 Ebd., S. 287f.

53 Vgl. Georges Passelecq und Bernard Suchecky: Die unterschlagene Enzyklika. Der Vatikan und die Judenverfolgung, München 1997; dazu die Rezension von Georg Denzler: Schreiben Sie als ob Sie Papst wären, in: Berliner Zeitung, 20.3.1997; Anton Rauscher (Hg.): Wider den Rassismus. Entwurf einer nicht erschienenen Enzyklika (1938). Texte aus dem Nachlaß von Gustav Gundlach SJ, Paderborn 2001.

54 Amtsblatt der Erzdiözese Freiburg (1941) 381-382.

55 Denzler / Fabricius: Christen und Nationalsozialisten, S.156-157.

56 Ebd., S. 174.

57 Schneider (Hg.): Briefe Pius' XII., S.134.

58 Ebd., S. 242.

59 Volk (Hg.): Akten deutscher Bischöfe, Bd. VI, S.201.

60 Antonia Leugers: Gegen eine Mauer bischöflichen Schweigens. Der Ausschuß für Ordenangelegenheiten und seine Widerstandskonzeption 1941 bis 1945, Frankfurt/M. 1996, S. 220.

61 Ebd., S. 250. Vgl. Volk (Hg.): Akten Kardinal Faulhabers, Bd. II, S. 827 ff.

62 Pinchas E. Lapide: Rom und die Juden, Freiburg 1967, S. 169-173.

63 Martinus-Blatt, Nr. 38, 17.9.1939.

64 Arno Klöne: Zur Geschichte des »anderen Katholizismus«, in: Peter Eicher (Hg.): Das Evangelium des Friedens. Christen und Aufrüstung, München 1982, S. 103-124.

65 Bistumszeitung Eichstätt, 5.10.1941.

66 Volk (Hg.): Akten deutscher Bischöfe, Bd. V, S. 463.

67 Erika Putz: Gefängnisbriefe und Aufzeichnungen. Franz Jägerstätter verweigert 1943 den Wehrdienst, Linz 1987, S. 140 und 151.

68 Peter Pfister: Priester und Theologiestudenten des Erzbistums München-Freising im militärischen Dienst, in: Georg Schwaiger (Hg.): Das Erzbistum München und Freising in der Zeit der nationalsozialistischen Herrschaft, Bd. I, München 1984, S. 352.

I. Katholische Zugänge zum Nationalsozialismus

1 Überarbeitete und erweiterte Fassung meines Vortrags bei einem Symposion der Evangelischen Akademie Arnoldshain. Erstabdruck in: Georg Denzler / Leonore Siegele-Wenschkewitz (Hg.): Theologische Wissenschaft im »Dritten Reich«, Frankfurt/M. 2000, S. 40-67.

2 Heinz Boberach (Hg.): Berichte des SD und der Gestapo über Kirchen und Kirchenvolk in Deutschland 1934-1944, Mainz 1971, S. 918.

3 Karl Adam: Deutsches Volkstum und katholisches Christentum, in: Theologische Tübinger Quartalschrift 114 (1933) 40-63. Vgl. Hans Kreidler: Karl Adam und der Nationalsozialismus, S. 130-132.

4 Vincent Berning / Hans Maier (Hg.): Alois Dempf 1891-1982, Philosoph, Kulturtheoretiker, Prophet gegen den Nationalsozialismus, Weißenhorn 1992, S. 208.

5 Veröffentlicht ist dieser Vortrag in zwei Teilen: Christus und das deutsche Volk, in: Deutsches Volksblatt 86, 23.1.1934, Nr. 18; Die Erlösungstat Jesu Christi, in: Deutsches Volksblatt 86, 24.1.1934, Nr.19. Vgl. Hans Kreidler: Karl Adam und der Nationalsozialismus, in: Rottenburger Jahrbuch für Kirchengeschichte, Bd. 2, Sigmaringen 1983, S. 132-136. Sogar die offiziöse Vatikanzeitung L'Osservatore Romano (27.1.1934) brachte eine Zusammenfassung dieses Vortrags. Zu Adams problematischer Christologie vgl. bes. Erich Zenger: Vom christlichen Umgang mit messianischen Texten der hebräischen Bibel, in: Ekkehard Stegmann (Hg.): Messias-Vorstellungen bei Juden und Christen, Stuttgart 1993, S. 129-145.

6 Bischöfliches Ordinariat Rottenburg: Personalakte Karl Adam. Vgl. Kreidler: Karl Adam, S. 136-138, dem ich für eine Kopie dieser Rede danke.

7 Kreidler: Karl Adam, S. 140.

8 Alois Baumgartner: Sehnsucht nach Gemeinschaft. Ideen und Strömungen im Sozialkatholizismus der Weimarer Republik, Paderborn 1977, S. 165.

9 Walter Jens: Eine deutsche Universität, 500 Jahre Tübinger Gelehrtenrepublik, München 1977, S. 482 f.

10 Zitat bei Hans Kreidler: Eine Theologie des Lebens. Grundzüge im theologischen Denken Karl Adams, Mainz 1988, S. 34.

11 Ebd., S. 33. Leider erwähnt der Autor Karl Adams Stellung zum Nationalsozialismus im entsprechenden Personenartikel im »Lexikon für Theologie und Kirche«, Bd. I, Freiburg 1993, Sp. 141f., mit keiner Silbe.

12 Vgl. Josef Thomé: Ich habe keine Angst. Eine Erinnerung zum hundertsten Geburtstag, Aachen (1990).

13 Karl Adam: Das Wesen des Katholizismus, Düsseldorf [7]1946, S. 330.

14 Michael Schmaus: Begegnungen zwischen katholischem Christentum und nationalsozialistischer Weltanschauung, Münster 1933, [2]1934.

15 Polders Antwortbrief auf meine Anfrage in meinem Archiv.

16 Zu Schmaus vgl. Eduard Hegel: Geschichte der Katholisch-Theologischen Fakultät Münster 1773-1964, Bd. I, Münster 1966, S. 502f, 557f.; Bd. II, Münster 1971, S. 416-418.

17 Universitätsarchiv München: Personalakte Joseph Lortz.

18 Archiv der Abtei Scheyern: Sebastian Merkle an Albert Ehrhard, Würzburg, 7.11.1933.

19 Zitat bei Brigitte Lob: Albert Schmitt O.S.B. Abt in Grüssau und Wimpfen. Sein kirchenpolitisches Handeln in der Weimarer Republik und im Dritten Reich, Köln 2000, S. 187.

20 Vgl. Georg Denzler: Schmerzhafte ökumenische Erinnerungen. Neugefundene Briefe des Paderborner Kirchenhistorikers Adolf Herte an den Erlanger Kirchenhistoriker Walther von Loewenich, in: Zeitschrift für bayerische Kirchengeschichte 71 (2002), 187-200, hier 198.

21 Institut für Zeitgeschichte (München): MA 141/8 Bl. 0349634 (Film).

22 Joseph Lortz: Katholischer Zugang zum Nationalsozialismus kirchengeschichtlich gesehen, Münster 1933 (26 S.). Aufschlußreich ist die Feststellung des Autors auf der Titelrückseite: »Die nachstehenden Formulierungen waren in allem Wesentlichen fertig und Königsberger Studenten vorgetragen vor der Auflösung des Zentrums und vor dem Bekanntwerden des Konkordats.«

23 Victor Conzemius: Joseph Lortz – ein Kirchenhistoriker als Brük-
    kenbauer. Vom leichtfertigen Umgang mit Ideengeschichte und theo-
    logischer Geschichtsdeutung, in: Geschichte und Gegenwart 9 (1990),
    260.

24 Real Willy: Zwischen Zuversicht und Entartung. Erinnerungen an ein
    Studium der Geisteswissenschaften in den Jahren vor und nach der
    nationalsozialistischen Machtergreifung 1930 bis 1935, Hamburg
    1997, S. 90.

25 Joseph Lortz: Katholisch und doch nationalsozialistisch, in: Germa-
    nia, 28.1.1934; Katholischer Zugang zum Nationalsozialismus. Ideo-
    logie oder Wirklichkeit?, in: Germania, 4.2.1934; Unser Kampf um
    das Reich, in: Germania, 6.5.1934.

26 Vgl. Gabriele Lautenschläger: Neue Forschungsergebnisse zum
    Thema: Joseph Lortz, in: R. Decot / R. Vinke (Hg.): Zum Gedenken
    an Joseph Lortz (1887-1975). Beiträge zur Reformationsgeschichte
    und Ökumene, Stuttgart 1989, S. 293-313.

27 Joseph Lortz: Geschichte der Kirche in ideengeschichtlicher Betrach-
    tung. Eine Sinndeutung der christlichen Vergangenheit in Grund-
    zügen, Münster ²1933. Man übersah bisher immer, daß Lortz nicht
    alleiniger Autor gewesen ist, sondern Prof. Franz Xaver Seppelt
    (Breslau) und Otto Koch (Dortmund) mitgewirkt haben, wie es auch
    der Buchtitel bezeugt. Die Ergänzung »Nationalsozialismus und Kir-
    che«, vielleicht erst nach Erteilung des Imprimatur verfaßt, lag jedem
    Buch als loses Blatt bei.

28 Zu Lortz vgl. Eduard Hegel: Geschichte der Katholisch-Theo-
    logischen Fakultät Münster, Bd. I, S. 488f., 502f., 558, 562-565; Bd. II,
    S. 46f., 416-418.

29 Bundesarchiv Berlin (ehem. Berliner Document Center): RKK 2100,
    Lebenslauf A. Stonner.

30 Zitat bei Klaus Wittstadt: Die Katholisch-Theologische Fakultät der
    Universität Würzburg während der Zeit des Dritten Reiches, in: Peter
    Baumgart (Hg.): Vierhundert Jahre Universität Würzburg. Eine Fest-
    schrift, Neustadt a. d. A. 1982, S. 430-433, aus der Personalakte Ston-
    ner im Universitätsarchiv Würzburg (Nr. 331).

31 Zitate bei Wittstadt: Die Katholisch-Theologische Fakultät, S. 432f.

32 Bundesarchiv Berlin (BDC): RKK 2100, Lebenslauf A. Stonner.

33 Denzler / Fabricius: Christen und Nationalsozialisten, S. 265f.

34 Anton Stonner: Nationalpolitische Erziehung und Religionsunterricht, Regensburg 1934. Vgl. Folkert Rickerts: Zwischen Kreuz und Hakenkreuz. Untersuchungen zur Religionspädagogik im ›Dritten Reich‹, Neukirchen-Vluyn 1995, S. 207-209.

35 Anton Stonner: Die deutsche Volksseele im christlich-deutschen Volksbrauch, München 1935.

36 Universitätsarchiv München: Personalakte Stonner.

37 Anton Stonner: Heilige der deutschen Frühzeit, 2 Bde., Regensburg 1934/35.

38 Zitate aus Stonner: Nationalpolitische Erziehung und Religionsunterricht, S. 11-153.

39 Universitätsarchiv München: Personalakte Stonner.

40 Ebd.

41 Thea Rank / Johannes Stöhr (Hg.): Ein christlicher Philosoph. Prälat Professor DDr. Hans Pfeil. Leben und Werk, Bamberg 1998, S. 31. Darin ist auch Hans Pfeils Autobiographie *Vetera et nova* ediert.

II. Die Philosophisch-Theologische Hochschule Bamberg im Dritten Reich

1 Vortrag an der Universität Bamberg am 19. Januar 1998 im Rahmen der anläßlich der 350-Jahrfeier der Hochschule Bamberg veranstalteten Ringvorlesung »Von der Academia zur Otto-Friedrich-Universität«. Erstabdruck in: 134. Bericht des Historischen Vereins Bamberg (1998) 53-72. Die einstigen Theologiestudenten Michael Spachtholz, Karl Theodor Kehrbach und Karl Kupfer brachten ihre Statements während dieses Vortrags zu Gehör.

2 Denzler / Fabricius: Christen und Nationalsozialisten, S. 259.

3 Ebd., S. 263-270.

4 Helmut Witetschek (Bearb.): Die kirchliche Lage in Bayern nach den Regierungspräsidentenberichten 1933-1943, Bd. II: Regierungsbezirk Ober- und Mittelfranken, Mainz 1967, S. 19.

5 Stasiewski (Hg.): Akten deutscher Bischöfe, Bd. I, S. 636-639.

6 Staatsarchiv Bamberg (StAB): Nachlaß Kraft (Karton 7, Mappe 1).

7 Archiv des Erzbistums Bamberg (AEB): Rep. 4/2 Nr. 4320.

8 Volk (Hg.): Akten Kard. Faulhaber, Bd. II, S. 684.

9 AEB: Rep. 4/2 Nr. 4141/6.

10 AEB: Rep. 29/2 Nr. 199 (Seminarchronik unter dem Titel »Beiträge zur Seminargeschichte«). Diese Chronik, entstanden unter Regens Dr. Johann Schmitt, umfaßt die Jahre 1936-1946 und enthält auf 224 maschinengeschriebenen Seiten hauptsächlich Ansprachen, die Schmitt als Regens bei Trauerfeiern für gefallene Alumnen in deren Heimatkirchen gehalten hat.

11 Bamberger Volksblatt, 25.1.1934.

12 Witetschek (Bearb.): Die kirchliche Lage in Bayern, S. 20.

13 Zu den Theologiestudenten im Dritten Reich allgemein Dominikus Lindner: Die Philosophisch-Theologische Hochschule Freising in der NS-Zeit, in: Georg Schwaiger (Hg.): Das Erzbistum München-Freising in der Zeit der nationalsozialistischen Herrschaft, Bd. I, München 1984, S. 640-642.

14 Vgl. Peter Spitznagel: Die Schließung der Theologischen Fakultät an der Universität Würzburg durch die Nationalsozialisten im November 1935, in: Würzburger Diözesan-Geschichtsblätter 39 (1977), 275-281.

15 AEB: Rep. 29/2 Nr. 188 (Seminarchronik). Vgl. Bruno Neundorfer: Das Priesterseminar in der Zeit des Erzbischofs Jacobus v. Hauck, in: Michael Hofmann / Wolfgang Klausnitzer / Bruno Neundorfer (Hg.): Seminarium Ernestinum. 400 Jahre Priesterseminar Bamberg, Bamberg 1986, S. 218f.

16 AEB: Rep. 29/2 Nr. 188 (Seminarchronik).

17 AEB: Rep. 4/2 Nr. 4141/1-5.

18 Vgl. Ulrich von Hehl (Hg.): Priester unter Hitlers Terror, Mainz 1984, S. 229.

19 Heinz Boberach (Hg.): Berichte des SD und der Gestapo, S. 918.

20 Universitätsarchiv Bamberg (UAB): Personalakte Walz, Nr.21.

21 UAB: Personalakte Walz, Nr. 22.

22 UAB: Personalakte Walz, Nr. 22. »Der Rektor selbst wurde um eine Stellungnahme von seiten des Ministeriums nicht ersucht«, heißt es in einem Aktenvermerk vom 22. Dezember 1945, »da er diese mündlich am 27.7.45 gegenüber dem Referenten Mayer und kurz zuvor gegenüber dem Minister Dr. Hipp schriftlich präzisiert hatte. Überdies hatte er bei diesem zum wenigsten eine weitere Beförderung von Rüfner und Walz als nicht entsprechend bezeichnet.«

23 Stasiewski (Hg.): Akten deutscher Bischöfe, S. 699.

24 Volk (Hg.): Akten deutscher Bischöfe, Bd. IV, S. 319.

25 Christian Petry: Studenten aufs Schafott. Die Weiße Rose und ihr Scheitern, München 1968, S. 189.

26 Horst Göppinger: Juristen jüdischer Abstammung im ›Dritten Reich‹. Entrechtung und Verfolgung, München 2. Auflage 1990, S. 202.

IV. Verdienst und Versagen, Verantwortung und Schuld

1 Paul / Mallmann: Milieus und Widerstand, S. 100.

2 Thomas Breuer: Verordneter Wandel?, S. 370.

3 Gotto / Repgen (Hg.): Kirche, S. 189.

4 Schneider (Hg.): Briefe Pius' XII., S. 241.

5 Ebd., S. 154f.

6 Ebd., S. 240.

7 Volk (Hg.): Akten deutscher Bischöfe, Bd. VI, S. 884-893; Sekretariat der Deutschen Bischofskonferenz (Hg.): Erinnerung und Verantwortung (Arbeitshilfen 30), Bonn 1983.

8 Volk (Hg.): Akten Kardinal Faulhabers, Bd. II, S. 1080-1084; Amtsblatt für die Erzdiözese Bamberg 68 (1945) Nr. 5.

9 Johann Neuhäusler: Kreuz und Hakenkreuz. Der Kampf des Nationalsozialismus gegen die katholische Kirche und der kirchliche Widerstand, München 1946.

10 Volk (Hg.): Akten deutscher Bischöfe, Bd. VI, S. 683-687.

11 Ebd., S. 818-825.

12 Ebd., S. 689f.

13 Monika Kringels-Kemen / Ludwig Lemhöfer (Hg.): Katholische Kirche und NS-Staat, Frankfurt/M. 1981, S. 102f.

14 Volk (Hg.): Akten deutscher Bischöfe, Bd. VI, S. 281f.

15 Ebd., S. 482f.

16 Wolfgang Löhr (Bearb.): Hirtenbriefe und Ansprachen zu Gesellschaft und Politik 1945-1949, Würzburg 1985, S. 50.

17 Hürten (Hg.): Akten Kardinal Faulhabers, Bd. III, S. 149.

18 Volk (Hg.): Akten Kardinal Faulhabers, Bd. I, S. 882, Anm.1.

19 Hildegard Hamm-Brücher: Freiheit ist mehr als ein Wort. Eine Lebensbilanz 1921-1996, München 1997, S. 65.

20 Ulrich von Hehl (Hg.): Priester unter Hitlers Terror, S. LIXf.

21 Vgl. Der Christ in der Not der Zeit. Der 72. Deutsche Katholikentag vom 1. bis 5. September 1948 in Mainz, Paderborn 1949, S. 291.

22 Gemeinsame Synode der Bistümer in der Bundesrepublik Deutschland. Beschlüsse der Vollversammlung, Offizielle Gesamtausgabe I, Freiburg 1976, S. 108.

23 Klemens Richter (Hg.): Die katholische Kirche und das Judentum. Dokumente von 1945-1982, Freiburg 1982, S. 92-97.

24 Ebd., S. 98-105.

25 Sekretariat der Deutschen Bischofskonferenz (Hg.): Arbeitshilfen 30, Bonn 1983.

26 Ebd.

27 Sekretariat der Deutschen Bischofskonferenz: Die Deutschen Bischöfe 43, Bonn 1988.

28 Henrix / Kraus (Hg.): Die Kirchen und das Judentum, Bd. II, S. 385.

29 Rolf Hochhuth: Der Stellvertreter. Ein christliches Trauerspiel, Reinbek 2002, S. 507-523.

30 Henrix / Kraus (Hg.): Die Kirchen und das Judentum, Bd. II, S. 111-119.

31 Ebd., S.107-109.

32 Sekretariat der Deutschen Bischofskonferenz: Das Heilige Jahr 2000, Nr. 15, Bonn ²2000, S. 68-75; Henrix / Kraus (Hg.): Die Kirchen und das Judentum, Bd. II, S. 392-399.

33 Henrix / Kraus (Hg.): Die Kirchen und das Judentum, Bd. II, S. 154.

34 Zitat bei Alexander Groß: Gehorsame Kirche – ungehorsame Christen im Nationalsozialismus, Mainz 2000, S. 79.

35 Johannes Steiner (Hg.): Prophetien wider das Dritte Reich. Aus den Schriften des Dr. Fritz Gerlich und des Paters Ingbert Naab, München 1946.

36 Stefan Kirchmann: St. Ambrosius und die deutschen Bischöfe, Luzern 1934, S. 6.

37 Heinz Hürten: Waldemar Gurian. Ein Zeuge der Krise unserer Welt in der ersten Hälfte des 20. Jahrhunderts, Mainz 1972, S. 131.

38 Michael Schäffler: Die Glaubensnot der deutschen Katholiken, Zürich o.J., S. 4-38; Vincent Berning / Hans Maier (Hg.): Alois Dempf 1891-1982, S. 196-242.

39 Alfred Delp: Im Angesicht des Todes, Frankfurt/M. ⁶1958, S. 138f.

40 Zitate bei Ludwig Brandl: Widerspruch und Gehorsam. Der gerade Weg des Eichstätter Dompfarrers Johannes Kraus im Dritten Reich, Würzburg 1995, S. 433.

41 Volk (Hg.): Akten Kard. Faulhabers, Bd. II, S. 838 u. 853.

42 Ebd., S. 838.

43 Zitate bei Antonia Leugers: Im Kampf gegen das Unrecht. Odilo Braun OP (18.11.1899 – 9.8.1981), in: Wort und Wahrheit 28 (1987) S. 183.

44 Bernhard Lehmann: Katholische Kirche und Besatzungsmacht in Bayern 1945-1949 im Spiegel der OMGUS-Akten, München 2001, S. 394, Anm. 114.

45 Alfred Läpple: Kirche und Nationalsozialismus in Deutschland und Österreich. Fakten – Dokumente – Analysen, Aschaffenburg 1980, S. 399.

46 Max Pribilla: Das Schweigen des deutschen Volkes, in: Stimmen der Zeit 139 (1946/47), 15-33.

47 Carl Klinkhammer: Die deutschen Katholiken und die Schuldfrage, in: Neues Abendland 1 (1946) Nr. 8, S. 12-16.

48 Denzler / Fabricius: Christen und Nationalsozialisten, S. 349f.

49 Eugen Kogon: Kirchliche Kundgebungen von politischer Bedeutung, in: Frankfurter Hefte (Juli 1947).

50 Reinhold Schneider: Verhüllter Tag, Köln 1954, S. 66.

51 Ernst-Wolfgang Böckenförde: Der deutsche Katholizismus im Jahre 1933, S. 39-104.

52 Hürten: Verfolgung, Widerstand und Zeugnis. Kirche im Nationalsozialismus. Fragen eines Historikers, Mainz 1987, S. 16.

53 Katholischer Katechismus für den Religionsunterricht an den Volksschulen, vorgeschrieben von den Bischöfen Deutschlands, Bamberg 1942, S. 27.

54 Richard Löwenthal / Patrik von zur Mühlen (Hg.): Widerstand und Verweigerung in Deutschland 1933 bis 1945, Bonn/Berlin 1982, S. 19-20.

55 Klaus Scholder: Die Kirchen und das Dritte Reich, Bd. 1, S. 211.

56 Konrad Hofmann (Hg.): Zeugnis und Kampf des deutschen Episkopats, S. 10.

57 Ebd., S. 56.

58 Volk (Hg.): Akten deutscher Bischöfe, Bd. IV, S. 151f.

59 Ebd., Bd. VI, S. 626.

60 Hürten: Verfolgung, Widerstand und Zeugnis, S. 96.

61 Löhr (Bearb.): Hirtenbriefe und Ansprachen, S. 51.

62 Leugers: Gegen eine Mauer bischöflichen Schweigens, S. 177.

63 Franz Kamphaus: Der Preis der Freiheit. Anstöße zur gesellschaftlichen Verantwortung der Christen, Mainz 1987, S. 21.

64 Jacques Gaillot: Eine Kirche, die nicht dient, dient zu nichts. Erfahrungen eines Bischofs, Freiburg 1990.

65 Katechismus der Katholischen Kirche, München 1993, S. 264 (Verweis auf 2. Vatikanisches Konzil, Lumen gentium 27) und S. 295 (Verweis auf Mt 25, 31-46).

66 Alfred Delp: Zwischen Welt und Gott, Frankfurt/M. 1957, S. 97.

67 Ecclesiastica. Archiv f. zeitgenössische Kirchengeschichte 15 (1935), 3.

68 Denzler / Fabricius: Christen und Nationalsozialisten, S. 298.

69 Leugers: Gegen eine Mauer bischöflichen Schweigens, S. 244.

70 Volk (Hg.): Akten Kardinal Faulhabers, Bd. II, S. 827.

71 Ebd., Bd. II, S. 886.

72 Volk (Hg.): Akten deutscher Bischöfe, Bd. VI, S. 197-205.

73 Leugers: Gegen eine Mauer, S. 211-222, 249-252, 274-290.

74 Dietrich Bonhoeffer: Werke, Bd. 12, München 1997, S. 353.

75 Alfred Delp: Gesammelte Schriften, hg. von Roman Bleistein, Bd. IV, Frankfurt/M. 1984, S. 318-323.

76 Karl Rahner: Strukturwandel der Kirche als Chance und Aufgabe. Neuausgabe mit einer Einführung von J.B. Metz, Freiburg 1989, S. 77.

77 Ebd., S. 78.

78 Die Furche, Nr. 40, 2.10.1987.

79 Stasiewski (Hg.): Akten deutscher Bischöfe, Bd. I, S. 241 u. 247.

80 Volk (Hg.): Akten Kard. Faulhabers, Bd. II, S. 232f.

81 Elke Fröhlich (Hg.): Die Tagebuchaufzeichnungen von Joseph Goebbels, Teil II, Bd. 1, München 1996.

82 Stasiewski (Hg.): Akten deutscher Bischöfe, Bd. II, S. 342 und 357.

83 Fabian von Schlabrendorff: Begegnungen in fünf Jahrzehnten, Tübingen 1979, S. 63.

84 Boberach: Berichte des SD und der Gestapo, S. 395.

85 Pastoralblatt der Diözese Eichstätt 80, 27.6.1933, Nr. 13 (Beilage).

86 Georg Denzler: Widerstand oder Anpassung?, München 1984, S. 143f.

87 Brandl: Widerspruch, S. 441, Anm. 21.

88 Volk (Hg.): Akten Kard. Faulhabers, Bd. II, S. 233.

89 Christian Petry: Studenten aufs Schafott. Die Weiße Rose und ihr Scheitern, München 1968, S. 193.

90 Volk (Hg.). Akten Kard. Faulhabers, Bd. II, S. 838. Vgl. Leugers: Gegen eine Mauer, S. 251. Die Bischöfe zerstritten sich über Notwendigkeit und Inhalt eines Hirtenbriefes so sehr, daß es zu keiner gemeinsamen Verlautbarung kam.

91 Zitate bei Gitta Sereny: Am Abgrund. Eine Gewissenserforschung, Frankfurt/M. 1980, S. 365f.

92 Pierre Blet: Papst Pius XII. und der Zweite Weltkrieg, Paderborn 2000, S. 167f.

93 Konrad Repgen: Die Außenpolitik der Päpste im Zeitalter der Weltkriege, in: Hubert Jedin / Konrad Repgen (Hg.): Handbuch der Kirchengeschichte, Bd. VII, Freiburg 1979, S. 94.

94 Schneider (Hg.). Briefe Pius' XII., S. 271.

95 Association of Contemporary Church Historians: Newsletter vol. VIII (2002) no 9.

96 Schneider (Hg.): Briefe Pius' XII., S. 215.

97 Volk (Hg.): Akten deutscher Bischöfe, Bd. VI, S. 210-215, hier 215.

98 Herbert Immenkötter: Das Schweigen des Papstes. Die katholische Kirche und die Judenpolitik des Dritten Reiches, in: Volker Dotterweich (Hg.): Kontroversen der Zeitgeschichte. Historisch-politische Themen im Meinungsstreit, München 1998, S. 99.

99 Daniel Jonah Goldhagen: Die katholische Kirche und der Holocaust, Berlin 2002, S. 44.

100 Henrix / Kraus (Hg.): Die Kirchen und das Judentum, Bd. II, S. 284-289.

101 Martin Niemöller: Reden 1945-1954, Darmstadt 1958, S. 48.

102 Hürten (Hg.). Akten Kard. Faulhabers, Bd. III, S. 16.

103 Clemens Vollnhals: Entnazifizierung. Politische Säuerukng und Rehabilitierung in den vier Besatzungszonen 1945-1949, München 1991, S. 60.

104 Office of Miltary Government for Germany, United States (O.M.G.U.S.): Ermittlungen gegen die Dresdner Bank, Nördlingen 1986, S. XCV; Lehmann: Katholische Kirche und Besatzungsmacht in Bayern, S. 380.

105 Alois C. Hudal: Römische Tagebücher. Lebensbeichte eines alten Bischofs, Graz 1976, S. 311f.

106 Paul / Mallmann: Milieus und Widerstand, Vgl. S. 136.

107 Volk: Akten Kardinal Faulhabers, Bd. II, S. 1028.

108 Vgl. Klaus Scholder: Die Kirchen zwischen Republik und Gewaltherrschaft. Gesammelte Aufsätze hg. von Karl Otmar von Aretin u.
Gerhard Besier, Berlin 1988, S. 228-238.

109 Der Deutsche Weg, 1.3.1937, Nr.9.

110 Berning / Maier (Hg.): Alois Dempf, S. 235.

111 Franziskus Maria Stratmann: In der Verbannung. Tagebuchblätter
1940 bis 1947, Frankfurt/M. 1962, S. 268-270.

112 Fritz Stern: Der Traum vom Frieden und die Versuchung der Macht.
Deutsche Geschichte im 20. Jahrhundert, Berlin 1999, S. 153.

113 Ebd., S. 206.

114 Erich Kock: Beter, Täter, Zeuge – Nikolaus Groß, Paderborn 2001,
S. 51.

115 Paul / Mallmann: Milieus und Widerstand, S. 116.

116 Julius Fučik: Reportage, unter dem Strang geschrieben,
Frankfurt/M. 1976, S. 57.

117 Volk (Hg.): Akten deutscher Bischöfe, Bd. VI, S. 480-483.

118 Isa Vermehren: Zeugnis aus dunkler Vergangenheit. Der anonyme
Märtyrer und die Wahrheit des Personalen, in: Glaube und Leben 57
(1984) 209.

119 Zitat bei Horst Göppinger: Juristen jüdischer Abstammung im
›Dritten Reich‹, S. 20.

120 Zitat bei Joachim Perels: »Trachtet nach Recht, helft den Unter-
drückten.« Über den Widerstand von Friedrich Justus Perels, dem
Justitiar der Bekennenden Kirche, in: Frankfurter Allgemeine Zeitung, 20. 7. 2002.

121 Gerty Spies: Im Staube gefunden. Gedichte, München 1987, S. 67.

Nachwort: Zur Goldhagen-Debatte

1 Daniel Jonah Goldhagen: Die Katholische Kirche und der Holocaust.
Eine Untersuchung über Schuld und Sühne, Berlin 2002.

2 Daniel Jonah Goldhagen: Hitlers willige Vollstrecker. Ganz gewöhnliche Deutsche und der Holocaust, Berlin 1996.

3 John Weiss: Der lange Weg zum Holocaust. Die Geschichte der Judenfeindschaft in Deutschland und Österreich, Hamburg 1997.

4 Es muß hier genügen, folgende Autoren zu erwähnen: G. Besier, R. Bleistein, V. Conzemius, G. Denzler, K. Gotto, U. v. Hehl, H. Hürten, A. Leugers, K. Meier, K. Repgen, K. Scholder.

5 Arthur Gobineau: Essai sur l'inégalité des races humaines, Paris 1853.

6 Moses Heß: Rom und Jerusalem, Leipzig 1862, S. 25.

7 Vgl. besonders die tiefschürfende Studie von Christhard Hoffmann: Christlicher Antijudaismus und moderner Antisemitismus, in: Leonore Siegele-Wenschkewitz (Hg.): Christlicher Antijudaismus und Antisemitismus. Theologische und kirchliche Programme Deutscher Christen, Frankfurt/M. 1994, S. 293-317; Christina Tuor-Kurth (Hg.): Neuer Antisemitismus – alte Vorurteile?, Stuttgart 2001.

8 Zitat bei Fritz Stern: Die Goldhagen-Debatte, in: ders.: Der Traum vom Frieden und die Versuchung der Macht. Deutsche Geschichte im 20. Jahrhundert. Erweiterte Neuauflage, Berlin 1999, S. 293.

QUELLEN- UND LITERATURVERZEICHNIS

Zu Joseph C. Rossaint (S. 111–116)

Georg Denzler: Im Keller liegt eine Leiche. Katholische Kirche im Dritten Reich. Kritik an der schönfärberischen Legende vom allgemeinen Widerstand, in: Publik-Forum, Nr. 15 (1982), 16-18; Berta Carola Karg: Mein Kampf gegen die braune Diktatur, in: Richard Löwenthal / Patrik von zur Mühlen (Hg.): Widerstand und Verweigerung, S. 102-109; Porträt eines Aufrechten: J.C. Rossaint, Frankfurt/M. 1982; Joseph C. Rossaint / Michael Zimmermann: Widerstand gegen den Nazismus in Oberhausen, Frankfurt/M. 1983; Karl Heinz Jahnke / Alexander Rossaint: Dr. Joseph Cornelius Rossaint (1902-1991). Aus seinem Leben und Werk, Frankfurt/M. 1997; Johannes Wielgoß: Dr. Joseph Rossaint – Jugendseelsorger, sozialer Anwalt und Friedenskämpfer unter dem Nationalsozialismus, in: Die katholische Friedensbewegung vor 1945 und das NS-Opfer Kaplan Joseph Rossaint. Historische Fachtagung, Essen 1999; Bruno Kamann: Carl Klinkhammer. Ruhrkaplan, Sanitätssoldat und Bunkerpastor 1903-1997, Essen 2001; Karl Heinz Jahnke / Alexander Rossaint: Hauptangeklagter im Berliner Katholikenprozeß 1937: Kaplan Dr. Joseph Cornelius Rossaint, Frankfurt/M. 2002.

Zu Josef Roth (S. 117–129)

Georg Denzler: Vom Nationalisten zum Nationalsozialisten (Bayerischer Rundfunk, 21. Juli 1985); Wolfgang Dierker: Himmlers Glaubenskrieger. Der Sicherheitsdienst der SS und seine Religionspolitik 1933-1941, Paderborn 2002.

294

Zu Georg Moenius (S. 130–144)

Georg Denzler: Zwischen Abendland und Hollywood. Aus dem Leben des Priesters Georg Moenius (Bayerischer Rundfunk, 29. Juni 1986); Gregory Munro: Georg Moenius (1890-1953), in: Jürgen Aretz / Rudolf Morsey / Anton Rauscher: Zeitgeschichte in Lebensbildern, Bd. 10, Münster 2001, S. 131-141.

Zu Albert Hartl (S. 144–153)

Georg Denzler: SS-Spitzel mit Soutane. Wie die katholischen Bischöfe im Dritten Reich mitschuldig wurden, in: Die Zeit, Nr. 36 (1982); Otto Gritschneder: Weihbischof Scharnagl und die Gestapo. Dokumente widerlegen eine Legende, in: Münchner Stadtanzeiger Nr. 74, 28.9.1984; ders.: Weitere Randbemerkungen, (Selbstverlag) München 1986, S. 167-196; Hansjakob Stehle: Sündenbuchhalter auf Abwegen, in: ders.: Graue Eminenzen, Düsseldorf 1998, S.152-159; Wolfgang Dierker: Himmlers Glaubenskrieger. Der Sicherheitsdienst der SS und seine Religionspolitik 1933-1941, Paderborn 2002.

Zu Franz Reinisch (S. 153–165)

Heinrich Kreutzberg: Franz Reinisch. Ein Märtyrer unserer Zeit, Limburg 1953; Franz Kloidt: Verräter oder Märtyrer? Dokumente katholischer Blutzeugen der nationalsozialistischen Verfolgung geben Antwort, Düsseldorf 1962; Georg Denzler: Ein Pater verweigert den Fahneneid. Der Weg des Pallottiners Franz Reinisch aufs Schafott (Bayerischer Rundfunk, 16. Dezember 1990); Karl Brantzen: Franz Reinisch – sein Lebensbild. Ein Mann steht zu seinem Gewissen, Vallendar-Schönstatt 1993; Norbert Haase: Das Reichskriegsgericht und der Widerstand gegen die nationalsozialistische Herrschaft, Berlin 1993; Wojciech Kordas: Mut zum Widerstand. Die Verweigerung des Fahneneids von P. Franz Reinisch, St. Ottilien 2002.

Zu Franz Xaver Eberle (S. 165–177)

Karl Wahl: »... es ist das deutche Herz.« Erlebnisse und Erkenntnisse eines ehemaligen Gauleiters, Augsburg 1954. Josef Fuchs / Karl Hofmann / Hans Thieme (Hg.): Christus! – nicht Hitler. Zeugnis und Widerstand von Katholiken in der Diözese Augsburg zur Zeit des Nationalsozialismus, St. Ottilien 1984, S. 10.

Zu Konrad Graf Preysing (S. 177–189)

Walter Adolph: Kardinal Preysing und zwei Diktaturen. Sein Widerstand gegen die totalitäre Macht, Berlin 1971; ders.: Geheime Aufzeichnungen aus dem nationalsozialistischen Kirchenkampf 1935-1943, bearb. v. Ulrich von Hehl, Mainz 1979; Georg Denzler: Ein Bischof will ausbrechen. Konrad Graf Preysing: Ein Kirchenfürst gegen den Nationalsozialismus (Bayerischer Rundfunk, 6. März 1988); Wolfgang Knauft: Konrad von Preysing. Anwalt des Rechts. Der erste Berliner Kardinal und seine Zeit, Berlin 1998.

Zu Max Josef Metzger (S. 189–208)

Klaus Drobisch: Wider den Krieg. Dokumentarbericht über Leben und Sterben des katholischen Geistlichen Dr. Max Josef Metzger, Berlin 1970; Hugo Ott: Dokumentation zur Verurteilung des Freiburger Diözesan-priesters Dr. Max Josef Metzger und zur Stellungnahme des Freiburger Erzbischofs Dr. Conrad Gröber, in: Freiburger Diözesan-Archiv 90 (1970), 303-315; 106 (1986), 187-226, 207-224; ders.: Zur publizistischen Auseinandersetzung mit dem Thema »Katholische Kirche und Drittes Reich«. Eine Feldstudie anhand zweier südbadischer Tageszeitungen, in: Freiburger Diözesan-Archiv 103 (1983), 291-310; Paulus Engelhardt: Max Josef Metzger. Bruder Paulus, Fribourg/Hamburg 1980; Breitenborn, Konrad: Der Friedensbund deutscher Katholiken 1918/19-1951, Berlin 1981; Rupert Feneberg / Rainer Öhlschläger (Hg.): Max Josef Metzger. Auf dem Weg zu einem Friedenskonzil, Rottenburg-Stuttgart 1987; Klaus Kienzler (Hg.): Christuszeuge in einer zerrissenen Welt. Briefe und Dokumente aus der Gefangenschaft 1934-1944, Freiburg 1991; Georg Denzler: Dr. Max Josef Metzger (1887-1944), ein Vorkämpfer für Frieden und Ökumene (Vortrag in Graz, 14. April 1994).

Allgemeine Quellen und Literatur (Auswahl)

Actes et Documents du Saint Siège relatifs à la Seconde Guerre Mondiale, hg. von Pierre Blet / Robert A. Graham / Angelo Martini / Burkhart Schneider, 12 Bde., Città del Vaticano 1965-1981

Adolph, Walter: Hirtenamt und Hitler-Diktatur, Berlin 1965.

ders., Geheime Aufzeichnungen aus dem nationalsozialistischen Kirchenkampf 1935-1943, Mainz 41987.

Albrecht, Dieter (Hg.): Katholische Kirche im Dritten Reich, Mainz 1976.

Bendel, Rainer (Hg.): Die Katholische Schuld? Katholizismus im Dritten Reich zwischen Arrangement und Widerstand, Münster 2002.

Besier, Gerhard: Die Kirchen und das Dritte Reich. Spaltungen und Abwehrkampf 1934 bis 1937, München 2001.

Blet, Pierre: Papst Pius XII. und der Zweite Weltkrieg. Aus den Akten des Vatikans, Paderborn 2000.

Brandl, Ludwig: Widerspruch und Gehorsam. Der gerade Weg des Eichstätter Dompfarrers Johannes Kraus im Dritten Reich, Würzburg 1995.

Breuer, Thomas: Verordneter Wandel? Der Widerstreit zwischen nationalsozialistischem Herrschaftsanspruch und traditionaler Lebenswelt im Erzbistum Bamberg, Mainz 1992.

Bucher, Rainer: Kirchenbildung in der Moderne. Eine Untersuchung der Konstitutionsprinzipien der deutschen katholischen Kirche im 20. Jahrhundert, Stuttgart 1998.

Buschkühl, Matthias (Hg.): Joseph Lechner 1893-1954. Gelehrter und Kampf gegen den Nationalsozialismus. Ausstellungskatalog und Dokumentation, Eichstätt 1993.

Bücker, Vera: Die Schulddiskussion im deutschen Katholizismus nach 1945, Bochum 1989.

Charguéraud, Marc André: Les papes, Hitler et la Schoah 1932-1945, Genf 2002.

Corsten, Wilhelm: Kölner Aktenstücke zur Lage der Katholischen Kirche in Deutschland 1933-1945, Köln 1949.

Denzler, Georg: Widerstand oder Anpassung? Katholische Kirche und Drittes Reich, München 1984.

Denzler, Georg / Fabricius, Volker: Christen und Nationalsozialisten. Darstellung und Dokumente, Frankfurt/M. 1993.

Dickerhof, Harald: Festgabe Heinz Hürten zum 60. Geburtstag, Frankfurt/M. 1988.

Gotto, Klaus / Repgen, Konrad (Hg.): Kirche, Katholiken und Nationalsozialismus, Mainz 1980.

Göppinger, Horst: Juristen jüdischer Abstammung im »Dritten Reich«. Entrechtung und Verfolgung, München 1990.

Greschat, Martin: Die Rolle des Vatikans in der NS-Zeit, in: Hubert Frankemölle (Hg.): Christen und Juden gemeinsam ins dritte Jahrtausend, Paderborn Frankfurt 2001, S. 79-98.

Groß, Alexander: Gehorsame Kirche – ungehorsame Christen im Nationalsozialismus. Mit einem Nachwort von Heinrich Missalla, Mainz 2000.

Hehl, Ulrich von (Hg.): Priester unter Hitlers Terror. Eine biographische und statistische Erhebung, Mainz 1984.

ders.: Die Kirchen in der NS-Diktatur. Zwischen Anpasssung, Selbstbehauptung und Widerstand, in: Karl Dietrich Bracher / Manfred Funke / Hans-Adolf Jacobsen (Hg.): Deutschland 1933-1945. Neue Studien zur nationalsozialistischen Herrschaft, Bonn 1992, S. 153-181.

ders.: Kampf um die Deutung. Der Nationalsozialismus zwischen »Vergangenheitsbewältigung«, Historisierungspostulat und »neuer Unbefangenheit«, in: Historisches Jahrbuch 117 (1997), 406-436.

Henrix, Hans Hermann: Die katholische Kirche und das jüdische Volk. Neuere Entwicklungen nach der Vergebungsbitte und der Israelreise des Papstes, in: Stimmen der Zeit 218 (2000) 375-388.

Henrix, Hans Hermann / Kraus, Wolfgang (Hg.): Die Kirchen und das Judentum, Bd. II: Dokumente von 1986 bis 2000, Paderborn 2001.

Hofmann, Konrad (Hg.): Zeugnis und Kampf des deutschen Episkopats. Gemeinsame Hirtenbriefe und Denkschriften, Freiburg 1946.

Hürten, Heinz: Verfolgung, Widerstand und Zeugnis. Kirche im Nationalsozialismus. Fragen eines Historikers, Mainz 1987.

ders.: Deutsche Katholiken 1918-1945, Paderborn 1992.

ders. (Hg.): Akten Kardinal Michael von Faulhabers, Bd. III, Paderborn 2002.

Jahnke, Karl Heinz / Rossaint, Alexander: Dr. Joseph Cornelius Rossaint (1902-1991). Aus seinem Leben und Werk, Frankfurt/M. 1997.

Kardinal von Faulhaber 1869-1952. Eine Ausstellung des Archivs des Erzbistums München und Freising, des Bayerischen Hauptstaatsarchivs und des Stadtarchivs München zum 50. Todestag, München 2002.

Köhler, Joachim: Adolf Kardinal Bertram (1859-1945). Sein Umgang mit dem totalitären System des Nationalsozialismus, in: Hans-Jürgen Karp / Joachim Köhler: Katholische Kirche unter nationalsozialistischer und kommunistischer Diktatur. Deutschland und Polen 1939-1989, Köln 2001.

Kringels-Kemen, Monika / Lemhöfer, Ludwig (Hg.): Katholische Kirche und NS-Staat. Aus der Vergangenheit lernen? Mit einem Vorwort von Walter Dirks, Frankfurt/M. 1981.

Lehmann, Bernhard: Katholische Kirche und Besatzungsmacht in Bayern 1945-1949 im Spiegel der OMGUS-Akten, München 2001.

Leugers, Antonia: Gegen eine Mauer bischöflichen Schweigens. Der Ausschuß für Ordensangelegenheiten und seine Widerstandskonzeption 1941 bis 1945, Frankfurt/M. 1996.

Löhr, Wolfgang (Bearb.): Hirtenbriefe und Ansprachen zu Gesellschaft und Politik 1945-1949 (Dokumente deutscher Bischöfe, Bd.1), Würzburg 1985.

Lönne, Karl-Egon: Historiographischer Rückblick, in: Ernst-Wolfgang Böckenförde (Hg.): Der deutsche Katholizismus im Jahre 1933. Kirche und demokratisches Ethos, Freiburg 1988, S. 121-150.

Löw, Konrad: Die Schuld. Christen und Juden im Urteil der Nationalsozialisten und der Gegenwart, Innsbruck 2002.

Löwenthal, Richard / von zur Mühlen, Patrik (Hg.): Widerstand und Verweigerung in Deutschland 1933 bis 1945, Bonn/Berlin 1982.

Mallmann, Klaus-Michael / Paul, Gerhard: Resistenz oder loyale Widerwilligkeit? Anmerkungen zu einem umstrittenen Begriff, in: Zeitschrift für Geschichtswissenschaft 41 (1993), 99-116.

Mehlhausen, Joachim (Hg.): »... und über Barmen hinaus.« Studien zur Kirchlichen Zeitgeschichte. Festschrift für Carsten Nicolaisen zum 4. April 1994, Göttingen 1995.

Mensing, Björn / Prinz, Friedrich (Hg.): Irrlicht im leuchtenden München? Der Nationalsozialismus in der »Hauptstadt der Bewegung«, Regensburg 1991.

Müller, Hans: Katholische Kirche und Nationalsozialismus. Dokumente 1930-1935, München 1963.

Neuhäusler, Johann: Kreuz und Hakenkreuz. Der Kampf des Nationalsozialismus gegen die katholische Kirche und der kirchliche Widerstand,
München 1946.

ders.: Amboß und Hammer. Erlebnisse im Kirchenkampf des Dritten
Reiches, München 1967.

Paul, Gerhard / Mallmann, Klaus-Michael: Milieus und Widerstand. Eine
Verhaltensgeschichte der Gesellschaft im Nationalsozialismus, Bonn
1995.

Rendtorff, Rolf / Henrix, Hans Hermann (Hg.): Die Kirchen und das
Judentum. Dokumente von 1945 bis 1985, Paderborn 1988.

Repgen, Konrad: Judenpogrom, Rassenideologie und katholische Kirche
1938, Köln 1988.

Schlabrendorff, Fabian von: Begegnungen in fünf Jahrzehnten, Tübingen
1979.

Schneider, Burkhart (Hg.): Die Briefe Pius' XII. an die deutschen Bischöfe 1939-1944, Mainz 1966.

Scholder, Klaus: Die Kirchen und das Dritte Reich, Bd. 1: Vorgeschichte
und Zeit der Illusionen 1918-1934, Frankfurt/M. 1977; Bd. 2: Das Jahr
der Ernüchterung 1934. Barmen und Rom, Berlin 1986.

Schwaiger, Georg (Hg.): Das Erzbistum München und Freising in der
Zeit der nationalsozialistischen Herrschaft, 2 Bde., München 1984.

Stasiewski, Bernhard: Akten deutscher Bischöfe über die Lage der Kirche
1933-1945, Bd.I-III, Mainz 1968-1979.

Symposium on Pope Pius XII and the Holocaust in Italy, in: Journal of
Modern Italien Studies, vol. 7, nr. 2 (2002).

Volk, Ludwig (Hg.): Akten deutscher Bischöfe über die Lage der Kirche
1933-1945, Bd. IV-VI, Mainz 1981-1985.

ders. (Hg.): Akten Kardinal Michael von Faulhabers 1917-1945, Bd. I-II,
Mainz 1975-1978.

ders.: Katholische Kirche und Nationalsozialismus. Ausgewählte Aufsätze, hg. von Dieter Albrecht, Mainz 1987.

Personenregister

Adam, Karl 49-60, 82
Adenauer, Konrad 187, 233f.
Adolph, Walter 146, 181, 184
Algermissen, Alfred 20
Amelunxen, Rudolf 73
Angermaier, Georg 231
Barbie, Klaus 262
Bares, Nikolaus 229
Barion, Hans 67, 69, 81
Baumgartner, Alois 56
Benedikt XV., Papst 149, 193f.
Bérengguer, A. 57
Berning, Wilhelm 38
Bertram, Adolf 17, 19f., 29, 32, 171f.,
   183-186, 213, 226, 238, 245, 259,
   264
Bettinger, Franz 178
Bonhoeffer, Dietrich 247f.
Bonifatius, Hl. 45
Börner, Holger 241
Braun, Anton 119
Braun, Odilo 231f.
Brüning, Heinrich 25, 126, 251
Buchberger, Michael 185, 227, 245
Buchner, Max 124f.
Buonaiuti, Ernesto 147
Burkhart, Johannes 252
Cassidy, Edward 224
Clemens, Jakob 113
Cooper, Gary 142
Custodis, Bernhard 234
Cyprian von Karthago 276
Dante Alighieri 143
Delp, Alfred 230, 242f., 248
Dempf, Alois 50, 229, 265
Desbuquois, Gustave 40
Dietz, Johann Baptist 28, 97, 131, 231
Dilger, Emmy 168f.
Dirks, Walter 197, 215
Donders, Adolf 217
Eberle, Adolf 92
Eberle, Franz Xaver 165-177
Eberle, Joseph 154

Ebert, Friedrich 118f.
Ehrenfried, Matthias 90
Ehrhard, Albert 67
Eichmann, Adolf 262
Eidem, Erling 199
Eisenhower, Dwight D. 262
Engert, Josef 92, 113
Erzberger, Matthias 195
Eschweiler, Carl 66, 69, 81, 147
Eusebius 37
Fahsel, Helmut 94
Faulhaber, Ludwig 86f., 92, 97, 101f.
Faulhaber, Michael 11f., 20, 27, 29,
   32, 35-38, 41, 46, 63, 74, 85, 117f.,
   124, 127, 129, 133f., 144, 146, 152,
   155, 169, 171-173, 175f., 183,
   185f., 193, 214, 217f., 224, 226
Fendt, Leonhard 99
Feuchtwanger, Lion 142
Fischer, Johann 86, 92, 97
Fischer, Ludwig 86f., 97
Fliesser, Konrad 46
Foerster, Friedrich Wilhelm 135, 137,
   139
Frank, Josef 157
Franz von Assisi, Hl. 195
Frings, Joseph 115, 214, 239
Frotz, Augustinus 116
Fučik, Julius 269
Führer, Wilhelm 62
Galen, Clemens August Graf von
   14f., 33f., 71, 94, 146, 189, 195, 211
Gehrmann, Eduard 114
Gerlich, Fritz 139
Globke, Hans 187
Gobineau, Arthur 274
Goebbels, Joseph 29, 58. 250
Goerdeler, Carl 188
Goldhagen, Daniel J. 107, 260,
   271-277
Goldmann, Karl-Heinz 90
Göring, Hermann 34
Götz, Arnulf 160

301